告别忙碌，做个高效者

提升工作效能，摆脱庸碌无为的生活状态

伟 华 ◎ 编著

北京工业大学出版社

图书在版编目（CIP）数据

告别忙碌，做个高效者 / 伟华编著 . —北京：北京工业大学出版社，2012.11

ISBN 978-7-5639-3239-9

Ⅰ. ①告… Ⅱ. ①伟… Ⅲ. ①工作—效率—通俗读物 Ⅳ. ① C935-49

中国版本图书馆 CIP 数据核字（2012）第 206413 号

告别忙碌，做个高效者

编　　著：	伟　华
责任编辑：	杨　洋
封面设计：	尚世视觉
出版发行：	北京工业大学出版社
	（北京市朝阳区平乐园 100 号　100124）
	010-67391722（传真）bgdcbs@sina.com
出 版 人：	郝　勇
经销单位：	全国各地新华书店
承印单位：	唐山才智印刷有限公司
开　　本：	787 mm×1092 mm　1/16
印　　张：	17
字　　数：	285 千字
版　　次：	2012 年 11 月第 1 版
印　　次：	2021 年 1 月第 2 次印刷
标准书号：	ISBN 978-7-5639-3239-9
定　　价：	32.00 元

版权所有　翻印必究

（如发现印装质量问题，请寄本社发行部调换 010-67391106）

前　言

"最近比较忙"是很多人的口头禅，在经济快速发展的今天更是如此。忙着工作，忙着学习，忙着赚钱，忙着消费……我们忙得不可开交，似乎总有做不完的事。

"忙"字代表了我们很多人共同的生活状态。但是，透过"忙"字，我们既能够看到辛勤劳动换来的收获的喜悦，同时也可以看到时间和精力上的无谓浪费。有些人时时忙、天天忙、月月忙、年年忙，结果，忙来忙去，除了"忙"却什么也没有得到。白忙一时，白忙一世。

那么，怎样才能告别忙碌，做一个高效者呢？

那就翻阅本书吧。

本书的主旨就在于提升我们的工作效能，帮我们摆脱庸碌无为的生活状态。

通过阅读本书，你可以找出自己工作中存在的一些导致低效的工作习惯和观念上的误区，养成高效正确的工作习惯，并坚持这样做下去，你就会成为一名事业上卓有成效，少干活多出成果的高效能人士。

衷心感谢你对本书的关注。相信本书介绍的内容会对你有所启迪，从而有助于你开创卓越人生！

由于时间仓促，加之水平有限，本书不足之处自是难免，诚望读者朋友批评指正。

目　录

第一章　做事有目标，才能忙在点子上 ……………………1

在行动前设定目标 …………………………………………… 1
把目标放在第一位 …………………………………………… 2
目标能让你充满激情 ………………………………………… 4
目标决定了你的高度 ………………………………………… 6
目标设定三大原则 …………………………………………… 9
目标设定六大步骤 …………………………………………… 10
细化目标更容易成功 ………………………………………… 12
两个以上的目标等于无目标 ………………………………… 14

第二章　合理计划，提高做事的目的性 ……………… 18

做事不要太匆忙 ……………………………………………… 18
凡事预则立，不预则废 ……………………………………… 19
做切实可行的计划 …………………………………………… 21
制订一份工作时间表 ………………………………………… 23
在行动中完善计划 …………………………………………… 25
专注才能成功 ………………………………………………… 27
不专注时最易犯错 …………………………………………… 30

第三章　忙碌不盲目——养成良好的做事习惯 ……… 32

工作效率比废寝忘食更重要 ………………………………… 32
做公司需要的事 ……………………………………………… 33
与上司步调一致 ……………………………………………… 35
主动与领导沟通 ……………………………………………… 38
领悟上司意图要快而准 ……………………………………… 40
采取最佳方法才能费时少，功效大 ………………………… 42
采取快捷的工作方式 ………………………………………… 44

　　集中力量在重要的事情上 …………………………………… 45
　　做好手头的事 …………………………………………………… 47
　　把生活当作一个"沙漏" ………………………………………… 49
　　成功，源自点滴的积累 ………………………………………… 51
　　1%的工作需要100%的精心准备 ……………………………… 53
　　工作不留"小尾巴" ……………………………………………… 54
　　有条不紊，营造整洁的工作环境 ……………………………… 56

第四章　有效掌控时间 ………………………………… 59

　　掌握好你的时间节奏 …………………………………………… 59
　　珍惜每天的每一分钟 …………………………………………… 62
　　如何掌控你工作的时效 ………………………………………… 64
　　做一个积极高效的"鳟鱼人" ……………………………… 66
　　高效能人士控制时间的关键细节 ……………………………… 68
　　理清工作的顺序 ………………………………………………… 72
　　守时改善工作心情 ……………………………………………… 74
　　用同样的时间做更多的事情 …………………………………… 75
　　不要让突发事件影响你 ………………………………………… 78
　　找出隐藏的时间 ………………………………………………… 79
　　能创造时间才是明智之举 ……………………………………… 82

第五章　积极的思考有助于提高效率 …………………… 85

　　要习惯于留出时间去思考你做的事 …………………………… 85
　　思考能发掘每个人内心的宝藏 ………………………………… 86
　　反省是成功的加速器 …………………………………………… 87
　　及时作总结 ……………………………………………………… 88
　　从经验中提炼出有价值的规律 ………………………………… 90
　　深入地思考问题，才能正确地解决问题 ……………………… 92
　　学会分析，把问题想透彻 ……………………………………… 93
　　能干＋正确的思考＝会干 ……………………………………… 95

第六章　方法成就高效 …………………………………… 98

　　让大脑"多走些路" ……………………………………………… 98
　　多一根筋，脑子转一转 ………………………………………… 101

灵活变通，用最佳的方式处理问题 …………… 102
明亮的地方不一定是出口 …………………… 105
在"寻常"中发现"非常" …………………… 107
简化工作，提高效率 ………………………… 110
工作报告要简明不简单 ……………………… 112
看清问题，快速纠错 ………………………… 114
不思变通的执著就是无知 …………………… 116
有变有通万事不难 …………………………… 118
最优秀的人，往往最重视找方法 …………… 120
主动找方法才能让你脱颖而出 ……………… 123

第七章　立即行动才有效率 …………… 127

克服拖延，立即行动 ………………………… 127
执行力，为你赢得主动权 …………………… 129
迅速而正确地决断是成事立业的一项能力 … 131
优柔寡断是做事之大忌 ……………………… 133
果断决策，不失良机 ………………………… 135
先行动，才有可能制胜 ……………………… 136
竞争的实质就是速度 ………………………… 139
速度决定执行的效果 ………………………… 140
积极行动起来，你就能成就自我 …………… 142

第八章　工作效率与职业精神成正比 …… 146

不可缺少敬业精神 …………………………… 146
对自己的工作负责，是高效工作的前提 …… 148
把公司的事当作自己的事 …………………… 151
将工作当成人生的乐趣 ……………………… 153
让激情之火在胸中燃烧 ……………………… 155
摒弃偷懒的习惯 ……………………………… 157
自觉自愿地工作 ……………………………… 158
严于自律让你的工作更出色 ………………… 160
工作，就应以最高标准要求自己 …………… 162
为荣誉而工作 ………………………………… 164
始终以最佳的精神状态工作 ………………… 166

第九章　借用他人的力量提高效率 …………… 169

- 合作能力比专业知识更重要 ………………………… 169
- 不要做单打独斗的英雄 ……………………………… 170
- 协作让你事半功倍 …………………………………… 173
- 与同事密切合作完成工作 …………………………… 177
- 有效沟通，提高效率 ………………………………… 179
- 选择沟通目标 ………………………………………… 182
- 大局意识是一种高贵的精神 ………………………… 184

第十章　有健康才有效率 …………………… 188

- 让你的身体健康起来 ………………………………… 188
- 加入健康行动，提高工作效率 ……………………… 189
- 平衡生活，做一个和谐工作者 ……………………… 191
- 会休息的人才会工作 ………………………………… 193
- 放松是为了以更快的速度奔跑 ……………………… 194
- 把工作放一放 ………………………………………… 197
- 从容不迫地面对工作 ………………………………… 199
- 学会释放工作压力 …………………………………… 201
- 依照人性来决定生活的步调 ………………………… 205
- 经营家庭，给工作一个避风的港湾 ………………… 208
- 自信是成功的必备因素 ……………………………… 209

第十一章　提高管理效率的智慧 …………… 211

- 正确决策 ……………………………………………… 211
- 用人有道 ……………………………………………… 218
- 适当授权 ……………………………………………… 225
- 协调到位 ……………………………………………… 231
- 赢得下属的心 ………………………………………… 236
- 学会激励 ……………………………………………… 244
- 巧妙调动员工积极性 ………………………………… 251
- 把公司的每个人都拉来战斗 ………………………… 254
- 大公司，小团队 ……………………………………… 256
- 让每次会议都富有实效 ……………………………… 258
- 制度是管理效率的保证 ……………………………… 260

第一章　做事有目标，才能忙在点子上

在行动前设定目标

目标，是一个人行动的指南针。只有找准目标，一个人做事才能够有效率，才能够把需要做的事情做好。有目标的人是在为效率、为美好的结果而忙，没目标的人只会越忙越乱。

在《爱丽斯漫游仙境》中，小爱丽斯问小猫咪："请你告诉我，我应该走哪条路呢？"

猫咪说："这在很大程度上看你要去什么地方。"

"去哪我都无所谓。"爱丽斯说。

"那么你走哪条路都可以。"猫咪回答道。

"这……那么，只要能到达某个地方就可以了。"爱丽斯补充道。

"亲爱的爱丽斯，只要你一直走下去，肯定会到达那里的。"

现实中，像爱丽斯那样去哪里都无所谓的员工大有人在。他们在工作中标榜努力工作，勤奋学习，但却从来没有一个工作目标，更谈不上职业规划。他们机械地工作，一刻不停地忙碌着，却永远也忙不到点子上——由于缺乏目标，他们把大量的时间和精力浪费在一些无关紧要的事情上。

有一个广为流传的管理学故事，就很好地说明了这个问题。故事说的是一群伐木工人走进一片树林，开始清除矮灌木。他们费尽千辛万苦，好不容易清除完一片灌木林，当他们直起腰来准备享受一下完成一项艰苦工作后的乐趣时，却猛然发现，不是这片树林，而是旁边那片树林才是需要他们去清除的！有多少人在工作中，就如同这些伐木工人一样，常常只是埋头砍伐矮灌木，甚至没有意识到眼前的树林并非是自己需要砍伐的那片树林！

告别忙碌，做个高效者

这种看似忙忙碌碌，最后却发现自己与目标南辕北辙的情况是非常令人沮丧的，这也是许多效率低下，工作不出成绩的人最容易犯的错误，他们往往把大量的时间和精力浪费在一些无用的事情上。

任何行动一定要有目标，有目标才能够忙在点子上。早上开始工作时，如果并不知道当天有什么样的工作要去做，就很容易像上面的伐木工人一样，把时间浪费在不该做的事情上。没有目标，就不可能有切实的行动，更不可能获得实际的结果。有目标才能减少干扰，把自己的精力放在最重要的事情上。一个高效能的工作者每天进办公室的第一件事，就是应该为自己当天的工作订一个清晰的目标和计划。

世界一流的效率提升大师博恩·崔西说："做事有目标是提升效率的关键。高效工作的首要前提就是制订一套明确、具体而且可行的目标和计划。"现实生活中，我们发现那些做事高效的人始终会将目光集中在他们的目标上，他们常常在向目标奋进的过程中运用想象来提醒自己的目标所在。所以，要想成为做事高效的人，就一定要在行动前设定你的目标。

把目标放在第一位

跟着目标走才不会迷路，同样，工作也必须有明确的方向和目标，盲目地埋头苦干，很难把工作完成到最佳境地。

目标，正如射击场上的靶子，它会告诉你射击的方向，还会显示出你的子弹离靶心有多远。有了明确的目标，你就不会盲目地浪费时间和精力去做那些无谓的准备。

成功者，非常善于在行动之前，通过自己的思考和判断来找到一个适合自己能力发展的目标，因为在他们看来，找到目标就等于成功了一半。

从一开始就有明确的目标，意味着从一开始你就知道自己的目的是什么，怎样做才能有针对性地将工作集中到一个点上，才会有的放矢。

在一个漆黑的夜晚，一个人正在灯火通明的房间里四处搜索着什么东西。

有一个人问他："你在寻找什么呢？"

"我丢了一颗宝石，这是我祖母留给我的，必须找到它。"这个人回答。

"你把它丢在这个屋子的中间,还是墙边?"第二个人问。

"都不是,我把它丢在屋外的草地上了。"他又回答。

"那你为什么不到草地上去寻找呢?"第二个人奇怪地问。

"因为那里没有灯光,而屋子里有。我把这里的灯全打开了,并把屋里阻挡我视线的家具都搬了出去,还找矿务局的朋友借了一个探测矿石的仪器,你看,我准备得足够充分了吧!"这个人自豪地说。

看完这个故事,你肯定会觉得这个人很可笑。然而,我们中的有些人每天都在错误的地方寻找他们想要的东西。

一个想要找到金矿的采矿者,如果他认为在海滩上挖掘更容易,而到那里寻找金子的话,不管准备工作做得多么充分,他找到的肯定只是一堆堆的沙土和贝壳。

没有目标,等于失去行动的方向。这个道理再简单不过了,但为什么有很多人总是找不到自己的目标呢?原因就在于他缺乏确定自己目标的能力。

虽然并不是每个人都能成为卓越的领导者,然而只要用对方法,每个人都可以成为有效率的执行者。提高工作效率最有效的武器就是"找准目标",忙要忙得有意义有价值,千万不可主次不分。一个人的时间和精力是有限的,不要妄想可以面面俱到。

这是个纷繁复杂的世界,你要面对的问题也是多种多样的,工作就够让人头疼的,何况还有工作之外的事情来分散你的精力。所以,找准目标,专注地做事,这是提高你工作效率的最有效武器。

做最重要的事,这是你拥有执行力的唯一保证。你想做什么,不是问题的关键,任意而为只是人类缺乏控制能力的表现。一个做事情有效率的人,必须清楚需要首先处理的事情是什么。如果不清楚这个问题,必将导致你的工作低效甚至无效。

1945年杜鲁门接任总统时,他原本最想做的事是完成罗斯福总统提出的经济和社会的改革,这些改革由于世界大战的爆发而没能最终完成。可是当时第二次世界大战刚刚结束,作为战胜国的美国,首先需要处理的事情是诸如协调战败国和战胜国之间的关系,规划日本和德国的重建等国际事务。杜鲁门上任后,意识到了国际事务

第一章 做事有目标,才能忙在点子上

具有绝对的紧迫性和重要性，于是他改变了原来的工作安排，把重心放在了国际关系上。杜鲁门的当机立断使他成为了处理外交事务最成功的美国总统。

卓越的领导者需要有超凡的魅力，但是执行力和高效却比魅力更重要。从历史上看，杜鲁门并没有超凡的个人魅力，但是他却是最有效率的美国总统之一。

把目标放在第一位，是许多管理层人士推崇的方法，这个方法之所以有效是因为它可以使你在某段时间内集中精力，充分利用现有资源，把工作完成到最好程度。

时间是最公平的，每人每天都只有24个小时。成功的人就是在有限的时间内做得比别人多，做得比别人好的人。其实，要做到这一点并不难，只要你一直遵循"把目标放在第一"的原则。

目标能让你充满激情

美国著名人寿保险推销员弗兰克·帕特在他的著作中说明了目标是如何激发他的自信和热忱，使他走上成功之路的。

"当时是1907年，我刚转入职业棒球界不久，遭到有生以来最大的打击——我被开除了。我的动作无力，因此球队的经理有意要我走人。他对我说：'你这样慢吞吞的，哪像是在球场混了20年？弗兰克，离开这里之后，无论到哪里做任何事，若不提起精神来，你将永远不会有出路。'

"本来我的月薪是175美元，离开之后，我参加了亚特兰斯克球队，月薪减为25美元。薪水这么少，我做事当然没有热情，但我决心努力试一试。大约10天之后，一位名叫亨利的老队员把我介绍到新英格兰去。在新英格兰的第一天，我的人生有了一个重要的转变。

"因为在那个地方没有人知道我过去的情形，我就下定决心，把变成新英格兰最具热忱的球员当作自己的目标。为了实现这个目标，我必须采取相应的行动。

"我一上场，就好像全身带电。我强力地投出高速球，使接球的人双手都麻木了。记得有一次，我以强烈的气势冲入三垒，那位三垒手吓呆了，球漏接，我就登垒成功了。当时气温高达华氏100度，我在球场奔来跑去，极可能中暑倒下去。

"这种热忱所带来的结果，真令人吃惊，它产生了下面的三个作用：

"第一，我心中所有的恐惧都消失了，发挥出意想不到的技能；

"第二，由于我的热忱，其他的队员也跟着热忱起来；

"第三，我没有中暑。我在比赛中和比赛后，感到从没有如此健康过。

"第二天早晨，我读报的时候，兴奋得无以复加。报上说：那位新加进来的帕特，无异是一个霹雳球，全队的人受到他的影响，都充满了活力。他们不但赢了，而且打出了本季最精彩的一场比赛。

"由于我强烈要使自己成为新英格兰最具热忱的球员，这个目标使我身上焕发了热忱的奇迹，短短一个月内，我的月薪由25美元提高为185美元，多了7倍。

"在往后的两年里，我一直担任三垒手，薪水加到30倍之多。这是为什么呢？就是因为心中有一个目标。一定要成为最热忱、最优秀的球员，除此以外，没有别的原因。"

后来，帕特的手臂受了伤，不得不放弃打棒球，接着，他进入一家人寿保险公司当保险推销员。整整一年多都没有什么成绩，因此很苦闷。但后来他又迅速确定了自己的目标，要成为季度最佳业绩的保险推销员，于是帕特重新恢复了斗志和活力，就像当年打棒球那样。

再后来，他成了人寿保险界的大红人。不但有人请他撰稿，还有人请他演讲。他说："我从事推销已经30年了。我见到许多人，由于对工作持有明确的目标和热忱的态度，他们的收入成倍地增加起来。我也见到另一些人，由于缺乏奋斗目标而走投无路。我深信唯有积极追求目标的态度，才是成功推销的最重要因素。"

已故网球名将亚瑟·阿什早年也有类似的经验。阿什是打破网球界人种限制的第一人，在他之前，网球界一直是白人的天下。他的一生可说是一连串设定并达到目标的过程。阿什早年在网球场上就开始了这种模式，他学会了如何赢得成就感，一次只设立一个目标。

阿什一生都坚持这样的信念："每次你设立一个目标，然后完成那个目标，就是一种不断增强自信的过程。"

阿什一生都以这种方式度过。他设立一个目标，一旦达成那个

第一章 做事有目标，才能忙在点子上

目标，他就再设立一个新的目标。为什么呢？他解释道："我相信，自信能改变一个人。自信也能扩散到生活中很多不同的层面。你不但对自己的专长更有自信，而且还会对很多其他事提高信心，相信自己也能做到，因此信心也大可运用在其他工作或另外一组目标上。"

阿什就是运用这种设立目标的方法，登上了网球冠军王座。他说："我早年的几位教练常设立清楚明确的目标，这种方法正是我愿意遵循的。这些目标不见得一定要像赢得巡回赛这么的重大。将一些有待克服的困难、需要努力去做的事设立为目标，如果能达成这个目标，一定会有某种收获的。我要再强调，不是只有赢得巡回赛才可以作为目标。往往一些小目标一个个地达成后，我自己都会意外地发现：'嘿！我距离得大奖已经越来越接近了。'"阿什一直以这种方式参加高难度的比赛。他说："参加巡回赛，总想能进入复赛。比赛时，总希望漏接的反手球不超过某个数字。或者是必须锻炼体力到一定的程度，气候太热时，才不至于很快就感到疲倦。这一类的小目标，可以帮助你将注意力由成为世界第一或赢得巡回赛这类的远大目标，分解为几个较易达成的小目标。"

因此，为了在明确的目标下焕发激情，挖掘自己的潜能，无论在工作还是生活中，我们要为自己选好一个明确的目标，选好之后，把它写下来，放在你每天至少可以看到一次的地方。其用意在于，把这个目标深深地印在你的潜意识中，把它当作一种模型或蓝图，让它支配你生活中主要的活动，使你一步一步地向它迈进。

目标决定了你的高度

找出自己真正想做的是什么，你就能站在一定的高度上考虑你的行动，让一切事情按部就班。

请注意下面这则调查。

很多年前，美国耶鲁大学对即将毕业的学生进行了一次有关人生目标的调查研究。研究人员向参与调查的学生们问了这样一个问题:"你们有人生目标吗?"对于这个问题,只有10%的学生确认了他们的目标。

然后,研究人员又问了学生们第二个问题:"如果你们有目标,那么,你们是否把自己的目标写下来了呢?"这次,总共只有3%的学生回答是肯定的。

20年后,耶鲁大学的研究人员在世界各地追访了当年那些参与调查的学生们。他们发现,当年明确把自己的人生目标写下来的人,无论从事业发展,还是生活水平,都远远超过那些没有这样做的人。这3%的人所拥有的财富居然超过了其余97%的人的总和。

这3%的人的成功,离不开他们从一开始工作就怀有的明确目标。在耶鲁大学的这个关于人生目标的研究项目里,那些没有把人生目标写在纸上的人一生在干什么呢?原来他们忙忙碌碌,一辈子都在直接间接地、自觉不自觉地帮助那3%有明确人生目标的人实现他们的奋斗目标。

当然要改变自己的生活必须从培养期望做起,但光有强烈的期望还不够,还得把这种期望变成一个目标。这就是说,你应该用想象力在脑袋里把目标绘成一幅直观的图画,直到它完完全全实现。俗话说:"有丰富的计划,就有丰富的人生。假如你能确立人生目标,就已经踏出成功的第一步。"

英国电影演员理查德·伯顿通过切身体验发现,制定一个目标是多么重要!他是一个声誉极高的演员,事业上颇有成就。可有一次他表演失败了,一时想不开,便常常喝得酩酊大醉,想以此消愁,结果是借酒消愁愁更愁,不仅糟蹋了自己的身体,还差点毁了自己的演艺生命。

后来,伯顿在其主演的一部影片获得极大回响以后,决心要戒酒。因为他逐渐感到,由于酒喝得太多,他甚至连台词都记不太清了。他说:"我很想见见与我合作过的那些演员,我知道他们的演出都十分出色,可我现在连一个镜头都回想不起来了。"

这一痛苦经历促使他产生了要改变自己生活的强烈愿望。他为自己制定了一个具体目标,即严格地控制自己,过一种与酒告别的生活。他对自己期望的未来制订了明确的目标,甚至对与喝酒的朋友在一起会损失什么,也认真考虑了一番。他明白,为了以后漫长

的人生,他必须改掉自己的一些不良习惯。他也相信,只要确定了某个具体目标,他就能实现它。

伯顿为自己制定了一个治疗计划,每天游泳、散步,并严禁喝酒。经过两年的努力,他终于达到了目的。他又重新组织了一个家庭,过着美满、幸福的新生活,他兴奋地说:"我的工作能力完全恢复了。我发现自己的动作或思考都比酗酒时更加敏捷,精力更充沛,脑子转得也更快了。"

伯顿成功了。你也应该培养你自己的某些强烈的期望,并把它们转变成你生活中的具体目标。

对于每个奋斗在职场上的人而言,在确定了个人的奋斗目标之后,就得面对具体琐碎的日常事务了,这个时候,有个词就不能不提到了,那就是信念。

因为在奋斗的过程中,你一定会遇到这样和那样的困难,这应当是在制定目标的时候就要预计到的。如果你左右摇摆、对目标瞻前顾后,那么在困难和挑战面前,就会很容易动摇甚至是放弃,这无疑将使你无法实现目标。面对困难是这样,面对诱惑也是这样。在前进的道路上,你还会面临可能更好、更具吸引力的诱惑,能否坚持自己的信念,一往直前地向目标行进,这些都将决定你能否在激烈的竞争中取得最佳业绩,实现最终目标。

在每个职场人士的内心里都希望能够凭借自己的信念坚持到最后,但要记住很重要的一点:把眼前的工作做好。也许你的目标很远大,也许你对现在的工作很看重,但你需要清楚的一点就是:如果你现在的工作对将来的成功梦想没有一点帮助,那么就不要再继续从事这项工作;如果你可以从现在的工作中,获得对成功有所帮助的经验、能力、素质提高、资金积累、人脉拓展等有益的东西,就要确保自己不能丢掉目前的工作,而且应该如同爱护你的梦想一样去爱护这份工作,因为这是成功的前提。没有了这些,你凭什么成功?因此,为了成功,做好自己现在的工作吧。

同时,你还需要做好长期奋斗的准备。一定要清楚成功不可能一蹴而就,它需要一个过程。既然自己不能一夜之间达到目标,你就应该有充分的耐心去等待;既然成功不是在忽然之间到来,那么就需要你不断地去累积,把每件工作做好。

目标设定三大原则

目标就是在一定的时期内,一个人关于某件事所要达到的预期成就或目的。在设定目标的时候需要遵循以下几个原则。

1. 明确性原则

无论是企业还是个人,无论是短期目标,还是中长期目标,我们设定出来的目标必须是明确的。

明确的目标才能一步步指引我们的行为,才能让我们有的放矢。比如说,考试就有个分数目标。对你来说,考多少分才算是"好",是70、80还是90,这个目标必须明确。明确了目标你才有做事的动力。

心理学家曾经做过这样一个实验。

组织三组人,让他们分别向着10公里以外的三个村子进发。

第一组人既不知道村庄的名字,也不知道路程有多远,他们只被告知跟着向导走就行了。刚走出两三公里,就开始有人叫苦。走到一半的时候,有人几乎愤怒了,他们抱怨为什么要走这么远,何时才能走到头,有人甚至坐在路边不愿走了。越往后,他们的情绪就越低落。

第二组人知道村庄的名字和路程有多远,但路边没有里程碑,只能凭经验来估计行程的时间和距离。走到一半的时候,大多数人想知道已经走了多远,比较有经验的人说:"大概走了一半的路程。"于是,大家又簇拥着继续往前走。当走到全程的四分之三的时候,大家情绪开始低落,觉得疲惫不堪,而路程似乎还有很长。当有人说"快到了"的时候,大家又重新振作起来,加快了行进的步伐。

第三组人不仅知道村子的名字、路程,而且公路旁每一公里都有一块里程碑,人们边走边看里程碑,每缩短一公里大家便有一小阵的快乐。行进中他们用歌声和笑声来消除疲劳,情绪一直很高涨,所以很快就到达了目的地。

心理学家得出了这样的结论：当人们的行动有了明确目标，并能把行动与目标不断地加以对照，进而清楚地知道自己的行进速度与目标之间的距离，人们行动的动机就会得到维持和加强，就会自觉地克服一切困难，努力到达目标。

2. 合理性原则

设定的目标必须科学合理。因为目标必须是切实可行的，所以不能设定一个天方夜谭似的目标，否则，我们就可能因为无法达到目标而心生恐惧。比如说,刚过一周岁的婴儿学步，父母给他设定的目标是走到10米外的沙发旁。假如他们给孩子设定的目标是走到500米外的菜市场，那么孩子说不定就不敢练习走路了。

不过，千万不要怕自己做不到而给自己设限。有限的目标会造成有限的人生，所以一定要尽情地让思维驰骋，要相信自己能做到。但同时要注意，一定要使目标切合自己的实际，不要好高骛远。否则，一旦目标实现不了，你就会因此而产生挫败感，从而打击你的自信，使你丧失信心。

3. 可行性原则

设定的目标必须具有可操作性。就像我们经常会这么说那些不合理的目标："都还不会走，怎么可能学会跑。"目标的获得是循序渐进的，就像学习英语，如果连简单的26个字母都还没有学会，又怎么可能学会看一篇复杂的英文课文？

目标设定六大步骤

第一步：拿出一张纸，写下自己关于这件事想获得的成就，或者想将此事做到一个什么程度。

有时候，衡量一件事有没有做好不止一个标准，或者我们想达到的目的或许可以分成好几个层次。那么这种时候，我们必须把所有的标准或层次全部都写下来。在写的时候，先不必管那些目标能用什么方式达成，先尽量写，不要给自己设限。因为要达成目标的第一步，就是知道它是什么样的结果。

第二步：审视你所写下的所有目标，预期你希望它们达成的时限。

前面说过，目标可能有多个层次，那么你希望每个层次何时达成呢？10分钟？一个小时？一天？还是一个星期或者更长时间？

如果你想做好的这件事需要的时间很短，你就要将眼光放长远些，找出一些与这个目标有关的潜在目标。如果手头的这件事需要的时间很长，你可以将它分成几个部分来做，一个部分设定一个具体的目标，就像前面的那个实验一样。那样的话，我们做事就会更加有激情和动力。

第三步：明确地写出你为什么要做这件事，也就是想实现目标的理由是什么。

如果你做事能够找出充分的理由，那你就能激发出强大的潜力，因为追求目标的动机，远比目标本身更能激励我们。如果你的动机够强烈，便能永远寻得做事的方法，如果你有充分的理由，便没有任何事能阻拦你。

比如说，你光想着今天考试能够考好、能够做好老板给你的这份工作，或者能够讨恋人的欢心，那都只是一个目标，激不起你的斗志。但是，假如你知道今天考试考好就能够获得学年的奖学金，做好老板的这份工作能够得到升迁，讨得恋人的欢心就能订下你们的婚事，那么你就会备受鼓舞并促其实现。

第四步：列出你已经拥有的各种重要资源。因为实现目标必须有计划，而在进行计划的时候，你就得知道自己该用到哪些工具和资源。在纸上列出一张你所拥有资源的清单，里面包括自己的个性、朋友、财物、教育背景、时限、能力，以及其他内容。这份清单越详尽越好。

第五步：当你做完这一切，请你回顾过去，有哪些你所列的资源曾运用得很纯熟。回顾过去，找出你认为最成功的两三次经验，仔细想想当时是做了什么特别的事，才使得之前你成功地完成了类似的事。

除了你自己的经验，你也可以借鉴别人的经验。因为很可能你之前没有做过类似的事，那么别人的经验就会成为你宝贵的财富和指引。

第六步：完成前面的步骤后，我们就可以开始写下具体的行动步骤了。也就是说，我们可以开始制订计划了。

就像盖一栋房子，难道有了木头、钉子、榔头、锯子便可以动工了吗？难道胡乱拼凑这些材料和资源就可以了吗？像这样子盖的房子，是不太可能会成功的。盖房子一定得有蓝图、有计划，你才能知道怎么进行，否则你只是把木板胡乱拼凑而已。我们做事就和盖房子一样，有了目标之后，一定要

制订详细的计划。

通过这样六个简单的步骤,切实可行地使你明确了自己或大或小,或长远或短期的目标,并同时为自己列出了实现目标的手段、方法和计划,效率也就随之而来了。

细化目标更容易成功

有些人做事,总是把自己弄得很辛苦,到头来却是毫无建树。究其原因,就是他的目标太笼统,而且不知道该如何去坚持自己的目标。

当然,即使你拥有了一个伟大的目标,你的目标也已经细化到每天该做什么,可是因为种种原因,每天的目标你没有完成,导致了整体目标向后拖延,拖的时间长了,你又会觉得,这个目标太难实现了,你想要放弃这个目标,重新寻找新目标,可是到最后你会发现,这辈子一事无成。

老师带着高年级和低年级两个班的学生去做公益活动,在校门口老师指定两个年级的学生分别去两个地方进行义务献血的宣传。两个年级的学生各自领了宣传标语和宣传单就匆匆上路了。没想到行至途中遭遇大雨,但是学生们没有放弃,依旧风雨兼程。不料,前方出了交通事故,交通堵塞严重,他们被迫停了下来。眼看雨越下越大,高年级的学生想着:这么大的雨,就算到了宣传地点,肯定也没有人在路上走了,那向谁宣传呢?因此他们坐上了返校的车,然后各自回家了。

第二天,高年级和低年级的学生分别汇报自己宣传的情况。高年级同学把自己一路上所遇到的困难向老师作了汇报。老师没有说什么,转身又问低年级学生:"你们完成宣传任务了吗?"学生回答:"完成了。"老师又问:"那你们在哪里宣传的,是我指定的地方吗?"学生回答:"不是,昨天下大雨,室外很少有行人,因此我们去了一个大型商场。虽然我们没有去您指定的地方进行宣传,不过我们已经把义务献血的精神宣传给了我们能碰到的每一个人。"老师非常满意低年级学生的做法,不久还开全校大会表扬了他们。

目标的完成方式有很多种，老师想让学生们传达的是一种精神，所以无论向谁宣传，只要做了就算达到目的。像高年级学生那样，虽然兴冲冲地走在宣传的路上，也没有因为风雨的阻隔耽误了脚步，但是面对不畅的道路，他们最终没有坚持下来，放弃了宣传，当然也放弃了自己当初的目标。

有人说："目标不在于高远，而在于实现。"我们可以把我们的目标按照优先次序进行排列。根据你的个人信仰，把精力放在那些对你有重要意义的目标上面。我们还可以把奋斗目标分成短期、中期和长期目标，这会帮助你有计划、有步骤地实现最终目标。通过制定并实现年度目标、每月目标、每周目标，甚至每日目标，你就会提高自己做事的效率和积极性，迈上一个新台阶。

两个女孩去找当地最有名的裁缝师傅拜师学艺。

师傅刚开始并没有答应她们，只允许她们在旁边观看他的手艺。

一个月后，师傅对她们说："如果你们真想拜我为师，必须经过考验才行。"

两个人异口同声地说愿意接受考验。

"你们各自做一套女士套装，这套套装必须包括衬衫、马甲、长裤、短裙和外套。衬衫两件，马甲一件，长裤两条，短裙两条，外套一件。如果你们谁能做好，我就收谁为徒。"

瘦女孩并没有多想，她开始把目标具体化。先做一件马甲，这个目标最好实现。再做两件衬衫，接着做两条长裤和两条短裙，最后做外套。瘦女孩的计划有条不紊，先易后难，每完成一项，都给自己打气。她会自我鼓励地说："下一个目标就是一条长裤嘛！太容易了！"然后就忘我地投入到工作中。

再来看胖女孩，一想到要做那么多的衣服就发愁。天啊，这么多啊！做一年都做不完啊。"这么重的任务怎么能完成呢？太多了啊。为什么一定要做那么多呢？做少一点儿不行吗？真的太多了啊。我肯定完成不了。"胖女孩语无伦次地抱怨任务太重，心中毫无目标，不知从何下手。既想做马甲，又想做衬衫，还想做外套，恨不得一下子全做完，一口气吃成一个大胖子。于是马甲做了一半就丢在一边去做衬衫，长裤的两条腿还没有完成又跑去做外套。

一个月后，瘦女孩的一套女士套装全做好了，而胖女孩连一件

马甲都没有做好。理所当然的，师傅收了瘦女孩为徒。

同样一个目标，瘦女孩能完成，胖女孩却只能败兴而归，并不是胖女孩的手艺比瘦女孩差，而是胖女孩不懂得有计划、有条理地把目标具体化和细化，脑子里老想着这么大的一个目标怎么能实现，无形之中给自己增加了压力和难度。要知道"在65岁之前，我希望我在银行中的存款能达到20万元，我将在那时退休"的效果要比"我希望赚很多钱，尽早退休"好得多。

理想的实现并不是一蹴而就的，我们需要把理想这个大目标分割成一个个小目标，然后分别去实现它。当我们实现第一个目标的时候，我们就会更加有信心地去实现第二个目标，依此类推，我们的理想最终就会实现。

两个以上的目标等于无目标

美国明尼苏达矿业制造公司（简称3M）的口号是："写出两个以上的目标就等于没有目标。"这句话不仅适用于公司经营，而且对个人工作也具有指导意义。

"一个人做事缺乏效率的根本原因，就是在于没有固定的目标，他们的精力太过分散，以至于一无所成。"著名效率管理专家史蒂芬·柯维在分析了众多工作效率低下的案例之后得出了这样的结论。

事实的确如此，许多人在工作和生活中缺乏效率，就是因为目标过多，导致自己无法将精力集中在重要的事情上，如果他们的精力能集中在一个方向上，就足以使他们获得巨大的成功。

"瞧这儿，"一个农场主对他新来的帮手汤米说，"你这种犁法是不行的，你都犁歪了，在这样弯曲的犁沟中，玉米会长得很混乱。你应该让你的眼睛盯住田地那边的某样东西，然后以它为目标，朝它前进。大门旁边的那头奶牛正好对着我们，现在把你的犁插入土地中，然后对准它，你就能犁出一条笔直的犁沟了。"

"好的，先生。"

10分钟以后，当农场主回来时，他看见犁痕弯弯曲曲地遍布整块田地。

"停住！停在那儿！"

"先生，"汤米说，"我绝对是按照你告诉我的办法在做，我笔直地朝那头奶牛走去，可是它却老是在动。"

因为目标总是在变动，你就不得不在这个目标和那个目标之间疲于奔命，这是一种没有目的、缺少头脑，而且效率非常低下的工作方法。

很多名人都把自己的成功归因于勤奋和对某个目标持之以恒的毅力。在追求某个目标时，他们从来都是全身心地投入。正是对自身奋斗目标的清楚认识和执著追求，造就了最后的成功。

拿破仑·希尔先生在仔细观察过一百多位在本行业获得杰出成就的男女人士的商业哲学观点之后，认为所有的成功商人都有做事专注于一个目标的优点。

事实上，当一个人养成做事有"明确的主要目标"的习惯后，就会培养出能够迅速做决定的习惯，而这种习惯对他提高工作效率很有帮助。相反，那些同时有着很多目标，精力分散的人会很快耗尽他们的精力，随之而来的就是原先雄心壮志的消磨。

一个"明确的主要目标"做事的习惯，将帮助你把全部的注意力集中在一项工作上，使你行动的效率大大提高。事实证明，著名的成功商人都是那些能够迅速而且果断做决定的人，他们在工作时，总是先有一项重大的特殊目的，作为他们的主要目标。

下面就是一些最著名的例子。

伍尔沃斯的"明确的主要目标"就是要在全美国各地建立一连串的"廉价连锁商店"，他把全部精力花在这件工作上，最后他终于完成了此目标，而这个目标也使他获得了成功。

雷格莱专心于生产及制造一包五美分的口香糖，结果使他赚进数以百万计的利润。

爱迪生专注于调和自然法则的工作，并努力贡献出比其他人更多、更有用的发明。

杜何蒂专心于建造及经营公用事业工厂，终使自己成为一名百万富翁。

英格索致力于生产廉价手表，终于使全世界充满各式各样的钟

表，也使他获得了大笔财富。

史塔勒专心于经营"亲切服务的旅馆"，这使他成为富翁，也使得住进他旅馆的几百万房客大感满意。

巴尼斯专心于销售爱迪生牌语音机，他在年轻时就宣布退休，那时他已经为自己赚到了用不完的钱。

威尔逊专心于问鼎白宫长达25年之久，最后终于成为白宫的主人，这应感谢他深深懂得坚持一个"明确的主要目标"的价值。

林肯致力于解放黑奴，并因此使他成为美国最伟大的总统之一。

李特顿在听过一次演说后，内心充满成为一名伟大律师的欲望，他把一切精力专注于这个目标上。据说，他后来成为美国最成功的律师，每一个案件的收费很少低于5万美元。

洛克菲勒专心于石油事业，使他成为他那一时代最有钱的商人。

福特专心于生产廉价小汽车，结果使他自己成为有钱且有权势的人物。

卡内基专注于钢铁事业，积聚了庞大的财富，他的姓名被刻记在美国各地的公共图书馆里。

吉列致力于生产安全刮胡刀片，使全世界的男人都能把脸刮得"干干净净"，也使自己成为一名百万富翁。

伊斯曼致力于生产柯达小照相机，这为他赚到了数不清的金钱，也为全球人类带来了无穷的乐趣。

康威尔专心于发表一篇演说《满坑满谷的钻石》，结果他获得了超过600万美元的报酬。

赫斯特专心于创办煽情性的报纸，这使他赚得几百万美元。

海伦·凯勒专注于学习演讲。因此，尽管她聋、哑、盲，但她最后还是实现了她的"明确的主要目标"。

派特森专心于发展及生产收银机，使人们大感方便，结果他自己也成为一名富翁。

福烈兹曼专心于生产低微的小小酵母饼，这些"小东西"最后却行销全球。

菲尔德专注于成立世界上最大的零售连锁店，结果成功了。

菲力普·亚莫尔专心发展肉食品事业，结果建立了庞大的企业。

莱特兄弟专心于发明飞机，结果征服了天空。

普尔曼专心于发展卧铺车厢,这个念头使他成为富翁,使无数人获得舒适的旅行。

……

从这些例子中可以看出,所有成功的人物都是把某种明确而特定的目标当做他们努力的主要推动力。

只有一只手表,可以知道是几点,拥有两只或者两只以上的手表,却无法确定是几点,两只手表并不能告诉一个人更准确的时间,反而会让看表的人士失去对准确时间的信心,这就是著名的手表定律。

手表定律带给我们一个这样的启示:对于一个企业来说,不能同时采用两套管理方法,否则,这个企业将陷入一片混乱。同样,一个人也不能同时为自己设置两个目标,否则他将会觉得无所适从。

因此,如果确定的目标被证明是正确的,那么就应该像卫星导航船一样,坚定不移地为目标而奋斗。风平浪静时,卫星导航船将一直朝着它要到达的港口航行。当风起云涌时,卫星导航船即使在狂风暴雨中也会一直坚持着它的航线。卫星导航船在海中航行时永远只会看到一样东西,那就是它所要到达的港口。

一个人想成功,又何尝不该如此呢?

> 第一章 做事有目标,才能忙在点子上

第二章　合理计划，提高做事的目的性

做事不要太匆忙

在工作中，有很多人总是低头做事，他们匆忙如大自然的蚂蚁，却没有多少实质的收获。对这些人来说，草率行事，冒冒失失是他们最好的写照。

冒失是一种轻率的表现，是指对任何事情都不能深思熟虑，只凭一时冲动匆忙做出决定，有时不计后果。冒失的人懒于思考，轻率大意，为了迅速摆脱由动机斗争带来的内心痛苦和紧张情绪，他们不考虑主、客观条件和后果就贸然抉择，草率行事；他们生活节奏快，做事匆忙，往往一件事未干完，又去做另一件事，或几件事一起干。

西班牙的智慧大师巴尔塔沙·葛拉西安曾告诫我们：做任何事情都不要太匆忙，忙乱中容易出差错；也不要太轻率大意，不要急于表态或发表意见。

不要匆忙急促，有些事情不可不问清楚，不弄明白。凡事预则立，不预则废，一个人只有知道如何安排工作，制订一个高明的工作进度表，才能高效率地办事，在短期内出色地完成工作。

正如一位成功的职场人士所说："你应该在每一天的早上制订一下当天的工作计划，仅仅5分钟的思考就能使你一天的工作变得非常有效率。"

举一个营销工作中的实例：新品上市初期，开拓市场寻找经销商是一件非常重要的工作，但面对一个陌生的城市和市场，你会怎么办呢？你是下车后匆忙急于四处走街串巷，还是通过调查后，制订拜访计划及合理路线？

每个城市都有几百个经销商，不可能每个客户都去拜访。经验丰富的营销人员会挑选客户中20%有意向、有网络及实力的经销商进行重点拜访，用80%的时间沟通这20%的重点客户。同时，为了不放弃那些潜在经销商，经营相关产品的小经销商只需要简单地散发新品招商资料就可以了。

不管从事什么工作，事先的调查和分析都会有助于你找到实现目标的最佳方案。好的钟表行走十分规律，不快也不慢。有智慧的人做事绝不匆忙，也不拖沓，不莽撞，也不踌躇。他们做事总是有条不紊，不慌不忙，没有积压，绝不拖延。

最重要的是，他们不是一有想法就马上去做，等发现偏差再去调整，而是一开始就想好怎么做，把所有事情都想好，理清。因为没有时间而赶着把事情做完的人，通常事后要花更多的时间把第一次没做好的事情做好。如果真的没有时间把每件事都做好做完，那就把最重要的事做完做好。

有些人认为做事不匆忙是一件很容易的事情，只需要每一次做事时注意一下就行。其实一个人做事不慌不忙是一种习惯，你会发现一个做事匆忙的人做所有的事情都是冒冒失失，他们是凭着自己的直觉在做事。要想改变做事匆忙的缺点，首先就是要在做每一件事情时制订计划和目标，而且形成习惯。

凡事预则立，不预则废

畅销书《如何掌控自己的时间与生活》一书的作者阿兰·拉金说过，"一个人做事缺乏计划，就等于计划着失败。有些人每天早上预定好一天的工作，然后照此实行，他们是有效地利用时间的人。而那些平时毫无计划，靠遇事现打主意过日子的人，只有'混乱'二字。"一个人要提高自己做事的目的性，就要养成善于规划的好习惯。

励志大师卡耐基认为，计划并不是对个人的一种束缚与管制，必须做什么或不应该做什么并不是由计划决定的，而是由我们必须面临的不断变化的外部环境所决定的。"凡事预则立，不预则废"，要高效执行，就要养成事前做好计划的习惯。下面这个故事或许能让我们悟出点什么。

在一次晚会上，12岁的婷婷成了众人关注的明星。因为她被幸运女神连续拥抱了6次——那本是一个儿童游戏，看哪一位小朋友能够把皮球投到几米外标有"幸运女神"的篮筐中，每一次投中都

第二章 合理计划，提高做事的目的性

有一份小礼品。而婷婷连续6次将皮球投入了那个篮筐，最终除了6份小奖品，她还得到了晚会临时决定颁发给她的一份特殊礼物。

很多人不知道为什么婷婷今天能够这样幸运。而答案却要追溯到1年以前，在当年的新年晚会上，婷婷也参与了同样的游戏，但是她几次努力都没有被幸运女神拥抱。在爸爸妈妈的鼓励下，她希望自己在第二年的晚会上被幸运女神多拥抱几次，于是她便开始了练习，在家里摆上小篮筐，有空就将皮球投向篮筐。

现在知道了吧，婷婷不是那一天被幸运女神拥抱了6次，而是在1年的时间里，她被自己的努力拥抱了很多次。而在晚会上，她的努力得到了回报，仅此而已。如果真有什么幸运女神的话，拥抱婷婷的就是她自己。

这样的经历或许不是每一个人都有，但是却是所有人都可以想象的。当你赶到火车站或者飞机场，而你所要搭乘的火车、飞机已经离去的时候，不是因为你奔跑的速度赶不上火车和飞机，一定是因为你没有提前做好准备——早点儿出发。

到底需要提前多少时间出发呢？或者说在执行中，到底需要提前多少时间做准备呢？把准备工作做到什么程度呢？这个问题的答案既是艺术的，又是科学的。说它是艺术，是因为很难找到这样一个规律、一种标准，让所有的人都知道应该准备什么、准备到什么程度。说它是科学，是因为在执行时必须有计划，而且计划是有规律可循的。

把握提前量。既然是计划就不能等到事情开始之后再来做，必须提前，必须提前掌握一些信息，试验一些方法，并与操作者进行沟通……把握提前量，还要根据事情的复杂程度，越复杂的事情、耗时越长的项目就越需要提前做好计划。

参考以往的经验。工作中的绝大多数内容都是某种意义上的重复，所以，当做新计划的时候，即便不能够参考完整的以往的项目经验，但是至少可以把本次项目中的很多内容拆分成若干个和以前类似的工作，以便于更有效地参考过去的经验。

在计划中，不仅要有针对目标的描述，更要有针对方法的描述。因为，如果一个计划仅仅说要到哪里，却不说花多少时间到、怎么到，那这个计划在实施的过程中就会被拖延，就会很难应对突发的变化。只有在事前围绕方法有了更充分的思考和准备，才能解决相当一部分在实施过程中的问题，才不至于因一些小问题而打乱原有的计划。

一份很好的计划还必须明确指出哪里是重点和关键。如果像记流水账一样写计划，那么对于执行者而言就是灾难。因为看不到重点，执行者无法真正完成充分的准备，而且他们不知道应该在哪里提高他们的熟练度，在哪里给予更多的注意。最后，因为准备不充分、操作不准确，所以在那些没有被突出的关键环节上往往就会出现问题，导致计划不能够被顺利实施。

在计划中，还要允许存在一定程度的"未知"。因为，计划并不是报告，它是事前的而不是事后的。对于未来，某种意义上来说都是未知的，当然，我们不能说让计划中的所有要素都成为未知，而是说有一些小的问题或一些具体的信息完全可以在计划被实施的过程中逐步进行完善。从另一个角度上讲，操作者本身也可以在执行一个计划的过程中提高自己的能力，而伴随他能力的提高，那些曾经的未知就将不再构成他工作中的困难了。

总之，没有计划的工作是盲目的，没有科学依据的，不遵守客观规律的计划是没有价值的。一个人有没有良好的职业习惯，首先看他执行工作时有没有计划。

做切实可行的计划

播下了目标的种子，并不意味着成功已经唾手可得了，但至少你迈出了关键一步。然而，仅有目标还是不够的，还必须要有实现目标的途径和方法，这就需要有一个计划，引导你一步步通向成功。这就好比种子深埋在土里，如果没有适宜的温度、水分和必要的营养，它是不能长成参天大树的。

做任何事都要事先考虑，计划在前。如果没有长远计划，做一步算一步，那失败的结局就是注定的。把目标以计划的形式确定下来，条分缕析，细化到每一个细小的环节，做好计划中的每一步，我们的行动才更有效。如果认真地做好计划中的每一步，那么当你完成最后一步的时候，就会惊奇地发现目标已经实现了。

迈克尔在年轻时是个音乐狂，但面对陌生的音乐界和唱片市场，他不知如何是好。于是就找来了一个叫凡内芮的朋友合作，他从内

心知道,只要有了凡内芮,自己就一定能成功。

在一次闲聊中,凡内芮突然从嘴中冒出一句:"想象你五年之后在干什么?"接着又讲:"不要急着回答,要仔细地想,完全想好,确定了再告诉我。"

迈克尔沉思了几分钟,开始说:"第一,我希望五年后能出版自己的唱片,并且在市场上很流行。第二,五年后,我要住在一个充满音乐氛围的地方,能天天与那些世界一流的音乐家在一起工作。"

凡内芮听完后说:"那好,既然你已经有了目标,我们就把它倒过来看一遍。如果第五年你想有一张唱片在市场上,那么在第四年你就得跟唱片公司签上合约。那么你的第三年就一定要有一个完整的作品,可以拿给很多唱片公司听,对不对?那么你的第二年就一定有一个好产品开始录音。那么你的第一年就一定把所有准备录音的作品,编好曲、排练好。那么你的第六个月,就是把没有完成的作品修饰好,然后一一筛选。那么你的第一个月,就是把目前这几首曲子完工。"

最后他说:"你看,一个完整的计划已经有了,现在你要做的,就是按照计划认真地准备每一步,一项一项地完成。这样到了第五年,你的目标就能实现了。"

说来也怪,恰好在第五年,迈克尔的唱片开始畅销起来,他一天到晚地忙着,与世界顶尖音乐高手在一起工作。

所以,明确了目标后必须规划出一个适合自己实际情况的计划,海市蜃楼般的空想和美梦只能是昙花一现,并不能使自己向着心中的目标前进。如果说目标是车头,那么计划则是铁轨,没有铁轨火车就跑不起来,铁轨没有铺设好火车就不能开动。

目标是一盏指引我们前进的明灯,而切实可行的计划则是保证我们向着明灯迈进的推动力。目标是胜利的码头,切实可行的计划则是载着我们劈波斩浪奋勇前进的航船。一个人若想成功,就不能没有具体的切实可行的计划,这是成功应该具备的最重要的基本因素。有了计划,我们就不会盲目行事、漫无目的、心中空荡。有了计划,我们就可以依之去具体地实施,一步步地向着自己的目标靠近,直至实现它。

计划不是随意的假定、随便的设想。计划要做到切实可行,每一步都要有很强的可操作性。计划一定要有很强的时间观念,规定在某一时间内完成某一目标,然后向新的目标前进,这样才能步步为营,取得成功。如果制订计划只是模棱两可,没有时间概念的话,在执行计划过程中就会产生各种各样的借口,以致一拖再拖,最终无法实现计划,先前的目标也就无法达到。

制订一份工作时间表

恪守时间是高效工作的灵魂和精髓所在。办事一贯准时,从不拖延,往往是积累成功资本的第一步。有了第一步,成功自然就会水到渠成。做事情从不拖延是使人信任的前提,会给人带来美好的名声,使别人可以相信你能出色地完成手中的事情。

当你制定出一份工作时间表时,你会发现只用三到五分钟,就可确认自己要把最宝贵的时间用于何处。提高工作效率比延长工作时间更有效,记得经常提醒自己,延长工作时间不是办法。你所要做的,只有提高工作效率。

1. 绝不能做百科全书式的工作计划

有一位著名企业家曾说过,行动"量"的多少并不重要,达到目的的"质"比较重要。他说:"行政主管本身'做'了什么并不重要,重要的是他去'推动完成'了什么。"

将主要工作、主要内容扼要写在计划表上。你的计划表范围应该广泛,但绝不能做成百科全书。否则,你会力不从心。

有个好办法可以确定你单子上的优先顺序是否管用:反复查看单子里的前十项是不是真的是最紧急和重要的事。

玫琳·凯·阿什曾在创办玫琳凯化妆品公司初期,听到一则有关"如何提高工作效率"的故事,这个故事对她后来事业成功起了重大的推动作用。故事的精义是"每天写下六件最重要的事,然后按顺序执行"。玫琳·凯说:"当我听到这个故事后,心想,如果这个方法对其他人而言价值连城,对我也会有同样的价值。"因此,她开始在每天下班前也写下明天做的六件重要的事情,而且也鼓励业务员这么做。

今天的玫琳凯化妆品拥有十多万名业务员,她为他们印制了上

第二章 合理计划,提高做事的目的性

百万份的粉红色的小便条本,每一张便条纸上写的都是:"我明天必须做的六件重要事情。"

2. 制订可操作性强的工作计划表

用来写计划表的纸片,不能在上面随意涂鸦,或是用胶水粘在冰箱上,用即时贴贴在桌上,那样会使你的备忘条七零八落,反而会制造很多遗忘事情的漏洞。

最好能保证至少可以在同一个地方看到所有的待办事项,并且能检查其进度,这也许是在你随身携带的万用手册中,或是在电脑里、快译通里,不论何种形式,都必须能随时更新内容,并且要放在随手可及的地方,必要时可以用即时贴或便条作为额外的提醒媒介。

例如,如果你是一个销售人员,在你的区域里拥有1万家客户,你就可以采用直接邮件促销方式区分出"半合格"线索,然后以电话销售方式对这些线索进一步追踪,从而产生出更为合格的线索,并制订出进行推销拜访的计划。不过,如果你的区域里仅拥有200家客户,或许你就应该略去直接邮件这一步骤,转而以电话销售的方式对每家客户进行归类了。

制定可操作性强的工作计划表,既要尽可能注重成本效益,也要尽可能将精力集中,把每一项可能的工作推向前进。

3. 制作长期计划表

许多善用时间的成功人士都会制订长期计划表。在一次业务会议中,有记者问一位业务高平,他最重要的销售策略是什么,他说:"我的每月日程表。"因为他必须事先知道一个月后有哪些重要的客户需要拜访而预先做准备。还有些人甚至会预估他们长期计划表上的每一个计划需要花多长时间完成,然后再利用这些周计划、月计划、甚至年计划表来制作每日计划表。

制作长期计划表还有一个妙处,即可推动我们做个有远见的高效能人士。当我们的工作是实现远见的一部分时,每一项任务都具有价值。哪怕是最单调的任务也会给你满足感,因为你看到更大的目标正在实现。

在行动中完善计划

拿破仑·希尔说，不要等到万事俱备以后才去做，永远没有绝对完美的事。如果要等所有条件都具备以后才去做，只能永远等待下去。

等待会放纵机会。一个房产开发商多次投资冒险都以赢而收场，他说，他之所以屡屡得手，主要是他敢于冒险。他在选择一个投资项目时，如果别人都说可行，这就不是机会——别人都能看见的机会不是机会。他每次选择的都是别人说不行的项目，只有别人还没有发现而你却发现的机会才是黄金机会。尽管这样做很冒险，但不冒险就没有赢，只要有50%的希望就值得冒险。

一般人都认为，如果要行动得漂亮，必须事先有所准备。但是，有许多达到目标所需的计划、准备及策略规划工作，往往要等我们上路，才能进行。

就如"飞毛腿导弹"或"热导飞弹"，可以视实际目标而调整方向。我们也需要类似的弹性，好让自己在追求目标的过程中，得以视实际状况而改变计划或调整焦点。

我们着手做事，不论对错，都会得到反馈。而这些反馈的信息，大多是我们追求成功最初阶段时，所无法获得的信息，是在实际行动之后所产生的新信息。这些信息不仅充实我们既有的策略，补足若干先前未曾发现的细节内容，或者还可以指明我们应调整的方向。

早在公元一世纪就有句欧洲格言："不容许修改的计划是坏计划。"的确如此！

人生中有些事相当无奈——每个人在展开新历程之时，皆无法确切了解，自己究竟走向何方，也无法完全清楚，究竟该如何达到目标。

我们边走边学，假如愿意调整方向，则这些新学到的东西会颇有助益。除非我们踏上追求目标的奋斗旅程，否则有一些信息永远无法获得。这些新信息，在我们努力清扫路途障碍的过程中，才能绽放光芒，发挥作用。也唯有在我们朝梦想迈进时，才能从这些新信息中，解读出新的机会。

有些东西远看很炫目，趋近一看，却平平常常；有些东西远看似乎混沌，但越靠近越见光彩夺目。人生旅程的景观一直在变化。向前跨进，就看到与初始不同的景观，再上前去又是另一番新的景象。

随着岁月流逝，你的知识及经验都在不断地增长，你也许会发现，你早期的人生目标在不知不觉中扩展了！

告别忙碌，做个高效者

"先投入战斗，然后再见分晓。"法兰西雄狮拿破仑如是说。

哥伦布还在求学的时候，偶然读到一本毕达哥拉斯的著作，说地球是圆的。哥伦布想若地球真是圆的，他便可以经过极短的路程而到达印度了。自然，许多有常识的大学教授和哲学家们都耻笑他的看法。他想向西方行驶而到达东方的印度，岂不是痴人说梦吗？他们告诉他：地球不是圆的，而是平的。然后又警告道，他要是一直向西航行，他的船将驶到地球的边缘而掉下去……这不是等于走上自杀之路吗？

然而，哥伦布对这个问题很有自信，只可惜他家境贫寒，没有钱让他去实现这个冒险的理想。他想从别人那儿得到一点钱，助他成功，但空等了17年，都是失望，所以，他决定不再向这个"理想"努力了。因为使他忧虑和失望的事情太多了，竟使他的红头发也完全变白了——虽然当时他还不到50岁。

灰心的哥伦布，这时只想进西班牙的修道院，度过其后半生。正在这时候，罗马教皇却怂恿西班牙王后伊莎贝拉帮助哥伦布。教皇寄了65元给哥伦布，算是路费。但哥伦布自觉衣服过于褴褛，便以这些钱买了一套新装和一匹驴子，然后起程去见伊莎贝拉，沿途穷得竟以乞讨糊口。王后赞赏他的理想，并答应赐给他船只，让他去从事这项冒险的工作。为难的是，水手们都怕死，没人愿意跟随他走，于是哥伦布鼓起勇气跑到海滨，捉住了几位水手，先向他们哀求，接着是劝告，最后用恫吓手段逼迫他们去。同时他又请求王后释放了狱中的死囚，允许他们如果冒险成功，就可以免罪恢复自由。一切都准备妥当。

1492年8月，哥伦布率领三艘船，开始了一个划时代的航行。但刚航行几天，就有两艘船破了，接着又在几百平方公里的海藻中陷入了进退两难的险境。他亲自拨开海藻，才得以继续航行。在广浩无垠的大西洋中航行了六七十天，也不见大陆的踪影，水手们都失望了，他们要求返航，否则就要把哥伦布杀死。哥伦布兼用鼓励和高压，总算说服了船员。

也是天无绝人之路，在继续前进中，哥伦布忽然看见有一群飞鸟向西南方向飞去，他立即命令船队改变航向，紧跟这群飞鸟。因为他知道海鸟总是飞向有食物和适于它们生活的地方，所以他预料到附近可能有陆地。果然很快发现了美洲新大陆。

当他们返回欧洲报喜的时候，又遇上了四天四夜的大风暴，船只面临沉没的危险。在十分危急的时候，他想到的是如何使世界知道他的新发现，于是，他将航行中所见到的一切写在羊皮纸上，用蜡布密封后放在桶内，希望在船毁人亡后，自己的发现能够留在人间。

哥伦布他们总算很幸运，终于脱离了危险，胜利返航了。无须赘言，哥伦布如果没有不怕困难、不怕牺牲、勇往直前的行动，"新大陆"能被早日发现吗？

哥伦布的探险成功了。可惜，哥伦布至死都不知道自己发现的是美洲新大陆，他还以为，自己只不过是发现了一条到达印度的新航路而已，所以把美洲红皮肤的土著，也称呼为"印度人"。

哥伦布那种无畏、勇敢和百折不回的精神，的确值得我们学习。当水手们畏惧退缩的时候，只有他还要勇往直前；当水手们"恼羞成怒"警告他再不折回，便要叛变杀了他时，他的答复还是那一句话："前进！前进！前进啊！"

好些曾在世界上成就过大事业的人，他们伟大的力量、广阔的心胸，丰富的经验，究竟是从哪里得来的？他们会告诉你，那是奋斗的结果，是从挣脱不自由、不良的环境，斩除束缚他们的桎梏，求得教育，脱离贫困，执行计划，实现理想的种种努力中获得的。

能够制胜的人总是：不断地尝试，不断地改进，不断地行动。

专注才能成功

有人问拿破仑打胜仗的秘诀是什么。他说："就是在某一点上集中最大优势兵力，也可以说是集中兵力，各个击破。"这句话精辟地道出了专注对于成功的重要。

在任何领域，集中注意力都是成功的关键之一。古往今来，凡是卓有成就的人，他们都有一个共同点，那就是很注意地把精力用在做一件事情上，专心致志，集中突破，这是他们做事卓有成效的主要原因。

史蒂芬·柯维在为一些经理人做职业培训时，有一次，一位公司的经理去拜访他，看到柯维干净整洁的办公桌感到很惊讶，他问史蒂芬·柯维："柯维先生，你没处理的信件放在哪儿呢？"柯维说："我没处理的信件都处理完了。"

"那你今天没干的事情又推给谁了呢？"这位经理紧追着问。"我所有的事情都处理完了。"史蒂芬·柯维微笑着回答。看到这位经理困惑的神态，史蒂芬·柯维解释说："原因很简单，我知道我所需要处理的事情很多，但我的精力有限，一次只能处理一件事情，于是我就按照所要处理的事情的重要性，列一个顺序表，然后就一件一件地处理。结果，完了。"说到这儿，史蒂芬·柯维双手一摊，耸了耸肩膀。

"噢，我明白了，谢谢你，史蒂芬·柯维先生。"几周以后，这位公司的经理请史蒂芬·柯维参观其宽敞的办公室，对史蒂芬·柯维说："柯维先生，感谢你教给了我处理事务的方法。过去，在我这宽大的办公室里，我要处理的文件、信件等，都是堆得和小山一样，一张桌子不够，就用三张桌子。自从用了你说的法子以后，情况好多了，瞧，再也没有没处理完的事情了。"

这位公司的经理，就这样找到了处理工作的办法，几年以后，成为美国社会成功人士中的佼佼者。我们为了提高自己的工作效率，也应当根据工作的需要为自己制订出一个计划来，然后专注于自己的计划，一次做好一件事，一步一步地达成自己的目标。

爱迪生认为，高效工作的第一要素就是专注。他说："能够将你的身体和心智的能量，锲而不舍地运用在同一个问题上而不感到厌倦的能力就是专注。对于大多数人来说，每天都要做许多事，而我只做一件事。如果一个人将他的时间和精力都用在一个方向、一个目标上，他就会成功。"

专注要求我们在做一件事时就要做好这一件事。《觉者的生涯》一书中这样写道："我（释加牟尼）一时专注于一件事。当我用斋时，我用斋。当我睡觉时，我睡觉。当我谈话时，我谈话。当我坐禅时，我入定。这就是我的实践。"

能够在每一件事上做到专注，大概只有释迦牟尼才能做到，但是，在工作的时候做到专注，你也可以做到。

专注地做好一件事，是一个高效能人士获取成功不可或缺的一个习惯。

只有当你一心一意去做每一件事情时，你才能把它做好。

> 李果是一家广告公司的创意文案。一次，一个著名的洗衣粉制造商委托李果所在的公司做广告宣传，负责这个广告创意的好几位文案创意人员拿出的东西都不能令制造商满意。没办法，经理让李果把手中的事务先搁置几天，专心把这个创意文案完成。
>
> 连着几天，李果在办公室里抚弄着一整袋洗衣粉在想："这个产品在市场上已经非常畅销了，人家以前的许多广告词也非常富有创意。那么，我该怎么下手才能重新找到一个点，做出一个与众不同、又令人满意的广告创意呢？"
>
> 有一天，她在苦思之余，把手中的洗衣粉袋放在办公桌上，又翻来覆去地看了几遍，突然间灵光闪现，想把这袋洗衣粉打开看看。于是找了一张报纸铺在桌面上，然后，撕开洗衣粉袋，倒出了一些洗衣粉，一边用手揉搓着这些粉末，一边轻轻嗅着它的味道，寻找感觉。
>
> 突然，在射进办公室阳光的照耀下，她发现了洗衣粉的粉末间遍布着一些特别微小的蓝色晶体。审视了一番后，证实了的确不是自己的眼睛看花了。她便立刻起身，亲自跑到制造商那儿问这到底是什么东西，得知这些蓝色晶体是一些"活力去污因子"。因为有了它们，这一次新推出的洗衣粉才具有了超强洁白的效果。
>
> 明白了这些情况后，李果回去便从这一点下手，绞尽脑汁，寻找最好的文字创意，因此推出了非常成功的广告方案。广告播出后，这项产品的销量急速攀升。

一个人在进行工作时，应该专注于当前正在处理的事情。如果注意力分散，头脑不是在考虑当前的事情，而是想着其他事情的话，工作效率就会大打折扣。即使事情再多，我们也要一件一件进行，做完一件事情就了结一件事情。全神贯注于正在做的事情，集中精力处理完毕后，再把注意力转向其他事情，着手进行下一项工作。

美国钢铁大王卡内基把自己的成功归因于勤奋和对某个目标持之以恒的毅力。他说："我专心致志于一件事情的时候，好像世界上只有这一件事。"正是这种对自身奋斗目标的清楚认识和执著追求，造就了他最后的成功。

博恩·崔西博士强调"专注地做一件事",这并不是说我们只能去做一件事情。可是,如果你把两件事情放在同时去做的话,即使用一年的时间,你也不会取得令人称赞的成绩。

博恩·崔西博士每天除了要处理大量的稿件和信函之外,还兼着多家咨询公司的首席顾问,博恩·崔西先生除了能够将这些事情掌握自如以外,夜晚的集会也每场必到,一个白天如此忙碌且公务缠身的人仍能有充分的时间和大家一起吃饭。有时候,他手中虽然工作繁杂,但是晚上仍然安排出闲暇时间去参加娱乐节目,到底他是怎么运用自己的时间的呢?博恩·崔西先生说:"其实这并不是什么特别困难的事情,一次只做一件事情,今日事今日毕,仅此而已。"

博恩·崔西先生能够一次确实集中精力在同一件事情上,使自己不被其他的事情所干扰,这也是他被推为世界一流的效率培训大师的主要原因。或许有了这项能力,就可以证明他是一位天才了吧!反过来说,一位凡事定不下心来,做事情匆匆忙忙的人,即便是天才,也会一无所获的。

有一个有趣的练习,就是将时间分成一块块的,在一块时间中你要保证一次只做一件事情。不管你是在阅读文件,与客户谈判,还是开车,与家人出游,试着把自己的精力集中在一件事情上。要把精力集中投入到你正在做的事情中去,你会发现有两件事开始发生:首先,你将确实在享受你正做着的,甚至是一些平常的事,像洗碗或清洗盥洗室之类。当你精力集中,而不是注意力分散,这会使你完全被你所做的事情所吸引,并对此有浓厚的兴趣,而不管它可能会是什么。其次,你将惊异于你如此迅速和高效地把事情完成。因为把注意力放在此时此刻,所以,在生活的各个领域你的技能都有所增进——写作,读书,打扫房屋以及打电话,你可以做同样的事。这都从你决定一次做一件事开始。

不专注时最易犯错

网易创始人丁磊曾经一针见血地指出:往往不专注的时候,也是你最容易犯错误的时候。

不专注,人们的精力就难以集中,心思无法放在一件事物上面。鬼谷子曾说:"心散则志衰,志衰则思不达,思不达则事难以成。"人的精力毕竟是有限的，往往穷尽全力也不见得能把事做好，更何况是不专心致志呢。一心几用，看来可以提高做事的效率，其实则不然。计划好的每一件事都应该竭尽全力，如果该用百分之百心思的地方你只用了百分之五十，结果便不能如你所愿，甚至连预期结果的百分之五十都不一定能达到。若是你同时去做的是两件事，那么两件事都难以圆满完成。这样一来，你不得不重新开始，于是耽误的不仅是时间和精力，也会延误你下一步的行动。如此恶性循环，即使眼下没有出现问题，时间长了，出现的问题和错误也会让你穷于应付。到那时，关乎你生活和前途的这些错误后果，将让你追悔莫及。

> 有个经验丰富的老木匠准备退休。这位木匠一生成果无数，做出来的器具、造出来的房子总是令人爱不释手、赞叹不绝。人老了总是想安度晚年，老木匠也不例外。于是他告诉老板，说要离开建筑行业，回家与妻子儿女享受天伦之乐。
>
> 这样的好工人，老板自然舍不得让他走，他就问老木匠，是否能帮忙再建一座房子。老木匠虽然归心似箭，但仍然答应了老板的要求，回答说"可以"。于是，老木匠又开始忙活起来，整天"乒乒乓乓"地到处敲敲打打。只不过，大家都看得出来，老木匠的心思已经没放在手头的木工活上了，他用的是软料，出的是粗活。比起他以前盖的那些房子来，这座新房子还不如一个新手盖的呢。
>
> 房子建好的时候，老板把大门的钥匙递给他。
>
> "这是你的房子，"他说，"作为这么多年你用心做事的礼物。"老木匠震惊得目瞪口呆，羞愧得无地自容。如果他早知道是在给自己建房子，他怎么可能将房子盖成那样呢？现在他得住在一幢粗制滥造的房子里！

我们又何尝不是这样。我们漫不经心地"建造"自己的生活、对待自己的工作。我们不是积极行动，而是消极应付，凡事不肯精益求精，不愿尽最大努力。等我们惊觉自己的处境，早已深困在自己建造的"破烂房子"里了。

把自己当成那个木匠吧，想想你的"房子"。每天，你用心地敲进去一颗钉，用心地加上一块板或竖起一面墙，用你的智慧好好建造它吧！

我们的生活是我们一生唯一的创造，不能抹平重建。专注地做好计划的事，进而将生活中的每一件事努力做到尽善尽美。那么，即使我们只剩下一天的生命，我们也不会为往日的生活而追悔。

第三章 忙碌不盲目——养成良好的做事习惯

工作效率比废寝忘食更重要

有一种人，桌子上摆满了文件，总是显得手忙脚乱，一副日理万机的样子。这种人工作十分认真，对自己的本职也充满了热忱，从来不多休息。有时下了班，还要自动加班到很晚。他们以为这样做就能给老板一个好印象，他们认为要想往上爬就要付出这样的代价，这样才能得到大家的好评和老板的重用。关心集体、关心工作、把工作看做是第一位的，这还不够吗？哪个老板会不喜欢下属天天加班？

在我们的身边，总不乏这样的人，他们不论星期天还是休假日，都不惜将自己全部的精力放在工作上，一旦工作中断，他们就像丢了魂似的，心神不定。

可不幸的是，这种人往往很难飞黄腾达。这是为什么呢？

许多精明的老板从下属的忙碌中能看出许多问题，他们中的相当一部分人是因为自己的能力有限，就希望通过忙碌来引起老板的注意。他们生怕自己的重要性被忽视，便加倍地忙碌，其目的在于把自己表现为一个能干的人。但精明的老板总能透过他们的工作内容，看出他们的本领，而无须探询他们忙得团团转的理由。因为，困难的工作，不一定会使人显得很忙。而终日忙得晕头转向的人不一定是个能干的人。

日本有部心理学著作认为：有的人总是企图表现自己的废寝忘食，其实他内心隐藏着本质上的怠惰。老板往往认为这是一个对工作缺乏关心和兴趣的人，他也许是害怕遭到别人的非难和惩罚，以致陷入战战兢兢的状态里，为了消除内心的紧张和不安，他只好采取一种期待赞赏的行动，这样一来，他便成了一个忙忙碌碌的员工了。

所以忙碌并不表示能干，更不代表着能高效地完成任务。与废寝忘食这种表面现象相比,更高的工作效率,更强的执行能力对于一个员工更加重要。

做公司需要的事

在工作中,也许你随时看起来都很忙,但你一定别忘了一句话:忙要忙到点子上——想一想,你做的事都是公司需要的吗?

著名的管理咨询顾问鲍伯·尼尔森在《员工的终极期望》一文中,用这样一段话,道出了老板对员工的终极期望。他是这样说的:

"亲爱的员工,我们之所以聘用你,是因为你能满足我们一些紧迫的需求。如果没有你也能顺利满足要求,我们就不必费这个劲了。但是,我们深信需要有一个拥有你那样的技能和经验的人,并且认为你正是帮助我们实现目标的最佳人选。于是,我们给了你这个职位,而你欣然接受了。谢谢!在你任职期间,你会被要求做许多事情:一般性的职责,特别的任务,团队和个人项目。你会有很多机会超越他人,显示你的优秀,并向我们证明当初聘用你的决定是多么明智。

"然而,有一项最重要的职责,或许你的上司永远都会对你秘而不宣,但你自己要始终牢牢地记在心里。那就是企业对你的终极期望——永远做企业非常需要做的事,而不必等待别人要求你去做。"

尼尔森认为,他所说的终极期望有一个简单的前提:那就是你绝对不需要任何人的指示,就可以把工作做得漂亮出色。无论你在哪里工作,无论你的老板是谁,管理阶层都期望你始终运用个人的最佳判断和努力,为了公司的成功而把需要做的事情做好。

尽管这听起来或许有点奇怪,但事实是,今天每一个老板要找的人,基本上是同一种类型。当然,不同的公司的要求是不同的,正如它们所招聘的员工的技能各不相同;但是,从根本上说,所有公司和老板要找的基本上是同一种人——那些能沉浸在工作状态中、积极主动地把该做的事情做好的员工,那些不用老板吩咐就能够忙于要事的人。

有一个偏远山区的小姑娘到城市打工,由于没有什么特殊技能,于是选择了餐馆服务员这个职业。在常人看来,这是一个不需要什么技能的职业,只要招待好客人就可以了。许多人已经从事这个职

告别忙碌，做个高效者

业多年了，但很少有人会认真投入到这个工作中，因为这看起来实在没有什么需要投入的。

这个小姑娘恰恰相反，她一开始就表现出了极大的耐心，并且彻底将自己投入到工作之中。一段时间以后，她不但能熟悉常来的客人，而且掌握了他们的口味，只要客人光顾，她总是千方百计地使他们高兴而来，满意而去。不但赢得顾客的交口称赞，也为饭店增加了收益——她总是能够使顾客多点一两道菜，并且在别的服务员只照顾一桌客人的时候，她却能够独自招待几桌的客人。就在老板逐渐认识到其才能，准备提拔她做店内主管的时候，她却婉言谢绝了这个任命。原来，一位投资餐饮业的顾客看中了她的才干，准备投资与她合作，资金完全由对方投入，她负责管理和员工培训，并且郑重承诺：她将获得新店25%的股份。现在，她已经成为一家大型餐饮企业的老板。

一个普通的餐馆服务员之所以能够脱颖而出，关键在于她充分发挥了自己的积极性与主动性。在本职工作之外，她思考更多的是如何完善服务和实现服务的突破。而不是只做一些老板交代的事。相比那些只知道招呼客人的服务员而言，其完成工作的效率与质量是不同的。这是因为，她在做好自己工作的同时，收集了大量顾客的信息，并且利用这些信息改善服务质量，使服务更加人性化、亲情化和个性化。通过一次或数次服务，为饭店创造了更大的价值——赢得顾客的忠诚，这才是最重要的。

为客户服务，解决某个问题，协助自己的同事，提出省钱的建议，想出好点子或改进工作流程。事实上，这些是每位员工天天都需要做的事，他们每分每秒也是因此而被雇用的。

如果一个企业的员工只知道做老板吩咐的事，老板没交代就不会主动去做，那么这样的公司是不可能长久的，这样的员工也不可能有大的发展。今天，对于许多领域的市场来说，激烈的竞争环境、越来越多的变数、紧张的商业节奏，都要求员工不能事事等待老板的吩咐。那些只依靠员工把老板交代的事做好的公司，就好像站在危险的流沙上，早晚会被淘汰、淹没。

拿你所在的公司和众多的竞争者比较一下吧。你将发觉，从产品到服务，从技术水平到销售渠道和营销战略，无不大同小异。那么，在众多的经营要素中，是什么决定了一家公司蒸蒸日上而另一家公司步履维艰呢？是人——

在工作中有主见，勇于承担责任，能够主动做公司需要的事的人。

如今，上级和下属之间壁垒森严、泾渭分明的模式早已过时。今天的工作关系是一种伙伴关系，是置身于其中的每一分子都积极参与的关系。在工作或者商业的本质内容发生迅速变化的今天，坐等老板指令的人将越来越力不从心。他们必须积极主动，自觉地去完成任务。

员工比任何人都清楚如何改进自己的工作。再也没有人比他们更了解自身工作中的问题，以及他们为之提供服务的顾客的需求。他们所拥有的第一手资料和切身体验是大多数高层管理人员欠缺的，后者离问题太远，只能从报告中推断出大致的情况。只有各个层级的员工保持热忱，随时想想自己如何把工作做得更好，公司才能对顾客的需求有更好、更及时的回应——才能在达到目标方面更具竞争力。

与上司步调一致

我们要多做公司发展需要的事，有一个重要的原则就是要跟得上老板或者上司的思维，与老板步调一致。这样，你才能够忙在点子上，为公司贡献更多的力量。

和老板步调一致是员工与老板实现合作上的双赢的重要前提。如果你的老板总抱怨你不灵通，交代多少遍都不明白，那么你就有必要检讨自己，在领悟力上多下工夫，否则你将很难得到老板的赏识。

身为下属，脑筋要转得快，要跟得上老板的思维，这样才能成为老板的得力助手。为此，你不仅要努力地学习知识技能，还要向你的老板学习，这样才会弄懂老板的意图。他说出一句话，你要能知道他的下一句话讲什么。也就是知道他的意图，跟得上他的思维。如果你不去努力学习，你的老板想到20公里了，你才想到5公里的地方，你跟他的差距就会越来越大，如果是这样的话你就无法赢得老板的器重和青睐。

> 有一次，曾国藩召集众将开会，分析当时的军事形势说："诸位都知道，洪秀全是从长江上游东下而占据江宁的，故江宁上游乃其气运之所在。现在湖北、江西均为我收复，仅存皖省，若皖省克服……"
> 此时，曾国藩手下的爱将李续宾早已明白了曾国藩的意图，顺

势道:"大帅的意思,是想要我们进兵安徽?"

"对!"曾国藩赞赏地看了李续宾一眼,"续宾说得很对,看来你平日对此早有打算。为将者,踏营攻寨计算路程尚在其次,重要的是要胸有全局,规划宏远,这才是大将之才。续宾在这点上,比诸位要略胜一筹。"瞧,李续宾一句话就赢得了这么多的信任和夸赞,实在是高明之举。

通常情况下,上司或者老板碍于身份,许多话无法直截了当地说出来,如果你是一个有心人,通过察言观色,充分领会出他的意图,肯定会获得老板的认可。

杨力经过一轮轮面试,在一家著名的广告公司的招聘中脱颖而出。上班一开始,杨力的热情高涨,不断有新的创意提出,然而一段时间后,杨力发现自己创意的"死亡率"极高,这让他十分纳闷。

一次,杨力拿出了一个很不错的方案。起初老板兴致很高,频频点头,等到表态的时候,态度却冷淡了下来。眼看计划又要"胎死腹中",杨力十分着急,他知道问题肯定是卡在老板不愿说明的地方了。杨力从头到尾仔细思考了一遍,他觉得老板最紧张的就是钱,何不从这一点上着手。

于是杨力找到老板说:"策划方案既然没问题,我们不妨找几家相关单位赞助,一石二鸟,互惠互助。"老板听后,顿时眉开眼笑,不断夸杨力脑子活,于是这个方案得到了实施。

我们在和上司交往的过程中,要通过接触了解上司平时待人接物的方式、方法,从他的个人经历、性格偏好等方面仔细揣摩他言行的本意,这样才能正确体会到上司的真正用意,与老板做到步调一致。

莱恩是一家广告公司的职员。他本来在一个岗位上干得很优秀,但上司突然调他到一个偏远地区,而偏偏那个倒霉的地区开展业务又特别艰难。为此,莱恩十分不满,他说:"我工作这么努力,一直都尽职尽责,但现在不但没有升迁,反而将我调到了那么糟糕的部门,这不是明摆着让我主动辞职吗?"

但实际情况却是,他的上司发现莱恩是个不可多得的青年才俊,就是太年轻了,办事欠稳妥,有时不够深思熟虑,因此决定派他到另一处去锻炼一段时间,以备将来委以重任。

当莱恩以"想到其他城市去发展"为由将辞职书扔在上司桌子上时,上司十分惋惜地说:"如果你能留下来,将来的前途是会很远大的。但是,你既然另有所求,并已经决定要离开,那么,我也只好祝你好运了!"

上司的一番好意,完全被莱恩误解了。不但如此,上司也可能还会认为莱恩不能吃苦耐劳,怕受累才离开公司的,这种人当然不能委以重任,幸而发现得早,否则还真看走了眼。

另外,要正确领会领导意图,我们要善于和领导换位思考。

实际生活中,很多人不懂得与领导换位思考。前哈佛商学院院长金·克拉克博士认为这点是许多人事业上不成大器的重要原因之一,他说:"在我们从事的商业界中,的确有不少似乎充满了才华的人,他们工作勤奋、对领导的旨意从不打折扣,他们自己也坚信是很热心地服务于自己的公司的。他们的这种勤奋及忠诚在一定程度上也获得了上司及领导的好感,并提升他们做自己手下的主管或领班。但是,他们就是不能再一次地超越自我,其前程也永远止步不前了。"

为什么呢?

金·克拉克博士接着说:"最简单的理由就是因为他们对于每个问题常常是依照他们自己所熟悉的那一局部的办事立场来解决,他们根本没有想到考虑全局或以公司领导的立场去解决。他们也从不将自己置身于公司领导的位置去设想:'领导为什么这么想?他是怎样看待这一问题的?我的想法与领导的差距何在?如果我真的处于领导的位置,对于这类事情我又该如何去处理?'"

这就是这类人的问题的症结。从前做过报童,后来成为美国万国协会主席的布雷西也说过:"在我所做过的许多事业中,帮助我最多的是依照我上司的办事习惯去做我的事,因为我知道虽然我想与众不同,但当时我的能力还不及我上司。我熟悉我的上司,在我做每件事的时候,我的每一个举动,每一个想法均模仿上司,并赶在他之前。我常常比他早到办公室,帮他做一些我预想到他肯定会做的事情,以此证明我脑筋的敏锐。就这样,经过不断

地自己锻炼,终于成就了自己。"

主动与领导沟通

和老板做好沟通,你才能知道他心中最想让你为企业做的事是什么。一位企业家曾经说过,沟通创造价值。要主动做好公司需要的事,使自己忙于要事,我们就要主动与老板沟通。

阿尔伯特是美国金融界的知名人士。初入金融界时,他的一些同学已在金融界内担任高职,也就是说他们已经成为老板的心腹。他们教给阿尔伯特的一个最重要的秘诀就是"千万要肯跟老板讲话"。

话之所以如此说的原因,就在于许多员工对老板有生疏及恐惧感。他们见了老板就噤若寒蝉,一举一动都不自然起来。就算是职责上的述职,也可免则免,或拜托同事代为转述,或用书信的方式报告,以免受老板当面责难。长此以往,员工与老板的隔膜就会越来越深。当然,在这种情况下,员工的行为和企业的预期难免会有所偏差。

人与人之间的理解是要通过实际接触和语言沟通才能建立起来的。一个员工,只有主动跟老板面对面地接触,才能认识到公司发展和老板对自己的要求。

在许多公司,特别是在一些业务发展迅速或者有很多分支机构的公司里,老板必定要物色一些管理人员前去工作,此时,他选择的当然是那些有潜在能力,且懂得主动与自己沟通的人,而绝不是那种只知一味苦干,却怕事不主动与自己沟通的员工。因为两者比较之下,肯主动与老板沟通的员工,总能借沟通渠道,更快更好地领会老板的意图,把工作做得更到位。所以前者总能深得老板欢心。

想主动与老板沟通的人,应懂得主动争取每一个沟通机会。事实证明,很多与老板匆匆一遇的场合,都可能决定着你的未来。比如,电梯间、走廊上、吃工作餐时,遇见你的老板,走过去向他问声好,或者和他谈几句工作上的事。千万不要像其他同事那样,极力避免让老板看见,仅仅与老板擦肩而过。能不失时机地表明你与老板兴趣相投,是再好不过了。老板怎会不欣赏那些与他兴趣相投的人呢?或许短短的几句谈话,你大方、自信的形象,就会在老板心中停留很长一段时间,这些都会成为你今后事业发展的机缘。

当然，这并不是说，只要你主动与老板沟通，就能得到老板的垂青。大哲学家苏格拉底认为，沟通应当以对方的经验为基础。一千个老板，往往会有一千种做事风格，因此，当我们主动与老板沟通时，须懂得他有哪些特别的沟通倾向，这对沟通的成败至关重要。通常，老板喜欢员工这样与自己沟通：

1. 简明扼要

老板阶层的人有一个共性，就是事多人忙，加上注重效率，故而最忌讳长篇大论、言不及义。因此，你要引起老板注意并很好地与老板进行沟通，应该学会的第一件事就是简捷。简捷最能表现你的才能。莎士比亚把简捷称为"智慧的灵魂"。用简捷的语言、简捷的行为与老板进行简明高效的交流，常能达到事半功倍的良好效果。

2. 不卑不亢

虽然你所面对的是老板，但你也不要慌乱，不知所措。不卑不亢是沟通的根本，不可否认，老板喜欢员工对他尊重，然而，不卑不亢这四个字是最能折服老板，最让他受用的。员工在沟通时若尽量迁就老板，本无可厚非，但过分地迁就或吹捧，常会适得其反，让老板心里产生反感，反而妨碍了员工与老板的正常关系和感情的发展。你若在言谈举止之间，都表现出不卑不亢的样子，从容对答，这样，老板会认为你有大将风度，是个可造之材。

3. 沟通时注意换位思考

在主动交流中，优秀的员工往往能够注意不占上风，事事替老板着想，能从老板的角度思考问题，兼顾双方的利益。特别是在谈话时，不以针锋相对的形式令对方难堪，而能够充分理解对方。这样，沟通结果常会是皆大欢喜。

4. 善于聆听

倾听是沟通的前提，上帝给了我们两只耳朵，一张嘴巴，就是要让我们多听少说。在相互交流之中，更重要的是了解对方的观点，而不是只顾发表个人的意见。老板不喜欢只顾陈述自己观点的员工。能够以足够的耐心，去聆听对方的观点和想法的人，才是老板的最佳人选。

5. 对"事"不对"人"

在主动与老板沟通时，千万不要为标榜自己，刻意贬低别人甚至老板。这种褒己贬人的做法，最为老板所不屑。与人沟通，就是把自己先放在一边，突出对方的地位，然后再取得对方的尊重。当你表达不满时，要记住一条原则，那就是所说的话对"事"不对"人"。不要只是指责对方做得如何不好，而要分析做出来的东西有哪些不足，这样沟通过后，老板才会对你投以赏识的目光。

6. 言之有物

老板喜欢知识丰富、思维开阔、有问必答、言之有物的员工。你若知识浅陋，对老板的问题就无法做到有问必答、条理清楚。如果老板得不到准确的回答，时间长了，他就会对你失去信任和依赖。因此，对于日新月异的科技发展和变化迅猛的潮流，我们都应保持应有的了解。

在了解了老板的沟通倾向后，我们需要调整自己的风格，使自己的沟通风格与老板的沟通倾向最大可能地吻合。有时候，这种调整是与我们本人的天性相悖的，但是我们如果能通过自我调整，主动有效地与老板沟通，创造出与老板之间默契和谐的工作关系，这对我们事业的发展无疑具有很大的推动作用。

领悟上司意图要快而准

作为员工，你需要经常接受任务，汇报工作，与老板沟通。老板说话各自有不同的特点：或简或详、或快或慢、或直或曲，千差万别。有时，他说了，就认为你懂了。而事实上，你听到的与老板头脑中想的总是有一定差距，这就全靠你认真领会了。把老板的意图快速领会了，把握准确了，才能很好地执行。如果你一知半解，懵着去干，不是不周全，就是把事情弄拧了，后果可想而知。

在执行中，要想又快又准地领悟上司意图，就必须注意锤炼"悟性"。

无论你从事何种职业，居于何种地位，你都会感觉到"悟性"对我们每个人的发展、成长具有的巨大作用。

在一个部门里，工作效率能否提高，工作目标能否完成，就在于领导与员工的默契配合。悟性高的员工往往能成为这个团队中的骨干，并能带动其他员工。

一名员工要有一定的悟性，能较快理解领导的意图，默契的感觉很重要。因为老板的时间是宝贵的，他不得不处理方方面面的事情，所以员工自己如能又快又准地领会老板的意图去执行任务，对老板而言是再好不过了。

但在工作中，有些员工不能正确领会上司的真实意图，甚至误解老板的真实意图，有时还会做出南辕北辙的事来。

> 总经理让助理就全年的工作写份总结报告，并且嘱咐说"越详细越好"。助理花了三个星期时间调查情况，把一年的工作事无巨细都写了出来。总经理看了洋洋万字的报告，十分不满。原来总经理的意思是希望总结得详细一些，可是助理没领会"详细"是指产品质量及生产方面，却在事务上"详细"写，甚至连总经理开了几次会，副总经理出了几趟差，厂里搞了几次请客吃饭都写得清清楚楚。总经理面对这份报告，无可奈何，只好自己重写了一遍。
>
> 助理对于总经理的意图，实际上并没有心领神会，而只限于机械地简单地理解执行。看来，心领神会并不容易。

一个好员工应该充分理解上司的意图，根据工作中同上司发生关系的任何一个细节来揣摩、判断上司心里想的是什么，下一步可能有什么行动。

忠实地执行上司的意图，对上司下达的指令，一定要认真聆听，并用笔记录下来，以充分领会消化，对不清楚的地方切不可主观臆测，更不能随意改变上司的指示。上司之所以是上司，是由于他们在本行业内有丰富的经验和才智，下属要做的是尽可能地将上司的意图变成事实。要多想一想，上司为什么这样做。只有准确地领会了上司的意图，才能去贯彻执行，才能与上司的意图合拍。

要正确领悟老板的意图，就要经常揣摩上司的心思，多注意上司处理事情的思路，并试着推测一下，你就能慢慢理解上司的意图了。不仅要从字面上理解，更应探究其深层含义。比如上司说天气真冷，他可能不是仅仅想告诉你天气状况，而是请你打开空调。只有平时多注意观察揣摩，在关键时刻你才能领会上司的暗示，与上司默契合作。做一个有心人，才能给老板留下善于执行的好印象。

告别忙碌，做个高效者

优秀员工与平庸员工的区别就在于是否具备灵活的理解、应对能力。优秀员工在执行任务时，能够深入地理解工作内容和上级的指示，能从老板的讲话中发掘出更深层的东西，具有"举一反三"的能力。

简单地说，"举一反三"就是要求我们能够"猜透别人的心"。小谭是一名优秀的日化用品销售人员。这天，领导给他2万元活动经费，让他组织一次大型降价促销活动。领导甚至明确指示，为了打开这个市场，小谭可以将部分日产品大幅降价，只求销量，不求利润。

小谭拿到到经费后，脑筋立刻转开了：公司从去年以来，就实行严格的效益成本考核，很显然，公司拨的这2万元活动经费，肯定要从市场上挣回来，如果完全按照领导意思，只降价求销量而不计较利润，那么最后倒霉的肯定是自己。

为此，小谭决定将部分产品按大幅降价，而对其他大部分产品实行保值销售（本来这部分产品按公司冲账价算，也可以大幅降价，但小谭将这些产品保持原来价格）；同时与经销商协商好，活动期间卖出的所有商品一律不再返利，这样极大地降低了损失，活动也取得了最终的胜利。

优秀的员工能听出老板所说的言外之意，话外之音，只要老板一个眼神或一个暗示，就能正确理解其中的深义。

领会老板的意图，读懂老板对于一个下属来说尤为重要。老板比较喜欢"机灵、悟性好、一点就通"的下属，有重要的工作也会交给他们去做，所以他们也就有获得重用的机会。如果老板总抱怨你"不机灵，翻来覆去交代多少遍都不明白"，那你还会得到老板重用吗？

采取最佳方法才能费时少，功效大

方法，是过河的桥，摆渡的船，是探索的路，发明的钥匙。你要认识事物，解决问题，都离不开方法。弗兰西斯·培根说："没有一个正确的方法，就如在黑夜中摸索行走。"巴甫洛夫指出："好的方法将为人们展开更广阔的图景，使人们认识更深层次的规律，从而更有效地改造世界。"

世界上有没有一种万能的方法？没有。世界上有无限多样的事物，构成我们的认识和行为对象，它们具有各种各样的性质，发生着各种各样的变化。因此，方法也是多种多样的。

然而，在解决某一问题的过程中，众多的方法中总是有一个最佳方法。方法不同，效果也迥然有异，采取最佳方法，往往能费时少，功效大，取得最优效果。最佳方法，是一条最能成功、最有希望的道路。

1. 最佳方法的特点

（1）适用性

首先，是最适合某个单位、某个地区、某个问题的方法。瑞士在发展本国经济的时候就注意到了适用性最强的方法。他们根据本国矿产资源贫乏、旅游资源丰富、智力资源集中的国情，决定发展本国经济不采用发展重工业的途径，而采用发展精密工业的方法。这种精密工业污染少，材料省，适合本国的情况。正是采用了这种方法，才使得瑞士的旅游业兴旺发达，手表远销海外，国民收入达到了一流水平。

圆珠笔的漏油，曾使许多厂商伤透了脑筋，纷纷设法解决，有的设法改善了质量，有的设法改善笔头，有的则用减少圆珠笔储油量的方法，等到圆珠磨损开始漏油，而油也正好用光。第三种方法最简单，也最适用，因此，是最佳方法。

（2）先进性

具有效率高，收效快的特点。

（3）创造性

创造性的方法是最珍贵的方法，容易使工作出现重大的飞跃。我们应努力打破习惯性思维，努力训练创造性思维，不断开拓富有创造性的方法。

2. 怎样找出最佳的方法

（1）找出事物的特殊矛盾

不同的矛盾，只有用不同的方法才能解决。因此，对事物的特殊矛盾，认识得越深刻，就越能找到最佳方法。

（2）善于移植和综合

移植和综合常常是产生最佳方法的有效途径。一种学科的成就、方法，对于另一学科往往有借鉴意义，经过一定改造后，往往成为一种很好的方法。李斯特创立消毒外科学，就是得益于巴斯特证明生物不能自身产生细菌的肉汤实验。他从肉汤腐败和伤口腐败之间的相似性，找到了伤口感染的原因，从高温杀菌法找到了化学杀菌法。综合也是一种产生最佳方法的重要途径。日本人的炼钢新技术，就吸取了奥地利、美国、瑞典、德国的六种炼钢新技术，把它们综合起来，从而得到一种更加优良的方法。

（3）辩证思维

任何方法都是思维的结果，最佳的方法都是辩证思维的结果。恩格斯曾经指出：辩证法对今天的自然科学来说是最重要的思维形式，因为只有它才能为自然界中所发生的发展过程，为自然界中的普遍联系，为从一个研究领域到另一个研究领域的过渡提供类比，从而提供说明方法。

总之，最佳方法没有现成方法。辩证法是原则的、简单的、变化无穷的，但辩证法并不就是最佳方法，它不能代替最佳方法。恩格斯还说过，你知道根据弦的长短来定音，但你不一定能拉出好的乐曲。最佳方法的获得需要不断地根据实际情况进行探索。

采取快捷的工作方式

完成一件工作可以采取多种方式。如果一生都能采取快捷的方式去工作，不知将节省多少时间。

比如，通知各个部门召开一个会议，你是一个个打电话通知，还是写信或发传真？显然这里写信的方式最慢，传真和打电话同样快。如果打电话，受话人不在办公室，你还需要再联系，半天后才找到受话人，还是没达到快捷的目的。如果发传真，无论受话人在不在办公室，他回到写字台时都会看到，可以节省再次打电话找受话人所浪费的时间。

在生活中，完成同样的工作，高效工作者总是善于动脑子，能比别人更快捷迅速地完成同样的任务。

在完成一项任务之前，我们根据什么原则选择出快捷的方式呢？一般来说不外乎依据客观事物的规律、任务的轻重缓急、自己所处的环境，以及自己和对方所拥有的交通和通信条件来选择最佳方式。比如，到外地出差乘坐飞机最快，但从北京到石家庄，乘飞机就没有乘小汽车快。因为从北京市内到首都机场乘车需40分钟左右，再加上候机、办理登机手续、安全检查、登机又需要几十分钟，甚至一个小时。飞机在石家庄机场降落后，从机场乘车到石家庄市内又需几十分钟。从出门到抵达出差的目的地最少也得3个多小时。万一飞机晚点，那就更没准了。如果乘车走高速路的话，3个小时就能到石家庄。所以说，什么方法最快捷要视具体情况而定，聪明的人能随机应变、机动灵活地做出正确的选择。

集中力量在重要的事情上

老板让杰克准备好明天与某公司董事长会谈的资料，并拟写一份会谈提纲。然而接下来的时间里，杰克却忙于完成另外的几件事：寄出几封信，发出几份传真，接待一个没有预约的会谈，打几个无关紧要的电话，给老板的一位朋友买了束鲜花，为他贺喜。终于把一切安排妥当，此时已经到了下班的时间。晚点儿走吧，又三番两次被一个个无关紧要的电话打扰，于是他决定回家加班。吃过饭，他又忍不住要看一场球赛，看完后已是晚上11点，于是提笔拟写提纲。结果，匆促准备，难免出错。在第二天会谈的过程中，幸好老板经验丰富，这场会谈倒进行得还顺利。但事后，杰克受到了严厉的批评。

对待日常工作，一定要注意区分轻、重、缓、急，集中力量在重要的事情上，而不是每天完成一大堆既不重要又不紧急的事情以自慰。

我们应该向有经验的园艺家学习，把许多能够开花结果的枝条剪去。这看上去好像很可惜，可是为了使树木茁壮成长，果实结得更大，就必须将这些多余的枝条剪除。否则，将来在收获上的损失，会远远超过这些枝条的损失。

花匠们为什么把许多将要开放的花蕾剪去呢？它们不是一样可以开出美丽的花朵吗？他们剪去其中绝大部分，能将所有的养分集中在剩下的几朵花蕾上，当这些花蕾开放后，就会变为稀有、珍贵的奇葩。

就像培植花木一样，与其把你所有的精力分散到许多无关紧要的事情上，

还不如瞅准一件最重要的工作,集中精力,埋头苦干。这样一定会收到良好的效果。人的精力是有限的,集中力量在重要的事情上是真正重要的工作方法。

1. 把事情分为三类

印度总理甘地夫人曾经说:"我把事情分为三类:最重要的、次要的和不很重要的。我只为头一类事而奋斗。如果我身体好、有潜力,也去张罗第二类事。"把精力分散在好几件事情上,绝对不是明智的选择。所谓"一件事原则",即专心地做好一件事,就能有所收获,不至于因为一下想做太多的事,反而一件事都做不好,结果两手空空。

集中力量在重要的事情上,是无数人士和机构成功的保证。英特尔是一家电脑芯片制造商,它把全部资源,都放在制造更好的芯片上。在不到10年的时间里,他们获得了使电脑处理机速度提高四倍以上的处理能力。他们之所以有今天惊人的成就,就是因为英特尔专心致力于微处理机的研制工作,而不去担心其他(例如软件或计算机硬件之类)的事情。

2. 全身心地投入

遍布全美的"都市服务公司"创始人亨利·杜赫提到过,人有两种能力是千金难求的。

其一,思考能力。例如,电话最大的本事是捣乱烦人,人们常说电话是造成精神紧张、误解、纠纷、效率低下的主要原因。但如果我们换一个思考的角度来处理此一难题,让电话为你提供方便而不是干扰你,电话的积极意义是不是出来了。

其二,按事情轻重处理问题的能力。把注意力从纷繁复杂的事务中解脱出来,转向最重要的事情并不容易,它很有挑战性,但这对我们的存在,甚至是对这个世界的存在绝对是重要的。长期的经验告诉我们,集中力量在重要的事情上,需要全身心地投入。告诉自己当前的头等大事,就是尽快并出色地完成手中的任务。每天早晨,当你走进办公室或者进入你的工作区间时,无论现在是否面临着一项新的任务,你都要清楚坚定地告诉自己,你将全力以赴地投入这项工作,摒除一切干扰,在工作完成之前绝不三心二意。

有一个青年苦恼地对昆虫学家法布尔说："我不知疲劳地把自己的全部精力都花在我爱好的事业上,结果却收效甚微。"法布尔赞许说:"看来你是一位献身科学的有志青年。"这位青年说:"是啊!我爱科学,可我也爱文学,对音乐和美术我也感兴趣。我把时间全都用上了。"法布尔从口袋里掏出一块放大镜说:"把你的精力集中到一个焦点上试试,就像这块凸透镜一样!"一个人的精力和时间本来是很有限的,在这种情况下,就该像学打靶一样,迅速瞄准目标;像激光一样,把精力聚于一束。

3. 不单靠一个人的努力

集中力量在重要的事情上,不能单靠一个人的努力。还要学会依靠外部的工具或外部的支援来支撑你的努力,例如:

在公司,你可以让秘书设一道防线,使你不受其他人的干扰,或让她提醒你工作截止的日期,或想办法防止你分散注意力。

在家里,当你做重要工作时,家庭全体成员也应给予支持。

与别人一起从事某一项工作的形式也有助于精神集中,但不能和那种朝三暮四、反复无常的人在一起做事,那只能互相起相反的促退作用。

做好手头的事

何谓手头的事?

从不同的角度来解释"手头的事",我们就会得到不同的理解。

比如说,从时间上来说,"手头的事"就是指眼前一刻的事。但是,这一刻可以是一秒钟,也可以是一个小时、一天、一个月,甚至一年乃至几年。而从空间上来说,手头的事不等于手边的事,它不受空间的限制,可以是你触手可及的一件事,需要亲力亲为;也可以是离你千里之外的某件事,只需遥控即可。

从微观和宏观的角度来讲,这个概念又能分成两个部分。微观上说来,手头的事就是你正在做的事。这件事或许就是日常的生活琐事,比如吃饭、睡觉。也许你会说,吃饭睡觉也算是一件必须做好的事,这样的事想也不用想就会做!然而,世界卫生组织调查发现,被调查的案例中有27%的人有睡

眠问题。换句话说，全世界有大约27%的人口没有将睡眠这件事情做好。至于高质量睡眠对我们生活的重要性，我想无须多说，大家也应该有所了解吧。所以说，如果每一个人都能将手头正在做的事做好，无论这件事是小事，还是大事，我们的生活都会因此大为改观。

而从宏观上来说，手头的事是你的一个目标，长期的或是短期的。目标是成功的前提，没有目标，成功就如同镜花水月，可遇而不可求。没有目标的人今天做这个，明天做那个，那么，虽然他可能将每一件事都做好了，但是没有一个前后一致的目标，他的努力所带来的或许就是南辕北辙的后果。

要想成就一番事业，我们必须将这个理念的微观内涵和宏观内涵结合起来，这样才能获得正确的理解，达到自己的目标。这就好比拍电影，每一个镜头的拍摄都是当时你正在做的事，也就是那个时刻你手头的事，这是从微观意义上来说的。每一个镜头都必须符合导演的要求和设想，也就是必须将每一个镜头的拍摄工作都做好。而从宏观上来讲，导演手头的事就是创作出一部好电影。每一个镜头的拍摄都是为了满足这个要求，都是为了做了这件事，导演就这样一点一滴将心目中理想的影片创作出来。如果说，没有拍一部好电影这个宏观意义上的目标，只是漫无目的地拍好所有的镜头，那么，即使所有的镜头都完美无缺，我们看到的也可能是一部令人大失所望的片子。

其实，做好手头的事这个道理我们很早就懂。小学语文课本里"小猫钓鱼"的故事，我想大家都不会忘记。那或许是我们学到的第一个寓言故事，故事情节很简单，蕴涵的道理也很简单。然而，在社会上打拼久了，看多了成功人士的事迹，才发觉，这其实是一个很深奥的道理。一心一意做好手头的事，这是谁都会说的一句话，但在这个心浮气躁的时代，又有多少人能静下心来"钓钓鱼"呢？

如果我们能像小猫一样，专心地将手上正在做的事做好，那么，一条一条的大鱼自然就会上钩，我们的生活也会取得一个又一个的成就。许多人成功的秘诀也就在于此。

1871年春天，一个年轻人，作为一名麦吉尔大学的医科学生，他的生活中充满了忧虑：怎样才能通过期末考试？该做些什么事情？该到什么地方去？怎样才能开业？怎样才能谋生？

他无意中拿起一本书，看到了对他的前途有着很大影响的24个字。

这24个字使1871年这位年轻的医科学生成了后来最著名的医

学家。他参与创建了闻名全球的约翰·霍普金斯医学院，成了牛津大学医学院的钦定讲座教授——这是英国医学界所能得到的最高荣誉。他还被英王封为爵士！

这个年轻人就是威廉·奥斯勒爵士。1871年春天他所看到的那24个字帮助他度过了无忧无虑的一生。这24个字就是："最重要的是不要去看远处模糊的，而要去做手边清楚的事。"

这是美国哲学家汤姆斯·卡莱里说的一句话。

奥斯勒爵士是不是主张人们不用下工夫为明天做准备呢？不是，绝对不是。在一次讲演中，他曾说道，集中所有的智能、所有的热诚，把手头的工作做得尽善尽美，这就是你迎接未来的最好方法。

正如奥斯勒爵士所说，迎接未来的最好方法就是做好手头的事。未来就在我们手中，我们要做的就是努力去创造它，努力将眼下的事做好。只有当我们做到了这一点，我们的生活才会充满希望，我们的心中会充满激情，未来才会变得越来越好。假如连手头的事都做不好，都搞得一团糟，我们又怎么可能希望明天能更好呢？

把生活当作一个"沙漏"

我们每个人都会有很多事要做。有时，你会觉得自己忙不过来，每一件事都好像迫在眉睫，这边的事还没完成，那边的事又得赶紧着手了。甚至忙得焦头烂额之后，事情依然一团糟糕，就如同整理线头一样，这个线头没理清就另换了一个线头，结果越理越乱。很多人都曾有过这种感觉，也都觉得它如影随形、无法摆脱。那么，不妨静下心来，看看下面这个故事，或许它会给你一些启示，让你的生活重归平静。

有个叫泰德·本杰明的年轻士兵在自己的回忆录中写道：

"1945年4月，我患了一种名为结肠痉挛的疾病，这种病使人极其痛苦。我想假如战争不在那时结束的话，我整个人就会垮掉。

"当时我整个人筋疲力尽。我在第94步兵师担任士官职务，工作是做一份作战中伤亡和失踪人员的情况记录。除此之外，我还要

帮助挖掘那些在激战中阵亡后被草草埋藏的士兵,把他们的遗物送还给他们的亲友。我一直担心自己会出事,怀疑自己能否熬过这段时间,怀疑自己能不能活着回去抱抱我那尚未见面的16个月大的儿子。我既忧愁又疲惫不堪,瘦了34磅,还差点儿发疯。我眼睁睁地看着双手变得皮包骨头,一想到自己瘦弱不堪地回家就害怕。我崩溃了,常常一个人哭得浑身发抖。有一段时间,也就是德军最后大反攻开始不久,我常常哭泣,这甚至使我放弃了恢复正常生活的希望。

"最后,我住进了医院,一位军医给了我一些忠告,整个改变了我的生活。在我做完一次全面身体检查之后,他告诉我,我的问题纯粹是精神上的。'泰德,'他说,'我希望你把生活想象成一个沙子漏斗。在漏斗的上半部,有成千上万颗沙粒,它们缓慢、均匀地透过中间那条细缝。除了沙和漏斗,你我都无法让两颗以上的沙粒同时透过那条窄缝。我们每个人都像这个漏斗,当一天开始的时候,有许多事情要我们尽快完成;但我们只能一件一件地做,做好手头的那件事,每一件工作才能像沙粒一样均匀地慢慢透过。否则的话,我们的身体和精神都会受到损伤。'

"从那天起,也就是军医把这段话告诉我之后,我就一直奉行这种哲学。'一次只透过一颗沙粒,一次只做一件事。'这个忠告在战时拯救了我,并且对我目前在印刷公司的公共关系及广告部中所做的工作也有莫大的帮助。我发现在职场上也有类似战场的问题,即在有限的时间里要做完做好几件事很难,比如材料要补充、新的表格要处理、新的资料要安排、地址有变动、分公司开张或关闭……但我不再慌乱不安。我一再重复默诵军医的忠告,工作比以前更有效率,再没有那种在战场上几乎使我崩溃的困惑、混乱的感觉。"

要做的事太多,我们通常就会望而却步,吓得不敢动手。其实,事虽然多,要紧的是懂得必须集中注意力把手头的工作做好。工作就像一个沙漏,每次只能集中精力完成一件事情。每次都做好手头的一件事情,让它不再成为你的后顾之忧,不必再为它分心,那么,你做事的效率、成功率自然就会提高,就能和沙漏一样,不再遇到停滞不前的时候。

所以,把事做好的唯一方法,是把手头的事当作你一生唯一的一件来做。这样,你的事业反而会越做越大、越做越好。

成功，源自点滴的积累

有一位著名的细菌学家，他的实验室有三百多种牛奶的样品，检验工作全是他的女助手独自完成。细菌学家担心她负担不起，于是对她说："是不是太多了？你做不了！"那位女助手却说："不算多，我可以一件一件地来处理。"你能想出比这更好的办法吗？

老子曾说："合抱之木，生于毫末；九层之台，起于累土；千里之行，始于足下。"一切事物的发展都是从量变开始的，是质变的准备、前提和基础。没有量变，就不可能有质变。而量变到了一定的阶段，就必然会发生质变，从而引起事物的根本性变化。

成功就是一种质变，而为成功所做的一切准备就相当于量变，如果我们没能将它所需的条件准备好，质变又从何而来？反过来说，只要你一步一步地做好手头的工作，成功必然是一件水到渠成的事。

无论是在事业、生活还是感情方面，任何的改变都是量变的积累，都必须从做好当前的工作开始。就像时间总是一秒一秒地流逝，最后汇集成一条历史长河。

1. 每秒走一下

一只新组装好的小钟放在了两只旧钟当中。两只旧钟"滴答"、"滴答"一分一秒地走着。

其中一只旧钟对小钟说："来吧，你也该工作了。可是我有点担心，你走完三千二百万次以后，恐怕便吃不消了。"

"天哪！三千二百万次！"小钟吃惊不已，"要我做这么大的事？办不到，办不到。"

另一只旧钟说："别听他胡说八道。不用害怕，你只要每秒'滴答'摆一下就行了。"

"天下哪有这样简单的事情。"小钟将信将疑。"如果这样，我就试试吧。"

小钟很轻松地每秒钟"滴答"摆一下，不知不觉中，一年过去了，它摆了三千二百万次。

每个人都希望梦想成真，成功却似乎远在天边遥不可及，倦怠和不自信让我们怀疑自己的能力，放弃努力。其实，我们不必想以后的事，一年、甚至一月之后的事，只要想着"今天我要做些什么"，然后努力去完成。就像那只钟一样，每秒"滴答"摆一下，成功的喜悦就会慢慢浸润我们的生命。

2. 改变从做好当前的工作开始

记得有人说过："我们每个人在这个世界上都有属于自己的角色，大多数人的角色甚至是微不足道的，许多人因为角色卑微不愿努力去扮演，好高骛远，结果永远令自己失望。事实上，万丈高楼平地起，我们只有从做好一砖一瓦开始，才能建起金碧辉煌的大厦。"

在美国，有这样一个男孩子，他的名字叫艾伦·纽哈斯。他是《今日美国》的首席执行官。在他9岁的时候，艾伦在南达科他州祖父的农场里开始了自己的第一份工作：赤手去捡牧场上的牛粪。当时，一般的孩子都不乐意干这样的事。可艾伦与众不同，他做得好极了。

就这样，过了一段时间，艾伦的祖母开着车来学校接他，并告诉他说："艾伦啊，祖父将要给你一份新的工作，这是你想要的——你将拥有自己的马匹去放牧，因为去年夏天你捡牛粪时表现得极其出色。"

就这样，他在工作岗位上得到第一次提升，他很开心。一个小小的信念也在他脑袋中生根发芽："如果你干的是一件恶心的活，那你认真干下去，而且尽量干好，你八成会得到提升，再也不用干那样的活，这比当个无用的人胡混下去强多了。"

从此，他不时在工作中想起这句话。终于有一天，艾伦成为南达科他州一名每星期挣1美元的肉铺帮工，这份工作仍然艰辛，但是他的原则也依然很简单：把手头的事做好，肯定会得到提升，当前的现状就能改变。

后来艾伦成了每星期挣50美元的美联社记者，那信条他一以贯之。很多年过去，他成了年薪150多万美元的大富翁。

如今，艾伦是全美国受人模仿最多、阅读面最广的报纸《今日美国》的首席执行官。

艾伦深知此理，将人生每一阶段角色都出色地扮演好，终于有一天，他成了人们羡慕的成功人物。

你我也都能像艾伦一样，扮演好自己的角色，做好眼下需要做的事。之后，等待你的就是成功的喜悦和幸福。

1%的工作需要100%的精心准备

在很多时候，我们只一味地按惯例办事，你认为自己已经准备好了，但是还可能存在很多问题，这说明我们还没有做好足够的准备工作。哪怕只是1%的工作，我们也要做好100%的准备。如果你抱着"多些准备不留后患"的想法去做事情，那么，你就能圆满地完成你的任务。

在第二次世界大战期间，具有决定性意义的诺曼底登陆是非常成功的。为什么那么成功呢？原来美英联军在登陆之前做了充分的准备，他们演练了很多次，包括登陆的方向、地点、时间以及一切登陆需要做的事情。最后真正登陆的时候，已经胜券在握，登陆的时间与计划的时间只相差几秒钟。

机会对每个人来说都是公平的，但它更垂青于有准备的人。因为机会的资源是有限的，把机会给一个没有准备的人是在浪费资源，而给一个准备工作做得非常好的人则是在合理利用资源和增加资源。

一个人准备工作做得越充分，他成功的可能性就越大。我们常说"养兵千日，用兵一时"。这也是一种准备哲学。

> 王辉与李超国在同一部门——销售部做销售助理。这两个刚来到新的工作环境的年轻人都跃跃欲试，工作都很积极卖力，但成绩却有天壤之别。
>
> 有一次，王辉预约的一个客户按时来到公司，找到正在忙碌的王辉。此时的王辉正低头埋在一大堆客户资料中，焦头烂额地分类。看到已经到来的客户，才想起这宗早已预约好的签单业务。
>
> 王辉满怀歉意地请客户来到洽谈室，这才发现应该复印的文件和资料以及产品的说明书都还没有准备好，不禁大惊失色，连声道歉，匆忙跑去复印。等一切准备就绪后，发现客户已经十分不耐烦了。
>
> 当王辉满怀歉意地向客户介绍产品的性能时，又发现在慌乱中，

第三章　忙碌不盲目——养成良好的做事习惯

他把产品说明书复印错了。这次客户没有再等待,直接转身离去了。

王辉的懊丧可想而知,但经理却没有过多地批评他,只是告诉他,明天李超国也有一个签单业务,让他去看看李超国是怎样做的。

第二天,李超国按照预约的时间,笑容可掬地站在洽谈室门前等待客户的到来。客户没有迟到,但还是对李超国的等待多少有些意外。可以看得出来,这种被重视的感觉让客户心里很满意。王辉不禁想起昨天自己的表现,脸不由得红了起来。

只见李超国不慌不忙地打开文件夹,里面的产品资料、使用说明、文本合同一应俱全。李超国有条不紊地一项一项地向客户介绍产品的情况,并把近期公司举行的优惠活动详细地告诉了客户,并站在客户的角度上提出了一些非常有益的建议。

最后,李超国对客户说:"听说贵公司最近又要在西雅图开设一家分公司,我想,贵公司一定在短期内还要引进我们公司的设备。如果您愿意的话,可以在这次订货中一起购置所需设备。这样,不仅可以因数量多而有更多的优惠,而且可以省去一些不必要的装运费用,您看怎么样?"客户显然是动心了,马上给总公司的负责人打了电话,当得到肯定的答案后,将最初要订100万美元的货物增加到了200万美元。

王辉在一旁看得目瞪口呆,怎么也想不到会是这样的顺利。不久,因为李超国把每项工作都做得相当圆满,便被提升为部门经理,并得到了公司的嘉奖。

许多员工常因为做事没有准备,而错失大好机会。机会总是青睐那些有准备的人。机会敲门的次数比人们意识到的多得多,所以当它来临的时候如果没有被抓住,可能是因为人们不知道那是机会或还没有准备好去抓住它。

工作不留"小尾巴"

什么是工作的"尾巴"呢?工作的"尾巴"就是工作完成不彻底,往往是主要的工作做完了,与主要工作相关的琐碎工作却留了下来。这种工作不到位的做法,就是对工作的随意与亵渎,抱有这种工作态度的人,他是不会做好工作的。无论一个人身居何职，工作都要做到位，这不仅是职业本身的要求，更应该是自己对自己的要求，工作做到位了，工作效率自然就高。

做事留个尾巴，不仅会给自己带来很大的麻烦，还会给老板带来不便。对于上司安排你去做的事，无论巨细，你都要做到位，否则就要返工。从经济的角度上说，即使你花费了很长时间去做好也是值得的。同样的道理，一件工作，你花了一个小时做完交给了老板，当他发现了不足，再去补充、修订，花半个小时，如果这样，还是你费半天时间把事情一次性做好要合算。你把小事做到位了，老板的工作效率就提高了。

很多人做工作的时候，只是把要做的工作从系统的一个部分推移到另一个部分，或者只是完成一个大工作里面的一个小工作。比如，工厂的某台机器坏了，负责维修的师傅只是做一下最简单的检查，只要机器能正常运转了，他们就不会对机器做一次彻底清查。可是有一天，赶着生产客户要的产品，在关键的时候机器完全不能运转了，因此，工厂不能按合同交货，这样就给厂里带来了巨大的损失。造成损失的原因，就是负责维修的师傅工作留有尾巴，他只满足于对机器的小修小补，对于机器的隐患却留了下来。

其实，工作留有尾巴，很多是对工作太随意的结果：为了尽快结束工作，我们迅速地把某件事情做完，没有过多地考虑细节问题，却不得不重头再做一遍；为了省事，我们把垃圾随便扔在地上，清洁人员却不得不重新捡起来，再扔一次……对很多工作懒散的人来说，他们总是觉得很简单的工作没有必要做得很详细、很彻底，那样会多浪费自己的时间和精力。但是，在事实中我们得到的教训是：一次工作留个尾巴，往往会造成更多时间和精力的浪费。比如修建一条马路，有些人可能就只把马路铺好，其他的事情不属于自己管，自己也不再理会，等到需要铺水管或者电线的时候，不得不再一次次将马路挖开。据说，德国人就不会这样，他们在修建马路一开始就会将污水管道、水管、电线都铺好，一下子把工作做到位，不让工作留尾巴。因此，德国人被称作工作最严谨的人。

我们工作中出现的问题，往往只是一些细节、小事上做得不完全到位，而恰恰是这些细节的不到位，又常常会造成较大影响。对很多事情来说，执行上的一点点差距，往往会导致结果上出现很大的差别。这就像烧水，水温升到99℃，还不是开水，其价值有限；若再添一把火，在99℃的基础上再升高1℃，就会使水沸腾，并产生大量水蒸气来开动机器，从而获得巨大的经济效益。很多执行者工作没有做到位，甚至相当一部分人做到了99%，就差1%，

第三章 忙碌不盲目——养成良好的做事习惯

但就是这点细微的区别使他们在事业上很难取得突破和成功。

老板们欣赏能做好自己工作的人。齐格勒说:"如果你能够尽到自己的本分,尽力完成自己应该做的事情,那么总有一天,你能够随心所欲从事自己想要做的事情。"反之,如果你凡事得过且过,从不努力把自己的工作做好,那么你永远无法达到成功的顶峰。对这种类型的人,任何老板都会毫不犹豫地把他排斥在自己的选择之外。

一个人做到一时的尽职尽责很容易,要做到始终如一,能将尽职尽责当作一种习惯却是难能可贵的。能将每一份工作做到位是少数可以成就大业的人才能做到的。那些以为自己在工作中投机取巧反而是占便宜的人,永远都不会有所成就。工作是给自己干的,无论你处在被领导的地位,还是领导别人的地位,你都应该很清楚这一点。不管有没有老板吩咐,有没有老板监督,把工作做到位不是吃亏,而是在给自己构筑一个更好的发展前景。

有条不紊,营造整洁的工作环境

在每天的工作中,有些人忙得晕头转向,做事的时候总是马马虎虎,好像需要的每一样东西都故意和自己作对,需要它们的时候总是找不到,其实这些都源于办事杂乱无章。即便总能在满头大汗之后完成工作,但由于不能有条理地工作,充分地利用资源,也会给上司留下一个毛躁的印象,以至于不敢委以重任。

1. 别让办公桌上杂乱无章

工作中保持良好习惯可以取得高效率,要想养成良好的习惯,首先就应使你的办公桌保持整洁、有序的状态。有些人没有养成整理办公桌的习惯,他们总能为自己找到借口,说自己是多么忙,无暇分心在这些小事上,或是怕清理东西时,把需要的或是有价值的文件也一起清理掉了。

有一位从事坦克技术研究的科学家,经过无数个日日夜夜的攻关苦战,终于解决了坦克驾驶中的一大难题。如果这一科研技术能早日应用到坦克制造中,则会使我国的坦克制造技术向前迈进一大步。这位科学家把攻克了这一难题的图纸和办公桌上的其他废图纸放在一起,带着满足的笑容安然入睡,而这时这位科学家的孙子为了扎一个风筝,正巧拿走了这张有用的图纸。当这个风筝带着小孙子的幻想,在天空中越飞越高、越飞越远,最后变成一个看不见的小黑点时,老科学家无尽的心血和我国坦克制造的新希望也化作了泡影,这岂不是人生中的一大憾事?如果老科学家的办公桌是井井有条的,小孙子被告知爷爷办公桌上的东西都是有用的,不能乱动,这样的悲剧还会发生吗?

办公桌上杂乱无章会让你觉得自己有堆积如山的工作要做,可又毫无头绪,好像根本没时间或做不完一样。面对大量的繁杂工作,再大的工作热情也被冲淡了。很多时候,让你感到疲惫不堪的往往不是工作中的大量劳动,而是因为你没有良好的工作习惯,不能保持办公桌的整洁、有序,从而降低了办公室生活的质量。也就是说,是这种不良的工作习惯加重了你的工作任务,从而影响你的工作热情。

芝加哥和西北铁路公司前总裁罗兰·威廉姆斯每天埋头在办公室里,处理着好像没完没了的工作。他第一次到德萨尔诊所的时候,已处在精神崩溃的边缘,他的脸上写满了焦虑、紧张。他告诉医生,在他的办公室里有三张大写字台,上面堆满了东西,他每天都把全部的精力投入到工作,可工作似乎永远都干不完。

在与德萨尔仔细地交谈以后,他回到办公室的第一件事就是清理办公桌,最后只留一张写字台,当天的事当天必须处理完毕。从此,就再也感觉不到没完没了的工作的压力了,工作效率也提高了,身体也逐渐恢复了健康。

威廉姆斯深有感触地说:"那些桌上老是堆满东西的人会发现:如果你把桌上清理干净,只保留与手头工作有关的东西,会使你的工作进行得更加顺利,而且不容易出错。我把做到这一点称为'管好家',这也是迈向高效率的第一步。"

混乱会造成不该有的干扰,降低工作效率。环视你的办公室,看看哪里是造成混乱的根源。它可能是一条乱拉的电话线,也可能是一个放在过道上

的盒子，或是办公桌上一台已经损坏了的设备。将用不着的东西移出视野之外，将不再使用的东西扔掉。现在就动手吧！

2. 下班之前整理办公室

整理办公桌的过程实际上也是整理你的思路的过程，不管你有多么忙，也要把办公桌收拾得像你的内心一样，保持办公桌的整洁、有序。在每天下班之前，要养成整理办公桌的习惯，把明天必用的、稍后再用的或不再用的文件都按顺序放置并保持桌面的整洁，这会使你从中受益无穷。

在工作的过程中，不仅要保持办公桌的整洁、整齐，同时，还要将工作时的必需品准备好。例如：记录纸、铅笔、文件夹、胶水、剪刀，等等。如果你自己不备齐这些东西，总是借用别人办公桌上的物品，甚至长时间的使用后还被你据为己有。如果别人也这样借用或占用你的东西，你会做何感想。

著名心理学专家理查·卡尔森有一个被命名为"快乐总部"的办公室。那里的一切，包括办公桌是那样整洁、有序，处处给人以明亮、宁静之感。去拜访他的人都喜欢上他的办公室，而且在离去时心情总是比来时要好得多。

不管你有多忙，也不管你能找出什么借口，都一定要在平时养成整理办公桌的习惯。这种习惯养成之后，就会赢得别人的信赖，就会给你带来平和积极的工作态度，也会使你繁重的工作变得有条不紊，充满乐趣。

第四章　有效掌控时间

掌握好你的时间节奏

在我们日常的工作和生活中，除了每天能力状态的规律性波动之外，我们还可以观察到较长时间段里的生理规律：生理节奏。通过生理节奏管理，我们可以解读体内的"生物钟"，了解其规律，通过主动调整，使自己的能力与其自然波动相适应。

在低点周期和临界日，我们养精蓄锐，放松休息，多做重复性工作、回避不愿见的人和令人头疼的问题。与此相反，在高点周期则要大干一番！这时候适宜做出决定，重新部署工作，贯彻自己的意图。

管理好自己的生理节奏，可以让我们更好地掌握自己的时间和身体，享受更轻松、更简单的工作和生活。那么，究竟什么是"生理节奏"呢，看过下面这个生活中的小例子我们就会明白了。

汤米睁开了眼睛，才不过清晨五点钟，他便已精神饱满，充满干劲。但是，他的太太却把被盖拉高，将面孔埋在枕头底下。汤米说："过去15年来，我们俩几乎从没有同时起过床。"

像汤米夫妇这样的情况，并非少见。

我们的身体像个时钟那样复杂地运转，而且每个人的运转速度也像时钟那样彼此略有不同。汤米是个上午型的人，而他的太太则要到入夜后才精神最好。

一位大学赛船冠军队队长曾说过："我们的教练常常提醒队员说，'要想赢就得慢慢地划桨。'如果划桨的速度太快的话，就会破坏船行的节拍，一搅乱节拍，再恢复正确的速度就很难了。"同样，我们要做好工作与生活的协调，

就要注意用好自身的节奏。

很久以来,行为学家一直认为人体生物钟方面的差异主要是个人的怪癖或早年养成的习惯。直到 20 世纪 50 年代后期,医生兼生物学家赫森提出了一项称为"时间生物学"的理论,此一见解才受到挑战。赫森医生在哈佛大学实验室中发现某些血细胞的数目并非整天一样,视它们从体内抽出的时间不同而定,但这些变化是可以预测的。细胞的数目会在一天中的某个时间比较高。而在 12 小时之后则比较低。他还发现心脏、新陈代谢率和体温等也有同样的规律。

赫森的解释是,我们体内的各个系统并非永远稳定而无变化地运转,而是有一个大约的周期。有时会加速,有时会减慢。我们每天只有一段有限的时间,效率能达到巅峰状态。

赫森把这些身体节奏称为"生理节奏"。

时间生物学的主要研究工作,现在全部由美国国家航空航天局主持。罗杰斯就是该局的一位研究生理学家,亦是一位生理节奏学权威。据他说,在大多数太空穿梭飞行中,制定太空人的工作程序表都应用了生理节奏的原理。

这项太空时代的研究工作有许多成果可以在地球上采用。例如,时间生物学家可以告诉你,什么时候进食可以使体重不增反减,一天中哪段时间你最有能力应付最艰苦的挑战,什么时候你忍受疼痛的能力最强而适宜去看牙医,什么时候做运动可以收到最大效果。罗杰斯说:"人生效率的一项生物学法则是:要想事半功倍,则必须将你的活动要求和你的生物能力配合。"

你可以利用生理节奏规律来帮助你。但是,你首先必须知道如何去辨认它们。罗杰斯和他的同事们已研究出以下这套方法,可以帮助你测定自己的身体规律:

早上起床之后一小时,量一量你的体温,然后每隔四小时量一次,最后一次量的时间尽量安排在靠近上床时间。一天结束时,你应该得到五个体温度数。

每个人的变化不同而结果亦异。你的体温在什么时候开始升高?在什么时候到达最高点?什么时候降至最低点?你一旦熟悉了自己的规律之后,便可以利用时间生物学家的技术来增进健康和提高工作效率。

我们的生理节奏到达最高峰的时候,做体力工作便会得到最佳的成绩。对大多数人来说,这个最高峰大约持续四小时。因此,你应该把花费气力的活动安排在体温最高的时候进行。

至于从事脑力活动的人，时间表则比较复杂。要求准确性的任务，例如教学工作，最好是在体温正向上升的时候去做。大多数人体温上升时间是在早上 8 时或 9 时，对比之下，阅读和思考则在下午 2 时至 4 时进行比较适宜，一般人的体温在这段时间会开始下降。

虽然每个人都有自己不同的生理节奏，每个人的高峰和低谷时间也各不相同。但是我们要用好自己的生理节奏，有一个习惯是不能忽略的，那就是养成早睡早起的习惯，对于那些朝九晚五的上班族来说，这种习惯显得更加重要。

被人们称为时间管理大师的哈林·史密斯曾经提出过"神奇三小时"的概念，他鼓励人们自觉地早睡早起，每天早上 5 点起床，这样可以比别人更早展开新的一天，在时间上就能跑到别人的前面。利用每天早上 5~8 点的"神奇的三小时"，你可不受任何人和事干扰地做一些自己想做的事。每天早起三小时就是在与时间竞争，你必须讲求恒心，养成早起的习惯，以后你会受益无穷。

仔细研究一下，早睡早起除了哈林·史密斯所提到的"神奇三小时"的好处之外，更有着以下的一些好处。

其一，获得内心的平静。已故诺贝尔和平奖得主特里萨修女曾说过，生活在都市的现代人最缺乏的、最渴望的就是"心灵的平静"。而早睡早起，利用早上"神奇的三小时"想些问题、做些重要工作，往往可以捕捉到都市喧嚣忙乱背后的宁静时刻。

其二，规划一天工作。"一日之计在于晨。"清晨往往是你精神最集中、思路最清晰、工作效率最高的时候。在这段时间里，绝对没有人或电话来骚扰你，你可以全心全意做一些平日可能要花上好几个小时才能完成的工作或事务，规划一下未来的工作，并且可以取得很好的成效。

其三，培养自律。养成早睡早起的习惯，可以使你一天精力充沛，更能增强你的信心，考验你的自律，为你建立一个正面的"自我概念"。

其四，调息身心。当然，早睡早起并不是苛刻地剥削我们的睡眠时间，相反，早睡早起只是将我们的睡眠及起床时间略微调整，而这正是高效率利用时间的要求。如果我们在晚上 10 点睡觉、早上 5 点起床的话，我们的睡眠时间仍然是 7 个小时。而一般人如果在午夜 12 点入睡，早上 7 点起床的话，他们的睡眠时间也同样是 7 个小时而已。

所以我们在这里提倡早睡早起，运用"神奇的三小时"这一概念，只是

非常有策略性地将休息和工作的时间对调了一下,我们将晚上10点至午夜12点这段本是用来看电视、看报纸、娱乐、应酬的时间用于睡眠,而早上5~8点这段本应用做睡眠的时间,则用来做一些更重要的事情。而且这个调整也符合大部分人生理上的节奏和规律。

珍惜每天的每一分钟

如果你留心算一算每一天的时间和你的行程,你就不难发现,有三分之一左右的时间,可能都在忙于一些琐事。

例如洗脸、洗头、洗衣、吃饭、擦地等,对于一个普通的人来说,这些琐事可以在工作之余去做。但是对于一个想取得一些成就的人来说,就不能只限定于8小时的工作时间做工作。只有付出多于常人的工作时间,才能做得比常人更好,从而获得的比常人更多。

历史上几乎所有杰出的人物,他们在琐事上所花费的时间是极其少的。

居里夫人刚刚结婚的时候,家里的布置非常简朴。居里夫人的父母写信来说,想为他们买一套餐桌,作为结婚礼物,这样可以在邀请客人来家里吃饭时派上用场。

但是,居里夫人很客气地写信回绝了。理由很简单,她认为现在没有时间请客吃饭,连回客的时间也没有,所以就没有设置餐桌的必要,况且有餐桌之后,还必须花时间每天清理灰尘,这样一来就会影响她的实验。

居里夫人以及许多的名人,正是将别人做琐事的时间利用起来,为完成自己的目标,减少不必要的琐事,使自己的时间价值发挥到最大。

时间管理者也要发扬这样的作风,将无意义、无价值的琐事尽可能减少,能够合并的合并,能够不做的坚决不做,一切为实现自己的工作目标服务。

一个职业人士,应该好好利用每一分钟的价值。凡是在工作中表现出色、得到老板赏识的人,都懂得抓住工作时间的分分秒秒,只有这样,他们才能在同样多的时间内,做比别人多的事情,创造比别人多的价值,从而丰富工作经验、提升工作技能。

第四章 有效掌控时间

美国麻省理工学院对 3000 名经理做了调查研究，结果发现凡是成绩优异的经理都能非常合理地利用时间，让时间消耗降到最低限度。其中的一个部门经理在介绍自己的成功经验时说："时间是挤出来的，你不去挤它就不会出来。时间赋予每个人都是一天 24 小时，你不善于挤，就会跟许多平庸的职业人士一样，忙忙碌碌却又只是庸庸碌碌地度过一生。"

凯茜在洛杉矶的一家律师事务所工作，她平均每年负责处理的案件多达 130 宗。她的大部分时间都是在飞机上度过的，那么她怎么能有那么多时间来处理如此多的事情呢？原来，她有一个非常好的习惯，那就是在飞机上给客户们写邮件，与客户们保持良好的关系。一次，一位同机的旅客跟她攀谈起来："在机上的近 2 个小时里，我看到你一直在写邮件，你一定深受老板器重。"凯茜笑着说："我已经是副所长了，我只是不想让时间白白浪费而已。"

优秀的人就是这样珍惜每一分钟，有效利用每一分钟，使每一分钟都具有价值。要想在职场中做出业绩、取得成功，就要学会珍惜时间，合理规划和利用每一分钟，这样的人是高效率的，也是当今老板们所器重的，他们迟早会迎来成功的辉煌。

时间是宝贵的，也是失而不复的。因此，身为员工，在工作中合理安排自己的时间，是非常有必要的。这样做不仅仅可以增加所完成工作的数量或提高工作效率，还会使你有可能充分利用职业生涯来实现个人的和组织的目标。

现代人的选择空前增多了。选择多了本身是一件好事，但如果不善于合理地安排时间，就会陷入无休无止的选择当中，陷入千头万绪的繁忙中，你的工作和目标就有可能失控，你前进的道路就可能不通畅。如果时间失控，那么，你的付出将得不到理想的回报。

有许多工作需要我们花费几小时、几天甚至是几个月的时间，高度集中精力才能完成。因此，需要合理安排时间。这样就不会轻易受别的人或别的事干扰，有利于提高工作效率和保证工作质量。

比如你的上司要你拟订一份工作计划，并要求必须尽快完成。如果你一边做计划，一边参加会议或找人谈话，那么两天的工作量可能要四五天才能完成。我们知道，时间超过临界值便意味着信息失效，工作受损。如果避开

一切与拟订计划无关的活动，集中精力，那么，三天的工作量两天就可完成，达到时间上的顺差。在这种情况下，连续使用的整块时间，比分散使用零散的时间，效率就高得多。当然，有些事情并不是连续性的工作，不需要用整块时间去做，那就可以在分散的时间里穿插进行。

不管是在大块的时间里工作，还是利用零散的时间做事，都必须努力养成良好的习惯。比如戒掉办事拖拉的作风，给自己立下今日事今日毕的规矩，克服懒惰（这常常是一种积习，不加注意会遗患无穷），等等。另外，尽量减少不可控时间，增加可控时间也是我们应该注意的问题。

由于下级常常要按上级和组织的指令行事，所以，在"从业时间"里，我们的主动性并不是很大，那么，在自己的时间较少的情况下，就应学会"挤"时间，"挤"得好就拥有时间，就能比别人多出成果。

鲁迅先生说："时间，就像海绵里的水，只要愿挤，总还是有的。""挤"时间就要珍惜零星时间。达尔文说："我从来不认为半小时是微不足道的，完成工作的方法是珍惜每一分钟……"把零星时间连接起来就会积累出一大段有用的时间。科学家雷巴柯夫说："用'分'来计算时间的人，比用'时'来计算时间的人，时间多59倍。"

时间是一个稳定的概念，但又具有很强的伸缩性。对于善用时间的人来说，他的2小时可能是别人的3小时；对于不善用时间的人来说，他的5小时可能只是别人的3小时。关键在于把握在哪种人手中。相信职场中人都希望做自己2小时是别人3小时的人。那就善用你的时间，它可以使你做事到位，做出成绩，做出成功。

如何掌控你工作的时效

一个有能力掌控生活的人对于自己的时间，往往异常珍惜。世界上一般工作紧张的忙人，无不设法赶走那些来消耗他们时间的人，他们不希望自己宝贵的光阴因为这些人而多消失一刻。

一个做事有计划的人，无论是老板还是员工，都应有眼力判断顾客在生意上的价值。对于不必要的废话，都应想一个收场的方法。同时他们也绝不在别人的上班时间内，去和他东拉西扯地谈些无关紧要的话，因为这样无异是在妨碍人家的工作。

善于应付客人的人，大多在接到来客名单之后，就决定花多少时间了。美国的罗斯福总统就是这样一个模范人物：当一个久别重逢只求会见一面的客人到时，他总是在握手寒暄之后，便很抱憾地说他还有许多别的客人需要接见。这样一来，他的来客就会很简洁地道明来意，告辞而返了。

　　有一位某大公司的经理，一向就有待客谦和有礼的名望。他每次与来客把事情商洽妥当之后，便很有礼貌地站起身来，与来客握手道歉，叹惜自己不能有更多的时间，再跟他多谈一会儿。那些客人对他的诚恳态度都十分满意，再也不去想他很吝啬地只肯洽谈两三分钟。

　　当然，有时简捷迅速、斩钉截铁的人，也容易招致一些怨恨，但他们绝不把它放在心上。他们为了要使事情有所成就，为了要遵守规律，不得不与那些和营业没什么关系的人减少来往。

　　有能力成大事的人最可贵的本领，就是与人做任何来往都简捷迅速。这是一般成功者的证明书。一个人只有彻底认识时间的重要性，才能够尽全力去防范那些爱饶舌的人。

　　现代商界里，与人接洽生意，效率最高的人，当属美国银行大王摩根。他为了严守纪律，而招致了许多怨恨。但摩根所具备的这个习惯却是值得我们学习和借鉴的。

　　摩根至今仍是每天上午九点半进入办公室，下午五点回家。有人计算他每分钟的收入是20美元——据他自己的统计还不止此——除了与生意有重要关系的接洽外，他从来不与人谈到5分钟以上的时间。

　　通常他总是在一间宽敞的办公大厅里，与无数办事人员一同工作，不像许多的商界要人，只和他的秘书在一个房间里。他随时都在指挥手下的员工，依照他的计划行事。如果你走进那间办公室，是很容易会见他，但若你没有要紧的事，他绝不会来欢迎你。

　　摩根有卓越的眼力，能够猜出一个人要来接洽的是怎么样的事。你对他说话，一切拐弯抹角的手段都会失去效力。他能够立刻猜出你的本意，这样一来，使他节省了许多宝贵的时间。有些人原没有

什么重要事情需要接洽，只为了想找个人谈天，而去耗费工作繁忙的人许多宝贵光阴，对于这种人，摩根是不能容忍的。

总之，一定要记住：一个有能力掌控生活和工作的人对于自己的时间，往往异常珍惜。世界上那些实力雄厚、目光远大、判断准确、吃苦耐劳的大事业家，都是沉默寡言而办事迅速敏捷的人。他们所说出来的话，句句都是确切、有目的的。他们从不在这上面多耗费一点一滴的宝贵资本——时间。

做一个积极高效的"鳟鱼人"

国内顶尖的推销人员和商界领袖最常有的抱怨是"我就是没有足够的时间！"

有太多的人从早忙到晚，还觉得时间不够做他们要做的事。

如果你有这种感觉，那么就有一个好消息和一个坏消息。好消息是你不需要这么多的时间，坏消息是你不可能再得到更多的时间。因为一天只有24小时，一周只有7天。

在许多方面，时间像存在银行中的钱。然而，时间和金钱有一个最大的差别，你可以把钱存到账户中，甚至让它生利息，而时间只有这么多，一去不复返。你无法停止时间！你可以把手表丢到地上砸坏，但时间还是继续前进。你可以把墙上的日历撕下来，扔到地上，但时间仍继续前进。对你来说，时间只有在你死时才停止。而对时间来说，是没有所谓停止的。

你不能控制时间，但是有一件事是你能控制的——那就是你用时间的方法。时间是你的，你可选择任何一种方式来投资，你可以投资于追求你的目的，你可以投资于追求别人的目的，你也可以弃置不用。选择永远在你。

怪罪时间不够是没用的，怪罪你的工作、其他人的要求、你生活的环境或其他"偷走"你宝贵时间的"小偷"都没用。唯一的解决之道是完全控制你所有的时间。

彼得·德鲁克被誉为"美国管理之父"，因为他让我们了解如何去经营商业和组织。他说："时间是最稀有的资源，除非你能管理它，否则任何事你也管理不起来。"

要管理你的时间，你得先养成习惯。我们都是习惯的生物，如果你不相信，不妨做做下列的小测验。

① 刷牙时，你是先拿牙刷，还是先拿牙膏？
② 当你坐进车子中，你是把脚先放在刹车上，还是油门上？
③ 你穿鞋时先穿哪一只脚？
④ 你梳头时先梳哪一边？
⑤ 你穿大衣时先穿哪一只袖子？

我们满脑子都是设计好的程序，使我们可以不用想便做出例行的事来。我们唯一的选择是我们可以决定把哪种习惯设计成程式输入脑中。再也没有比养成管理时间的习惯更重要的事。

控制习惯最好的方法是计划你的生活，依照你的计划办事。

"但我才不要过一种刻板的生活！"一个女人在时间管理座谈会中抗议道，"我才不要把我的每一分钟都刻板地规定起来。"

"你有时会看电视吗？"有人问。

"几乎每晚都看。"

"你看过你不想看的节目吗？"

"看过。"

"那么你不是让电视给你一种刻板的生活吗？"

"我想是的，我没想到这点。"她回答道。

有专家说："电视节目制作人有一种非常精密的策略，让你一直把电视看下去。这个时候，你就是跟着他人的计划转。"

这就引出了一个重要的问题：你是一个"比目鱼人"，还是一个"鳟鱼人"？为了帮你回答，让我们先看看这两种鱼的特性。

比目鱼：躺在海底，等着食物过来，让潮水控制它的运动，不抵抗自然的力量，很容易被抓。

鳟鱼：逆流而上，小心地选择吃的东西，决定何时抵抗、何时休息，很难被抓。

时间是你的，你有能力选择任何一种方式来投资，用一个比喻来说，就是你是做一个"比目鱼人"，还是做一个"鳟鱼人"？——"比目鱼人"只反应降临到他身上的事，而"鳟鱼人"是以事先考虑和自律来行动；"比目鱼人"等事情发生，而"鳟鱼人"使事情发生；"比目鱼人"集中注意在活动，"鳟

鱼人"集中注意在目标。所以说,掌控时间能力的高低决定工作与事业的成败。

高效能人士控制时间的关键细节

如果你要控制你的时间,下列6个细节应注意。

1. 弄清你的目的

目标和目的不同。目标是你希望达到的目标、你想到达的终点,目的是你迈向目标的一步。举例言之,如果你的目标是有效管理你的时间,那么你当下的目的是看完下面的内容。弄清你的目的,就是搞清楚你需要采取什么步骤来达到目标,估计每一步要用多少时间,要这么做,你需要一份精心设计的活动表。

活动表的好处是:仔细计划你的活动,无论是玩或做正事,你都可以控制你的时间。

① 按照事情的轻重缓急来分配时间。
② 把时间用在你觉得值得的事情上。
③ 你可以用更多的时间来休息。
④ 你可以及时完成重要的事。
⑤ 你可以向你的目标迈进。
⑥ 你可以避免浪费努力。
⑦ 你可以更具弹性。
⑧ 你可以有能力帮他人分担工作。
⑨ 你有时间来想什么是真正重要而该做的事。
⑩ 你可以享受休闲活动,知道自己已把时间分配好了。
⑪ 你可以有效而舒服地一次完成一件事,知道只要按秩序去做,一切事情都会做好。
⑫ 你可以以最舒服和最有效的速度来工作。

当你用钱时,你一定会给自己做一份预算表,分配你每个月的用度,好使自己量入为出。有一张控制时间的预算表,你可以在完成你认为该完成的事后仍然有余暇。换言之,你可以在你觉得需要时停下来休息,而不是逮着机会才休息。在你分配给自己的休息时间中休息,会感到更轻松。

当然，你的时间预算表要有弹性。比如，你分配给一件工作一小时的时间，你可以预留5分钟休息时间，另外在做下一个计划前也留下5分钟空当，万一这件工作花了1小时15分钟，不至于使你手忙脚乱而破坏了整个时间预算表。同时要事先估计出你可能受到的干扰，而想办法把它减少到最小的程度。

起初，依照时间预算表来安排似乎有点机械化，但当你习惯后便成自然了。你会喜欢它，因为你会发现你能在较少的时间中完成较多的工作，同时也有了更多的休息时间。

2. 分析你利用时间的习惯

你如何利用时间？时间的窃贼在我们生活中的每个角落中徘徊，等着攫取我们宝贵的时间。要做一个办事有效率的人，又要有充分的生活时间，我们应该把这些"小偷"抓住，不让他们得逞。

要有一份时间日记。分析你的时间习惯的方法是保有一份时间日记，写下你每项工作所花的时间和每项工作后的休息时间。

你也许会发现一些有趣的事。比如，你也许会发现，你在每天一段特定时间中浪费的时间相同。你可以对症下药，把这个坏习惯革除掉。

另一个有趣的发现是在一天之中某些时间的效率特别高。如果你发现你在这段时间效率特别高，你可以把最需要创意的活动安排在这段时间中，把其他工作放在你效率不高的时间段中。

定下每日和每小时的时间目标以便观察结果如何，清除掉那些浪费时间和无意义的活动。以下是最常见的浪费时间的坏习惯。

① 拖延——把事情拖到最后，反而需要更多的时间来做。
② 在还没有充分信息的情况下去完成一件工作。
③ 做一些不必要的例行工作，只因为你老是在做它。
④ 不必要的分心或经常被打断。
⑤ 打电话时废话甚多。
⑥ 不必要的约会或约会时间太长。
⑦ 不分本末。
⑧ 不必要的信件来往和文件工作。
⑨ 太多的应酬。
⑩ 缺乏注意力，在不当的时间做白日梦。
⑪ 缺乏对自己工作的认识。

⑫ 延长休息的时间。

⑬ 不懂得说不，以至于让别人干扰了自己的工作。

⑭ 因不经心而犯错，事后要花时间来弥补。

⑮ 无效的沟通。

⑯ 不懂得"工欲善其事，必先利其器"的道理。不知道利用各种方便工作的发明（如录音机、信息中心等）。

⑰ 庞大无序的系统或程序。

⑱ 不懂得分工合作的道理，不懂得要与同事分担其该做的工作。

3. 保有一张每日和每周"应做之事"清单

伯利恒钢铁公司的前总裁在一天事毕后，总要花5分钟来研究一下明天可能发生的各种问题。他会依序将其列出来。第二天他一到办公室，便立刻着手做清单上排名第一的工作，然后依序做其他的工作。

"这是我学到的最实际的功课。"这位亿万富翁说。

列出"应做之事"清单有以下好处。

① 使你免于担心是否忘记什么是重要的事。

② 给自己在做重要事情时一个截止时间，以免耽误要事。

③ 事情能如期完成。

④ 避免因不重要的活动而浪费时间。

⑤ 使你能从容地完成手边的工作。

⑥ 避免成为工作狂。

⑦ 有助于与人沟通你认为是最重要的事。

⑧ 使你处于一个理性的位置来开始和停止每日的事。

⑨ 你可以向别人保证，你会如期处理完他们关心的事。

⑩ 有助于建立一个有生产效率的系统，并使你处于一个可控制的速度中。

⑪ 有助于你抗拒不必要的打扰。

⑫ 有助于你避免拖延。

建立每日和每周"应做之事"的清单后，你会在如何使用时间一事上变得主动，而不是坐等事情发生在你身上。这样可以避免因你工作太累毫无效果而产生挫折感。而每当你检查自己列的清单和已经完成的工作，你会有很大的成就感。

4. 使自己有组织

在这个世界上，工作最辛苦的人往往是最没组织的人。他们从早忙到晚，想把一切事都做好，离开办公室时仍处于紧张状态，因为重要的信还没写，重要的人还没见面，重要的计划还没完成。

他们之所以工作得又累又久，是因为他们做事毫无章法和组织，爱怎么做便怎么做。

组织可以增加一个人的自由，使工作进行得更容易，并用较少的时间完成较多的工作。

培养决断力。没有组织的人最痛恨作决定，这也是在升迁机会来临时，他们往往被忽略的一大原因。例如：早上起床的时间，闹钟拨到什么时候起来，就在那时起床。许多人总是赖床，每早赖床的人，在作决定时，往往也是犹豫不决。

保持桌子和生活的整洁。你知道你的书桌比笔迹更容易显露你的个性吗？专家们可以从一个人的桌子看出他的生活是否有秩序。桌子凌乱，散放着各种未做完的工作，表示他在生活中没做完的事多于做完的事，而且花在每件事上的时间都要比别人多。

我们一生中大多数时间在工作，如果让工作绊住自己，我们的生活会变得很疲累。我们通常建议人们，要减少工作量，第一要简化工作，第二要使工作趣味化。

5. 培养高效时间管理的习惯

如果你得到100万元，你会做什么？第一件事一定是先做一个计划。你决不会把钱随便放置，或随手分给路人。好笑的是很多人对他们的金钱和财物很小心，却不重视比金钱更宝贵的时间。我们每人每年有8760小时，每周有168小时，每天有1440分钟。以下教给你如何保护珍贵的时间。

① 利用每一分钟去追求你的目标。当你碰上交通拥挤时怎么办？许多成功的人在开车时都会听录音带或随身带一些资料和文件，以备在等人时看或批阅，这是节省因延迟所损失的时间。

② 第一次便把事情做好。好的开始是成功的一半。

③ 支配顾客，不要让他们支配你。如果你有秘书，让秘书替你过滤访客并安排约见。若是在外面跟访客约见，当你觉得他们在浪费你时间时，你随时可以离开。限制晤谈的时间，迅速切入主题，谈完后，立即终止访问。

④ 尽量少开会，只参加必要的会议。坚持准时开会，开会时扼要发言，绝不言不及义。准时结束。开会是很浪费时间的事。

⑤ 学会知人善任。这样可以节省很多精力和时间。

⑥ 通电话时长话短说。不必要的电话不要打。

6. 把所有的时间花在目标上，休闲时间也包括在内

你是一个人，你需要时间休息和娱乐，好给自己充电。你需要时间来培养你所重视的人际关系，你需要时间去学习和成长，需要时间去享受这美丽的世界。那么你要用什么样的态度来分配你的时间？

> 所有的时间花在工作上，这是成功的代价。
> 所有的时间花在爱上，这是生活的誓言。
> 所有的时间用在玩上，这是年轻的秘密。
> 所有的时间花在阅读上，这是知识的基础。
> 所有的时间用来帮助和享受朋友，这是幸福的来源。
> 所有的时间用来做梦，使你永远怀着希望。
> 所有的时间用来笑，这是生活的情趣。

你能支配时间，这表示时间为你所用，你不会成为时间的奴隶。学会管理你的时间，你就可以有能力实现你的目标，享受你的生活。

理清工作的顺序

很多人都有过这样的经历，工作时一边要复印，一边要接电话……既无聊又浪费时间。那么，我们应该怎么确定工作的先后顺序呢？在工作进行时必须解决的事情实在很多。在工作单位中，地位高的人，琐碎的事可以交代属下去做，而中级干部可支配的部下就比较少，而一些完全没有属下的新员工，

或是自己开店的人，一些琐碎的事情就必须要自己做。

可是，忙于难事往往会影响重要工作的进展。有些人会觉得工作愈忙愈好，但是忙着琐碎的事和忙着正事，这中间有很大的差别。即使是花同样的时间工作，其一分一秒的价值也完全不同。难事，很多人都觉得可以自己处理。事实上，很多难事都是可做可不做的事。为了不使可有可无的事过于膨胀，最理想的是将可有可无的事和重要的事清楚地区分，将工作排定优先顺序来做。若没有排定优先顺序，便会在许多地方停顿。为了买参考书而花两小时，则那一天的读书时间或是睡眠时间将会减少两小时，同时在其他方面自然也显现出影响来。

要决定工作的优先顺序，首先必须把要做的事逐条列出，然后，依重要性调换顺序，再依此顺序进行工作。这是件很简单的事，只要做到，效率就可以提高。可是，问题是以什么标准来决定优先顺序。许多专家都建议是以工作的重要性决定，优先进行对现在的目标最重要的事。通常事情除了重要性，还有紧急性。而我们往往都会专注于事情的紧急性，而忽略了其重要性。例如，某个正为了一年后的司法考试努力念书的人，为了赶赠品截止时限，而特地将赠品明信片拿到邮局寄。司法考试还在一年后，而明信片的截止日就在明天。在此情况之下，多数的人都会将较紧急性的明信片优先处理。

但是，以长远的眼光来看，好好地准备明年的考试应该是较重要的。假定考试失败，不仅损失一年的努力，因而损失的金钱将不知有几十万。因为通过司法考试的人，一年可以赚好几十万，这和去邮局寄明信片所得到的几百元赠品相比，不说也知道哪个重要吧！

然而，很多人还是会去寄明信片，将紧急而不重要的事列为优先，重要的事往后延。结果，到了明年还是准备不充分，无法通过考试。

当然，我们要先好好的掌握住重要性较高的事，若还有十足的自信心，再做些较不重要的事也无所谓。这就是所谓的从容不迫。那么事情的重要性的衡量标准是什么呢？其实，衡量的标准不外乎是自己生活的目的。若是一向都很清楚自己的最终目的为何，就可以很容易地作决定，并作出"虽然寄明信片即可得到赠品，没寄很可惜，但比起来，还是准备考试重要"的判断。清楚地判断事情的优先顺序，是工作进行上不可欠缺的，一次就判定清楚，做起事来就会轻松愉快，不会变来变去。这就是决定优先顺序的最大价值。决定优先顺序，明确地定出目标比什么都重要。可是若不清楚目标是什么，就没有衡量、判断重要性的基准。例如：某人以参加司法考试为当前的目标，

第四章 有效掌控时间

因此他可以根据这个目标来下判断。可是，他若不明确目标到底是通过司法考试还是当个上班族，目标时时动摇，就无法决定顺序，也就失去了判断的标准。

不同的目标有不同的做法，这个目标必须这么做，那个目标必须那样做，目标一旦动摇了，就什么都无法决定。因此，最重要的是一定要搞清自己现在想做什么。

守时改善工作心情

成功做事的秘诀之一就是养成准时的习惯。一个人如果不准时，其信用必定会一落千丈。拿破仑曾经说过，他之所以能战胜奥地利人，是由于奥地利人不知道5分钟的价值。但是实际上，每失去1分钟就是多给自己一个遭遇不幸的机会。

罗立文是一家装修公司的业务员，经过他的努力，一家科技公司的高级主管终于答应面谈公司装修的项目。他们约定见面的时间是第二天上午10点半，罗立文在第二天上午却迟到了半个小时，而此时这位主管恰恰不在。等到罗立文打电话再次预约面谈的时间时，那位主管说："没有这个必要了，你已经失去了那笔业务。因为在你迟到的半个小时里，我们已经把项目交给了别人，你不守时，我们不敢相信你能够兑现你许下的诺言。"职场犹如战场，做事不守时，哪怕是错失一分钟的时间，也会让你功败垂成，一无所得。

做一个办事准时的员工，最起码要遵守公司的工作时间。一位成功的职场人士告诉现代的年轻人：在公司里，就算不能第一个到办公室，也不要做最后那个姗姗来迟的人。如果有一天，老板准时走进办公室，看到其他同事正埋头工作，而你的座位却空空如也。可以想象，你在老板心中会留下多么恶劣的印象。总之，你要认真度量你的工作时间，准时做每件事情。这样，你最终发出的才不会是无奈的叹息，而是胜利的欢呼。

缺乏时间优化管理技巧的人，会经常感到工作的压力，无法回避的烦恼事让自己的心情愈来愈坏，体会不到轻松自在的工作乐趣。

下面是高效人士合理利用时间改善工作心情的妙方法，你在工作中使用过吗？

学会遗忘一些不快乐的事情，力戒把大量的时间耗费在忧虑、小摩擦、小失误等无关紧要的事情上，有空闲不妨打个盹，蓄养精神。

工作没有完成，如果不是很有必要就别把工作带回家接着做，休息时间和工作时间要分开，懂得休息的人才会更有效地工作。

工作没有完成前要抓紧时间，不要跟同事闲聊玩游戏、做其他与工作无关的事。

把表拨快10分钟，做事要力求比预计的时间快半拍。

每天早上开始工作的那段时间是一天中精力充沛的时间，要用这段时间处理重要的工作，而绝不要把这几个小时花费在阅读文件、报纸、打几个例行电话等小事上面。

通常一周之内工作效率最低的一天是星期一，这就是所谓的"星期一综合征"。这是由于休息过后的放松和"又要工作一星期了"的心理压力所致。到了星期二，这种症状会有所缓解，精神也随之振奋起来。到了星期三、星期四，工作效率又会逐渐降低，直到星期五才会感到：一周马上就要过去了，可以休息了，事情该做到的必须完成。在这种心理刺激下，工作效率又会大大提升。所以，一周之内要把自己喜欢做的和容易做的工作安排在星期一到星期四，星期五安排一些自己不喜欢的和比较困难的工作。

用同样的时间做更多的事情

时间是公平的，卓越企业并不能获得更多的时间。但是，有些人用同样的时间做了比别人更多的事，因为这些人有掌握时间的窍门。这种窍门是我们可以获得的，它可能成为高效能人士最有价值的工作方法。

曾经把伯利恒钢铁公司经营成世界上最大的独立钢铁生产公司的英雄查尔斯，向一名管理顾问提出了一个挑衅性的问题："请告诉我，怎样才能用同样的时间干更多的事情，如果你讲得有道理，你要多少钱都行。"

管理顾问递给他一本空白便笺说："每天晚上写出明天你要干的

事,然后按它们的重要性编码,早晨就开始干第一件事,直到完成。接着开始干第二件,第三件……如果你没能完成所有的项目,你不要忧虑。如果你这种方法不灵,别的办法也白费。不信,请你试试看。"不久,查尔斯给管理顾问寄了一张25000美元的支票。后来他说那是他有生以来最有益的一堂课。

为了有效地利用时间,用同样的时间干更多的事情。必须掌握以下三条基本原则。

1. 诊断自己的时间

诊断自己的时间,目的在于知道自己的时间是如何耗用的。为此,要记录时间的耗用情况,并要掌握用精力最好的时间干最重要的事。

如果你把最重要的任务安排在一天里干事最有效率的时间去做,你就能花较少的力气,做完较多的工作。一般说来,人的脑力巅峰是在上午10时至下午3时。然而,并不是每个人都适合这个时间。有的人脑力巅峰却是中午12点到下午6点。人的一天之中,头脑最灵活的时间,是因人而异的。重要的是自己要找出自己的巅峰在哪里,低潮在哪里,并且好好运用它。在信息庞杂、速度加快的职场,高效能人士必须在愈来愈少的时间内,完成愈来愈多的事情。

在低潮时,可以做些简单的事,如接不重要的电话,或是看报纸,而在巅峰时间,就应该全力以赴去做最重要的事。

2. 排除浪费的时间

在日常工作中产生时间浪费的原因很多,但只要能够遵循管理时间的原则,便能争取时间产生巨大的效益。

CNN(美国有线电视网)的创办者特德·特纳在接受电台记者采访时,告诉对方说自己很忙,仅能给他5分钟时间。对方尽可能快地提出自己的看法,但是5分钟飞快地过去了。当他想继续说下去时,特纳打断了他的话:"你的5分钟完了。"他说,"我喜欢你,教授,但我不得不走了。圣诞快乐。"这次会见就这样结束了。

如果不能像特纳那样直接给来访者一个提示，控制自己的日程，你可以用微妙的暗示，诸如向前挪动椅子、把纸张摞在一起或者用一个长的停顿提示时间已过去了。谢德是美国出版商的代理人，她的皮包里有一个设定十分钟的计时器，当铃响时，她就宣布需要赴另一个约会。如果她想继续谈话，就简单地关掉定时器。

此外，培养速记的技巧和速读的能力也是避免浪费时间的有效捷径。在会议及重要会谈时，带着笔记本，趁着记忆还很鲜明清晰的时候，把要点赶紧记下来，这样不但能够节省时间，还可以避免错误。一般人的阅读速度，大约是一分钟四百个字。然而，经过速读记忆法训练的人，能使书上的文字由"读"逐渐成为"一跃飞入眼帘"。这是在现代分秒必争的竞争社会中，把握时间不可或缺的技能。

3. 分析无效的时间

一位老太太为了寄一张明信片给她侄女，花了一整天的时间：一个小时找那张明信片，一个小时找眼镜，半小时查地址，一个半小时写明信片。20分钟则是用来想，到下一条街去寄信时是不是要带把伞。只要花一个人3分钟时间的事情，就这样让另一个人花了一整天来犹豫不决、担心、操劳，而且疲惫不堪。

大多人都认为，给自己很多很多的时间完成一件事，可以改善工作的品质，但实际情况并非如此。专家的结论是："一份工作所需要的资源与工作本身并没有太大的关系，一件事情被膨胀出来的重要性和复杂性，与完成这件事所花的时间成正比。"时间太多反而使你懒散、缺乏原动力、效率低。

这一基本原则的精义是，要确定哪些事根本不必做，哪些事做了也是白费工夫。凡发现这类事情，应立即停止这项工作；或者明确应该由别人干的工作，包括不必由你干，或别人干比你更合适的，则交给别人去干。

高效能人士要时刻提醒自己：把时间留给特别有意义的问题，不可把大量宝贵的时间耗费在与工作关系不大的问题上。

不要让突发事件影响你

研究人员发现，企业内部的员工很容易犯这样的错误：把一天的时间表排得满满的，没有一点儿时间处理可能出现的各种突发事件。如果出现意外情况，就只有放弃计划中的工作，转过身来处理突发事件。这样做的后果是：明日已安排的工作表中，必须加进今日未完成的工作。

时间对任何人而言都是重要资源，如果一个人经常放弃自己应做的事，而去解决一些突发状况或干扰最大的事，就会使自己天天都在应付突发的紧急情况，无形中牺牲许多生活及工作上的乐趣及享受。工作是一场马拉松，而非短跑，如此给自己加压，谁也坚持不了多久。因此，不要让突发事件影响到你，才是唯一正确的高效能法则。

在工作的流程中，造成最多妨碍的是突发事件。突发事件是指出乎意料的工作。例如，忽然间有个电话，突然来了位客人，突然通知要开会，突然接到检查的通知，忽然发生纠纷，以及婚丧喜庆宴会等。

除此之外，像上司突然对你说，"赶快把这件事调查出来"或是"替我去开会"，这些也都属于突发事件的工作。突发事件将使原本已经预定、计划好的工作，无法顺利推进。

突发事件不只是自己的困扰，而是大家都有的问题。

究竟应该怎么做才能够处理好突发事件的困扰呢？有两个有效的方法。

第一，将突发事件纳入计划，当作原来工作的一部分，每天预留一点儿时间，以备不测。每天大约有很多的突发事件发生。然而有些人在制订计划时，将突发事件设定为零，这样的计划可说是对现实认识不清，这么一个计划，一旦突发事件发生时，就无法妥善处理，反而拖延了原本预定的工作开展。

第二，采用安全系数，在制订计划时，附带考虑缓冲时间。计划以原定时间内完成工作为前提，再进一步地假设某种程度的中间介入，以及时间上的拖延。对一个正确的计划，附加若干的安全系数是必需的。考虑缓冲时间的要点如下：

需要花一天工夫来完成的工作，必须加上半天的缓冲时间；

需要花一个星期才能完成的工作，则需加上一天的缓冲时间；

需要花一个月才能完成的工作，则需加上一个星期的缓冲时间。

即使没有发生突发事件，我们也可利用这些机动的"缓冲时间"处理一些较次要的问题；或与员工联络一下感情，也可以休息一会儿考虑工作中的得失等。这样，我们可从容而高效地完成每天的工作。

找出隐藏的时间

时间为什么如此难以把握？职场上的人们为此困惑了数十年。后来，墨菲发现并揭示了时间的规律：

任何事情都不是看上去那么容易；

做任何事情花费的时间都要比你原以为的长；

凡有可能出错的事终将出错。

在工作和生活中，我们都曾经历过"墨菲法则"的影响，但不变的事实是什么呢？正如亨利·福特所言："大部分人都是在别人荒废的时间里崭露头角的。"

爱因斯坦在组织享有盛名的"奥林比亚科学院"时，每晚例会，他总是愿意和与会者手捧茶杯，开怀畅饮，边饮茶，边谈话。爱因斯坦就是利用这种闲暇时间，来与大家交流思想，把这些看似平常的时间利用起来的。后来他的某些思想主张、他的某些科学创见，在很大程度上产生于这种饮茶之余的时间里。如今，茶杯和茶壶早已成为英国剑桥大学的"独特设备"，以纪念爱因斯坦的利用闲暇时间的创举。

时间可以毫无顾忌地被浪费，也可以被有效地利用。有人算过这样一笔账：如果每天临睡前挤出15分钟看书，假如一个中等水平的读者读一本一般性的书，每分钟能读300字，15分钟就能读4500字。一个月是12.6万字，一年的阅读量可以达到151.2万字。而书籍的篇幅从6万字到10万字不等，平均起来大约7.5万字。每天读15分钟，一年就可以读20本书，这个数目是可观的，远远超过了世界上人均年阅读量。然而这却并不难实现。许多伟人之所以能流芳百世，一个重要的原因就在于他们十分珍惜时间。他们在一生有限的时间里，不但充分利用上天赐予他们的每一分每一秒，还善于把隐藏的时间找出来，一刻不停地工作、积累、进步。

哲人说过：时间会飞翔，而你却是驾驶员。以下建议，对你会有所帮助。

1. 利用好等待的时间

等车、等人、排队缴费等，认真算起来，你会发现平均每天光是用在等待上的时间，就不下 30 分钟。而一般人以为那些时间只是短暂的而把它们忽略掉，于是每天把不少的片段时间白白地浪费了。

例如，当我们在乘轮船、火车做长途旅行时，你可以打开记事簿，每当你想到了一个好主意，或要开列一张表，或者看到一些你要抄录下来的东西，就把它记下来。当你排队看病、等待理发时也可抓紧学习，背诵外语单词。

2. 不要允许别人来打扰

如果有某个人走进了你的办公室，并不在日程安排之内，他想和你谈谈与他自己有关的某些事，那么就毫不客气地立刻拒绝。

更不要以茶点或咖啡款待未经约定的访客。有些人常常会在无意之间，以一句"你要喝杯咖啡吗？"这类的话延长访客逗留的时间。如果你不慎说出这种话，你的宝贵时间很可能会因此白白浪费，而对方的来意也很可能和你的工作无关。因此，你要学会根据访客对你工作的重要性如何加以分类、判断；然后考虑要不要让访客在你的办公室里喝点或吃点什么。

3. 从你的办公桌上找出隐藏的时间

你可以在许多不同的地方进行重要的思考、企划、组织以及时间安排等工作，可是，你一天中的例行工作，很可能是必须集中在办公室的一张办公桌，或工作场所的某个定点完成的。如果能把办公桌布置成一个具有相当效率的个人工作站，并使它高度配合你的需要，那么，你的时间可能就会因此节省很多。

考虑的项目可以包括：足够的抽屉以尽量减少桌面的凌乱，备有特殊指南的个人档案夹，一只可以随时移动的废纸箱，以节省地面的空间。如果你工作的地点是银行或前端的办公室，随时备有可移动的废纸箱尤其重要。

4. 重新安排空间与设备

我们也许每天会对着孩子大吼要他们整理房间，然而我们自己到一间杂乱的办公室时，却几乎从不觉得有什么不对。事实上，办公室工作环境的混乱，会使我们无法高效率地工作。

如果工作场所的结构不符合每日工作的路线，那么多走路就会浪费时间与精力，因此需要安排重要的设备、储存室、办公桌和电话的位置以节省大量的时间。你也许需要专做办公室和工作场所设计的顾问提供专业建议，借助专家帮你研究工作路线，重新安排空间与设备，这样可以协助你把隐藏的时间找出来，提高工作效率。

5. 买下任何可以提高效率的工具

别心疼所花的一点儿小钱。如果每天省下一两分钟，每年就可节省好几小时。

6. 利用零碎的时间

不要认为零碎的时间只能用来办些不大重要的杂务。最优先的工作也可以在这少许的时间里去完成。如果你照着"分阶段法"去做，把主要工作分为许多小的"立即可做的工作"，你随时可以做些费时不多却很重要的工作。这给你带来的好处是不言而喻的。

比如，早餐可以边看电视新闻报道或边阅读报纸边吃，如果能在出门前将报纸阅读完毕，就能利用乘车时间浏览其他的书籍。

7. 充分利用睡前时间

如果你觉得自己缺乏思考问题的空闲时间，不妨试着坚持每天睡前挤出十几分钟的时间，一旦形成了习惯，就很容易长期坚持。

8. 节省途中时间

这么多时间耗费在毫无意义的上、下班往返路途上，不如想想其他的方法。如果你有能力出得起钱的话，为什么不把家搬到一个离公司近的地方呢？或者你也可以在离家不远的地方找一个工作。

9. 会议前先问自己几个为什么

各种各样的会议，无论是正式的，还是非正式的，都有可能浪费你的时间，因此，要养成在会议召开之前问自己一些问题的习惯，主要有以下几个问题。

为什么要召开这次会议？

有必要参加这次会议吗？

这次会议的结果将是什么样的？

这次会议需要多长时间？

怎样安排好这次会议？

什么时候召开这次会议最合适？

如果不召开这次会议会怎么样呢？

如果你不能满意地回答这些问题，就不要召开或参加这个会议。

10. 缩短处理不必要信息的时间

据美国一项调查资料显示：每年一个人平均要阅读超过 100 份报纸和 35 本杂志，看超过 2500 小时的电视，听超过 700 小时的广播，打 60 多个小时的电话。虽然我们把大部分清醒的时间用于处理信息，但是这些信息中的大多数对于我们事业的成功或个人幸福几乎没有作用。这些过剩的信息使我们很难把精力集中在最重要的工作上。

为了提高工作效率，必须制定可以帮助我们缩短处理不必要信息的时间的策略。而处理不必要信息的关键之一，就是按重要性排列阅读材料。

能创造时间才是明智之举

想必你一定听说过"时间不等人"这句话。是啊，时光飞逝，转眼间几十年就过去了。人生如此短暂，我们应充分利用这宝贵的时间来充实自己的人生。这就要求我们要抓紧每分每秒。然而，常听到有人抱怨说没时间。是生活得太过充实了吗？并非如此。说自己没时间的人，事实上是缺乏"合理分配时间"的能力，工作毫无"计划性"可言。若他是上司，则证明此人不具备将"权力下放"给部下的气度。或者，仅仅对于自己能胜任的"喜欢做的工作"情有独钟、埋头苦干，其他工作一概置之不理。

因此，在这种现状下，就要考虑如何争取时间的问题了。创造时间主要有两种做法。

1. 适时说"不"有助于争取时间

每个人都有自己的工作，对于一般的员工来说，只要做好自己分内的工作也就无可挑剔了。但是对于领导阶层的组织者来说，若也像一般的员工那样只关心自己的工作，而连别人的工作都懒得看一眼的话，那可就是失职了。

可话又说回来了。虽说对别人的工作漠不关心是失职，但也不赞成无论什么事情都要过问，将所有工作都包揽下来。要把握好时机，适时说"NO"有助于保持自己的工作节奏。有时有必要采取积极的自我防卫态度。下面分四小点具体说明。

①第一个要考虑的问题就是：什么是最重要的、最紧急的工作。

②接受工作时，要确认完成的期限。并且对照自己的工作计划，看看是否能在规定期限内完成工作。

③在无法调整自己的工作计划的情况下，要说明理由明确回绝对方的要求（关键是要向对方讲明自己的工作流程）。

④但是，若遇到紧急情况，即使被迫要改变自己的工作计划，也要尽可能地给予别人帮助。

2. 拜托别人工作

当今社会讲究的是工作效率，追求的目标是既保质又保量。虽然说慢工出细活儿，但是毫无时间限制、随意拖延时间的话，也就没有意义了。因此，做任何工作都会有时间限制。为了能在规定时间内按时完成工作，有时候就不得不求助于他人。不要觉得这样做很没面子、很不好意思。其实，拜托别人工作也是一种能力。

想要给自己争取更多的时间，就要培养自己拜托别人工作的能力。只要遵守下面三个基本原则，便可灵活利用别人的时间来助自己一臂之力。

原则一：要能够准确、恰当地从众多工作中判断出哪些工作是应该让别人代劳的，哪些是能拜托别人做的工作，哪些工作是无法请别人代劳的。

原则二：要能准确判断出这项工作交给谁做是最佳选择。

原则三：根据拜托的对象的情况和能力，设定完成工作的期限。要具有统

观全局、制订整体工作计划的能力。

作为上司,要有统观全局、运筹帷幄的能力。在请别人帮忙的时候,也需要从大体上去考虑,也要有一定的技巧。在拜托别人的时候有一些注意事项。具体说来,要掌握以下四点。

第一,平时工作中要多注意观察自己的部下,并且要注重与部下的沟通(要掌握部下的其他工作的进展状况)。

第二,要明确地向部下传达完成工作的期限、开展工作的方法以及目的等(充分考虑部下的工作状况,看对方是否能胜任)。这项工作十分重要。因为全面的考虑可以有效避免返工和脱离计划。稍加考虑,便可避免给公司造成损失。

第三,平时工作中,要跟部下交代说:"因为自己的工作状况有所改变,变成了这样;根据具体情况随机应变,所以有时可能会请你们帮忙。"要发挥领导才能,经常针对科室和主管部门的工作,让部下了解、向部下阐述(领导只有把自己和部下放在同一起跑线上,才能更好地领导同事共同完成工作)。

第四,向部下交代完指示后,要让部下重复一遍工作的内容。确认是否传达了正确的意图。让部下提出自己的疑问(鼓励实行作为工作的基本步骤之一的"四让主义",即让部下回馈信息、记笔记、重复工作内容、提出疑问)。

第五章　积极的思考有助于提高效率

要习惯于留出时间去思考你做的事

有调查显示，人类精力的60%以上用于抵抗压力、完成责任以及对规章制度的遵循，大量的没有任何作用和效果的人际交往充斥在我们身旁，使创造力被浪费，热情被消耗，机械的一成不变的步骤更是强占了我们的时间和生命。在这种情况下，不仅很多人生乐趣被剥夺了，思考的时间和空间也被大大压缩了，生命的浓度在不知不觉中降低了。

在研究过许多政治家和科学家的成功之路后，我们发现，成功人士和那些具有领袖气质的人，往往都倾向于做自己喜欢或认为重要的事；而对于其他事，能不做就不做；能推迟就推迟；实在非做不可的话，也要想个最简便的做法。而事实上，人类的许多发明创造正是源自这种"懒人"的想法。所以，有人戏言，是"懒人"推动了历史发展，"懒人"更适合当领导，因为领导的本质是做正确的事，而不是正确地做事。其实早在中国古代，军事家们就曾在选拔军官时，把人分成了四类，并认为，聪明但"懒惰"的人可以做将军，聪明而勤奋的人可以做参谋，又笨又"懒"的人可以做士兵，又笨又勤奋的人只会添乱，这种人最要不得。由此可见，"懒"得恰到好处也会成为一种才能。

一位大企业家曾经说过，工作过于努力的人没时间去赚大钱。在我们周围，很多人都在抱怨："我工作太辛苦，简直没有时间去读书和思考。"这句话的意思是，满足生计的需求已占据了一切，以至于你没时间去考虑未来的机会。这也正是普通人与成功人士的区别所在。从某种意义上说，"懒人"往往比勤快人更适合做领导，一个重要的原因就是，他有时间思考，有时间休养，这在知识更新迅速的信息化时代体现得尤为明显。

假如你过于忙碌地工作而没有时间去思考你做的事，你将无法充分发挥你的潜力，展示你的才能；只有在降低工作量后，你才有空做广泛而非狭隘的

研究。假如你过于专注于自己小小的领域,就不会知道其他领域也许对你目前从事的事有极大影响的信息和思想。而问题的关键也就在于此,除非你有时间广泛涉猎、学习他人所做的事,否则就很难提高办事效率,成就大的事业。

思考能发掘每个人内心的宝藏

思考有助于将渴望转变成为实际可以追求的事物。渴望有时是比较模糊不清的想法,但当你把渴望转变成明确的思想时,渴望就变得比较清楚。而当你把它们转成目标或计划时,它们就更明确了。这是因为当你将焦点集中在自己的渴望时,你会用你的思想把它变成具体的计划,并努力去完成它们。因此,思考是帮助你走向未来的第一步,也是成就你高效人生的重要一步。

当你思考时,你应该问自己的最主要的问题是:我想要的人生是何种面貌?然后尽可能完整地把那样的人生想象出来。当你如此做时,你不必用眼睛去看,最好把眼睛闭起来思考。在你想象尚未存在但相信将会实现的事物时,稍微的视而不见对你是有帮助的。消除所有"但我从未……"的念头;擦去所有"但它从来不曾发生过……"的念头。不要让脑中浮现任何"不可能"的想法。

另一方面,不要把"如何"和"什么"混淆在一起。

举例来说,假设你想要过简单的生活。也许是悠游于空气清静、景色优美的旷野中;或是你想要写本书、拍些照片和旅游。这些都是渴望,而这些渴望也许出自于你对生命、周围环境和对成为作家或摄影家的基本信念的影响。

现在你如何想象这样的生活?你看见自己住在哪里了吗?你如何安排你的日子?你想象自己住在一座山里的某一处,想象你招待朋友与宾客浏览山中美丽的景致、玩一趟滑雪之旅,或借由旅游空当写些小说。你真的能看到自己在那种情境中的样子吗?你穿着什么衣服?你的房子看起来怎么样?你有车子吗?你开什么样的车?你有什么样或你需要什么样的汽车排挡?你如何和这个世界沟通?

我们有能力去思考自己真的实现了心中的渴望,并把渴望转变成每一个计划。然而在我们思考时,必须非常的实际,并且将自己所想的清晰地描绘出来。出于对成功的追求,我们的思想将像绘图一样,画出我们向目标迈进的每一个步伐,甚至,我们的思想还会找出一条通向目标的捷径。这就是思考的力量。当然，通过思考，我们还会发现一些我们自身的潜力，发挥这些潜力，我们也许会取得更大的成功。

不过，通过思考，我们还要对所规划的理想，提出以下问题，那就是：我愿意承担多少风险来实现它？为了实现目标，我愿意放弃什么？我愿意长期的付出吗？

当人们开始对自己的人生做这些积极的、自我实现的、追求命运的改变时，他们必须放弃某些事物，或承担某些风险。这些事物或风险可能指的是睡觉的时间、看电视的时间、个人的休闲时间，或账户里的存款。

在实际生活中，勤于思考的人，总会比那些不善于思考的人在实现理想的过程中少担风险，少付出艰辛，也就是说，勤于思考会有意想不到的收获，或在实践中达到事半功倍的效果。因为，他们发掘了自己内心的宝藏。

反省是成功的加速器

也许，你会说你每天都有忙不完的工作，哪里还有时间做反省呢？你再忙，大概也不会比微软的总裁比尔·盖茨更繁忙吧。而比尔·盖茨就是一个善于反省的人，作为微软公司的总裁，其繁忙程度可想而知，但是无论他多忙，他每周总要抽出一天的时间找个安静的地方独自待一会儿。他用这一天的时间专门思考和反省，反省有无失误，并思考下一步的行动计划。

反省就像为心灵除尘，同时也是对以前的失误做一个盘点，找出好的解决方法，也为下一步的行动确立正确的方向。一个善于自我反省的人，往往能够发现自己的优点和缺点，并能够扬长避短，发挥自己的最大潜能。职场上，持有自我反省、自我修正的态度的人，一定是一个高效工作的人。

安华大学毕业后，进入一家普通的公司工作，公司安排新员工从基层做起。基层的工作既枯燥又无聊，初中毕业的人学习几天都可以熟练操作。其他新员工抱怨不断，唯独安华什么都没说。他每天都认认真真地去做每一件领导交代的工作，而且还帮助其他员工去做一些最基础、最累的工作。他还是一个非常有心的人，对自己的工作每天都会做详细记录，比如做什么事，出现了什么问题，需要改进的地方，是不是还有更有效的方法，他都一一写下来。如果

问题自己不能解决,他就抽时间向老员工请教。由于他非常虚心,别人也都愿意教他。

一年的时间过去了,安华不仅掌握了基层工作的要领,还改进了原本费时费力的工作流程,提高了工作效率。他被提升为了车间主任,依然保留着反省的工作习惯。半年后,他成了部门的经理。而与他一起进去的其他员工,却还在基层抱怨着。

无论你多么有才华,都必须经历平凡岗位的磨炼。这时候,如果你不仅不抱怨,而且能以自我为改变的关键,不断反省自己,以学习到更多的相关知识,找到更好的工作方法,那么成功一定在不远的地方等着你。

我们都知道英国著名的小说家狄更斯,他不仅作品非常出色,而且是一位高产作家。一生共创作了14部长篇小说,大量中、短篇小说和杂文、游记、戏剧、小品。但是,他对自己却有一个规定,那就是没有认真检查过的内容,绝不轻易地读给公众听。每天,狄更斯会把写好的内容读一遍,每天去发现问题,然后不断改正,直到六个月后才读给公众听。

与此相同的是,法国小说家巴尔扎克也会在写完小说后,花上一段时间不断修改,直到最后定稿。这一过程往往需要花费几个月甚至几年的时间。正是这种不断自我反省、自我修正的态度,让这两位作家取得了非凡的成就。

反省,是年轻人身上最需具备的一种优秀品质,只有经常反省的人才能进步。犹太人习惯于在周六长时间反省,因此他们即使在"二战"中遭受毁灭性打击,战后却立即崛起,成为世界上最有名的商人。

反省是成功的加速器。经常反省自己,可以去除心中的杂念,可以理性地认识自己,也可以提醒自己改正过失。只有全面地反省,才能真正认识自己,只有真正认识了自己并付出了相应的行动,才能不断完善自己。

及时作总结

竞争给每一个人、每一个企业都带来了压力——进步的压力。那么什么才是进步呢？答案首先是改变。也就是说，你原来用一种方法做事，发现不论是速度还是效果都不如竞争对手的时候，你就需要改变这种方法，你就需要发现新的方法，你就需要寻找新的突破点，这就是进步。换句话说，只有当你完成了某种变化，只有当你采取了更有效的工作方法时，才意味着你的进步。

那么在每天的实际工作中，怎样做才叫实现进步？或者说怎样体现自己的进步呢？答案就在于——谋求更直接、更有价值的改变。具体地讲，就是你怎么样发现你和对手的差距，你怎么样感觉到你没有能够满足工作的要求。当感受到这样的差距和不足时，你就要去思考，怎样改变。而只有当你完成了这样一些更直接、更富价值的改变时，才能证明自己的进步。

因此，在这样一种实现进步的过程中，最重要的一点就是作总结，而作总结的首要任务就是发现问题，就是找到差距与不足。所以要及时总结，当看到差距、并感受到不足的时候，马上作总结。因为只有这样，你才不会继续重复错误的、低效的方法，才有可能使你方法中的有效成分更早一些得到提高，使你在完成了这点改变之后的接下来的努力更富有效果。

可以毫不夸张地讲，所有为了进步而作的总结都必须针对方法，都必须针对如何改进方法。因为，没有方法你就无法实现目标，这一点在前面我们已经多次提到了。更高质量的总结意味着更快的进步，更高质量的总结也意味着更能够直接地服务于方法的改进。

因此，我们可以得出这样的结论：一份总结质量的高低将体现在他能够将多少曾经的未知变为已知，他能够把多少曾经的意外变成意料之中，他能够把方法中的无效部分去除掉，他能够为新的方法注入多少有效的成分。要做到这一点，作总结的时候就必须比较，把实际的效果和预期的内容进行比较，把自己这次的做法和曾经的做法进行比较，把自己的现状和对手的现状进行比较……

所有的比较都需要有标准，为了进步而作的总结就更需要有标准，虽然不能一一给出具体的内容，但是这个标准必须围绕着效益，必须围绕着工作的效率和效果，必须围绕着竞争优势的核心内容——科学的资讯、有效的方法、高质量的思维来进行。

严格地讲，为了进步所作的总结一定都是及时的总结——自己在成长的时候而作的一种比较、一种回顾、一种归纳。所以越是经常作总结的人，就越有更多的机会获得进步。在工作中，这样的总结应该每天进行，如果不能

第五章　积极的思考有助于提高效率

做到，企业也需要通过制度要求员工至少每周有一些总结。

只有做到及时总结的企业，诸如"当时我怎么就没有想到"、"我又没有注意到"、"我也不希望是这个结果"、"谁会想到发生意外呢"等问题和托词才不会频繁出现。也只有这样，企业才有可能避免重复、简单的错误，才有可能用更小的代价换取更多的收益。

想进步就要围绕方法及时作总结，想更快地进步就要经常地作总结。通过总结你会发现曾经的意外将不再存在，曾经的未知也将迅速减少。

从经验中提炼出有价值的规律

从某种意义上讲，每个人的成长都是由点滴经历和故事组成的。那些成长得更快、获得更大成功的人，是那些能够从相同或相近的经历和故事中提炼出更多规律的人，他们依靠这些规律使自己接下来的实践更富有成果。

必须承认，很多经历是人生的财富，很多感悟需要经过亲身体验才能获得，但是不能因此就将经历和经验混为一谈。必须明确：经验不是经历过的事情，而是一种对规律的把握能力。

通过简单的观察就能发现，同样的经历带给人们的是不一样的价值。同样在工厂工作过几年的工人，你会发现有的人被提拔成了干部，有的人下海经商获得了成功，有的人还在原来的工作岗位上，有些人却已经下岗。在最初的几年里，他们所干的事情可能没有什么太大的区别，他们的经历有着很多相似之处，但是为什么在后来的日子里他们具有了不同的能力呢？这就是——他们从相同或相近的经历中总结出了不同的东西。那些能够从自己的经历、经验中总结出富有价值的规律的人，就将有更多成功的机会。

不论是从企业的要求出发，还是出于个人成长的考虑，都必须努力地从经历的事情中总结出富有价值的规律，并把这些规律应用到以后的工作中。虽然不同的行业、不同的企业、不同的岗位对规律的要求不一样，能够总结出的规律的内容也不一样，但是下面几点却是绝大多数工作所共通的一些规律。

努力摸索和把握规律的初衷主要就是为了解决问题。因此，能不能从纷繁复杂的变化中、从激烈的变化中，迅速地找到值得关注的现象，并从现象中概括出具体的问题，就成为体现能力的第一要件。在现实工作中，现象和问题很多时候被混为一谈，比如，当企业市场占有率下降时，人们认为这是一个非常严重的问题，但是，实际上这只是一个现象，虽然这个现象带来的影响是灾难性的，但是不论是灾难性的后果，还是现象本身都不是问题，问题可能来自诸多方面：价格、对手推出的新产品赢得了客户、供货期不能够保证、售后服务没有按照约定进行、广告播放缺乏针对性，等等。

在确定了问题的集合之后，需要进一步完成分类和排序的工作。因为只有找到问题与问题之间的关系，只有确定了造成问题的一连串的因果关系，才可能有针对性地研究解决问题的方法。人们会根据自己所给出的不同依据得出对问题的最终判断，而这种判断也最终决定了解决问题的方向。

如果要求工作产生价值、创造财富，就必须使工作有明确的问题指向——具体回答每一项工作到底要完成什么，要改变什么，要解决什么……因此，在开展工作的最初阶段能不能明确工作的实质，能不能设计出更有效的方法，在很大程度上决定了工作最终能够产生什么样的价值。在这里，对规律的把握更多地体现在对时机、条件、环境、曾经的挫折、可能的变化等的一种预先的估计和判断。

一个人，只有当他能够预先对可能的问题和变化作出判断，并准备好对策的时候；只有当他能够把曾经的经验和教训转化成为下一次工作中的对策的时候，人们才能够真切地看到他的经验，更准确地说，是他从经验中总结出了富有价值的规律，并能够运用这些规律，使自己以后的努力更加富有成效。

既然人们所看重的经验，不是过去的事情，而是未来的能力，那么体现出经验价值的方式就在于能不能预先设计好更合理的工作方式；在于能不能应对在执行的过程中那些计划之外的变化；在于能不能从纷繁的问题中总结出新的规律、发现新的机会。

一个人能不能从经验中迅速地提炼出有价值的规律，并应用这样的规律，使自己的建议更富有价值，决定了这个人的成长是否更快、进步的幅度是否更大。一个企业的员工能不能从经验中提炼出有价值的规律，决定了这个企业的成长是否能够更加顺利，决定了企业的未来到底有多大的发展空间。只有那些能够从经验中迅速找到富有价值规律的个人和企业，才有更大的发展空间，才能以更小的代价换取更大的收益。

深入地思考问题，才能正确地解决问题

每当遇到问题时，人们要正视问题的存在，并通过缜密的思考，找到解决问题的正确方法。

一名男子在距离岸边大约 30 米的地方划着一艘小船，他虽然使劲地划，但船身就是不动。岸边一位老者看到这个情况，并且注意到船身漏得很严重，已经渐渐往下沉了。他大声喊这个划船的男子——他正忙着将水舀出船外而无暇理他。最后他只有扯开嗓门叫道："你要是再不上岸把船补好，你就要沉下去了！"

"谢谢！"男子回答道，"不过我现在没空去补船的裂缝。"

我们在现实生活中都遇过类似的状况，使尽了全身的精力，也只能勉强浮在水面上，就像那位划船的男子一样，把舀水与划船当成了一切的重心。如果我们能花点时间，思考解决问题的根源，而不是拼命地和问题的症状对抗，那么我们也不会如此疲惫不堪。不管从事什么样的工作，我们都需要通过思考，找出解决问题的根源。

问题的出现就像是太阳日升夜落一般自然。在工作单位，你会遇到林林总总的问题，如果能够建立起善于解决问题的声誉，你将被视为团队的重要资产。

通常情况下，人们需要改变的是他们看事情的角度，而不是问题本身。不要夸大问题的严重性，过度反应或是"灾难化"，不要让主导大局的力量落入问题堆里，那对你解决问题的能力是没有任何帮助的。

有许多人都会犯一个严重的错误——那就是把问题归咎于人，然后把解决问题的责任推得一干二净。假设你在一条船上，而船身突然裂出一条缝隙，请问这会是谁的问题呢？即使这条裂缝的确可能是别人的差错引发的，但赶紧做补救工作才是明智之举，否则这条缝隙越漏越大，所造成的后果会使你陷入尴尬的局面。

问题总是有办法可以解决的，如果你迟迟不采取行动加以补救，这个问题就会深深植根，到时候你就只能选择忍受它。

那些正视问题并认真进行思考和解决问题的人，会努力逆流而上，并且把焦点放在可以解决问题的方法上。你自己就身处在这艘船上，自然应该一肩挑起责任，尽力将这艘船维持在最好的状态，不要把精神专注在船身的漏洞上，那只会让你感到害怕、愤怒、绝望或是麻木。

当我们以正确的态度看待现实生活中存在的某些问题时，它们带来的挑战会使我们振奋、充满活力。那些问题能够让我们的思考进入新的境界，同时也能够刺激我们的心智与才能的发展。

学会分析，把问题想透彻

浅尝辄止的思考，很容易让人将解决问题的难度无限放大，最后向问题投降。一个善于解决问题的人，就如一个下棋高手：看透三步，才可落子；而绝不会像一个新手，懵懵懂懂就将棋子落下去，以致"一着不慎，全盘皆输"。

国内著名的希望集团的创办人刘氏兄弟，当年仅以1000元起家，几年之内，通过养鹌鹑赚到了第一桶金。正当他们准备进一步扩大鹌鹑养殖规模时，周围很多农民因为受他们的影响，纷纷开始养殖鹌鹑，结果导致产品过剩，价格大幅度下跌，很多人都亏了本，纷纷关闭养殖场或转行。

这时候，公司的决策层也开始动摇，有人提议见好就收，赶快转行。但是，刘氏兄弟却坚持做下去。他们认为，只要将规模做大，就不会亏本。因此他们不仅没有转行，而且加大了投资力度扩大了规模。在短短一年的时间内，在四川新津县古家村建成了中国最大的鹌鹑养殖基地，并很快赚到了他们的第一个1000万元。

从刘氏兄弟的故事中，我们能够学到什么好的智慧？

其中很重要的一点，就是想问题一定要想到底、想透彻。只有想透彻了，才会发现所谓"危机"只是某一方面问题的表现，不仅可以克服，而且可以"翻转一面是天堂"，变成更大的机会。

1. 找到问题的核心是什么

如果不找准问题，所有的手段，都会是无的放矢。

多年前，美国华盛顿的杰斐逊纪念堂前的石头腐蚀得很厉害，使得维护人员大伤脑筋，而且也引起了游客们的纷纷抱怨。照一般的思路，最简单的做法就是更换石头。但这样做需要花费一大笔钱。

这时有管理人员开始不断思考：石头为什么会腐蚀？原因是维护人员过于频繁地清洁石头。

为什么需要这样频繁地清洁石头？是因为那些经常光临纪念堂的鸽子们留下了太多的粪便。

那为什么有这么多的鸽子来这里？因为这里有大量的蜘蛛可供它们觅食。

为什么这里会有这么多的蜘蛛？因为蜘蛛是被大量的飞蛾吸引过来的。

那么，为什么这里会有大量的飞蛾？大群飞蛾是黄昏时被纪念堂的灯光吸引过来的。

通过这样不断地发问，真正的原因被找到了。之后，管理人员采取了推迟开灯时间的方法。这一来，没有了灯光，飞蛾就不会来；没有了飞蛾，就没有蜘蛛；没有了蜘蛛，就没有鸽子；没有了鸽子，就没有了粪便，没有了粪便，维护人员就不用频繁地清洁石头，也就避免了石头的腐蚀。

小小的一个举措，不但解决了问题，还节省了一大笔开支。

2. "不完善"不是否定的理由

人的思维弱点之一，是容易将阶段性问题与本质性问题混淆。看到某一事物还不完善，就对它全部否定，结果就可能是为倒脏水而泼掉了孩子。

其实，只要你看到某一问题不过是一个可以完善的问题，就不会轻易将有价值的东西放弃了。

1837年，莫尔斯制造出了世界上第一台发报机，能在500米内工作。当他去找企业家投资时，受到了很多人的嘲笑，有人挖苦他说：

"电线能传递消息，那空气也能变成面包吃了。"

当他进行了操作试验时，终于有人表示有兴趣，但了解后却对他说：

"我知道了，这是一种玩具——遗憾的是，它是一种枯燥乏味的玩具。"

也有人意识到发报机很有价值，但当得知消息只能发送500米时，立刻就放弃了投资的想法："500米，这也用不着发电报啊！"

电报只能发500米，在一段时期内是莫尔斯发明发报机的"死结"。但是，这毕竟只是一个需要完善的问题。后来，莫尔斯终于通过改进发报和收报装置，并在传播线路上添加了一种能起接力作用的继电器，解决了电流在传播过程中逐渐减弱的问题。最后他赢得了美国国会的支持，使得自己的宏大理想得到了彻底实现。

所以，对创造性事业而言，不完善不应该成为否定的理由，而只能成为进一步完善的理由。

3. 只有想透，才会更上一层楼

把问题想透是人类最可贵的精神之一。那么，怎样才能把问题想透呢？

所谓把问题想透，就是除了想还要思考。而且，思考的意志和能力，有时比想更为重要。我们将这种不断思考的力称为思考力。这是一种思维绝对不可缺少的力，是一种穷尽一切可能的力。

曾经有人问爱因斯坦，他与普通人的区别在哪里。爱因斯坦回答说："如果让一个普通人在一个干草垛里寻找一根针，那个人在找到一根针后就会停下来；而我则会把整个草垛掀开，把可能散落在草里的针全部找出来。"

这一表述，正是对这种思考力的生动说明。凡事只有想透了，才能掌握其运行的规律，才能使自己在把握规律中更上一层楼。

能干 + 正确的思考 = 会干

德国著名诗人歌德告诫我们："在今天和明天之间，有一段很长的时间，

告别忙碌，做个高效者

趁你还有精神的时候，学习迅速办事。"IBM（国际商用机器公司）的开拓者托马斯·沃森也说："我们共同缺少的是——思考，对每一个问题的思考，别忘了，我们都是靠工作赚得薪水的，我们必须把公司的问题当成自己的问题来思考。"

有一家效益相当好的公司，决定进一步扩大经营规模，高薪招聘营销主管。广告一打出，报名者云集。面对众多应聘者，招聘工作负责人说："相马不如赛马。为了选拔高素质的营销人员，我们出一道实践性的试题，即想办法把木梳尽量多的卖给和尚。"问题一出，应聘者深感困难，都相继退缩。最后只剩下三个人：甲、乙、丙。负责人对三个人说："以10天为限，届时请各位将销售成果向我汇报。"

很快10天期限到了。

负责人问甲："你卖出多少？"答："一把。""怎么卖的？"甲讲述历尽的艰辛，以及受到众和尚的责骂和追打的委屈。好在下山途中遇到一个小和尚一边晒太阳，一边使劲搔头皮。甲灵机一动，赶忙递上木梳，小和尚用后满心欢喜，于是买下一把。

负责人问乙："你卖出多少？"乙答："10把。"乙说他爬了多少山、过了多少河，才到了一座名山古寺。由于山高风大，进香者的头发都被吹乱了。乙找到住持说："蓬头垢面是对佛的不敬，应在每座庙的香案前放把木梳，供善男信女梳理鬓发。"住持便买了10把。

负责人问丙："你卖出多少把？"丙答："1000把。"丙说他乘车欣赏着沿途的风景，到一个久负盛名、香火很旺的宝刹，对住持说："凡来进香朝拜者，多有一颗虔诚之心。宝刹应对香客有所回赠，以做纪念，保佑其平安，鼓励其多做善事。我有一批木梳，而您的书法超群，可先在木梳刻上'积善梳'三个字，再做赠品。"住持大喜，立即买下1000把，并请丙一起出席"积善梳"首赠仪式。

得到梳子的香客很高兴，一传十、十传百，进香者更多，香火更旺。这还不算结束，好戏还在后头。住持希望丙能多卖给他一些不同档次的木梳，以便分赠给各种类型的施主与香客。

可以看出，甲乙这两个应聘者，可谓历尽了千辛万苦，算得上异常"勤奋"的人了；但是成效微乎其微。再看那第三个应聘者，乘车、旅游、大饱了一番眼福，没费什么力气，可是成效却让人刮目相看。

能干的不如会干的，现代企业要的就是以结果为导向，以"业绩"做最后的评判。能干＋正确的思考＝会干，在工作中，那些边干边思考的人，才能找到突破问题的症结，也往往最能干出业绩。

> 现代原子物理学的奠基者卢瑟福对"思考"极为推崇。一天深夜，他偶然发现一位学生还在埋头实验，便好奇地问："上午你在干什么？"学生回答："在做实验。""下午呢？""做实验。"卢瑟福不禁皱起了眉头，继续追问："那晚上呢？""也在做实验。"卢瑟福大为光火，厉声斥责："你一天到晚都在做实验，拿什么时间用于思考呢？"

很多时候，人们宁可将岁月淹没在仿佛很有价值的忙忙碌碌之中，却极不情愿拿出时间静下心来进行思考。然而，善于动脑子分析问题并能妥善解决问题，给企业带来的价值是金钱所不能买到的。因为企业在发展过程中，总会不可避免地遭遇到各种各样的问题。所以，企业迫切需要那种能及时化解问题的人才。而能够及时解决问题的人，必然是善于思考提升工作品质的人。

第五章　积极的思考有助于提高效率

第六章 方法成就高效

让大脑"多走些路"

让你的大脑"多走些路",首要的任务是突破思维定式。

所谓思维定式,就是"过去的思维影响当前的思维"。也就是说,思维进程会自然地按照头脑中已有的思维程序和思维模式进行。

思维定式对人们思考问题显然有很多好处。它能使思考者省去许多摸索、试探的思维步骤,不走或少走弯路,大大缩短思考的时间,提高思维的效率;还能使思考者在思考过程中感到驾轻就熟、轻松愉快。

思维定式在日常工作和生活中的作用更是不可低估。有人曾估计说,思维定式可以帮助人们解决每天所碰到的90%以上的问题。

但思维定式却不利于我们创新思考,不利于我们在发展的世界中前进,不利于我们面对新事物、解决新问题。

爱因斯坦曾经分析创造的机制是:由于知识的继承性,在每个人的头脑里都容易形成一个比较固定的概念世界,而当某一经验与这一概念世界发生冲突时,惊奇就会产生,问题也开始出现。而人们摆脱"惊奇"和消除疑问的愿望便构成了创新的最初冲动,因此,"突破思维定式"是创新的前提。

一切成功必须要有创新意识。只有创新思考,才能解决在一切运动中遇到的新问题,才能对旧有的问题提出新的解决方式。

创新意识是创造性人才所必须具备的,培养创造性人才的起点是创新意识的培养和开发。培养创新意识,实际上是要改变传统的思维方式,改变传统的提出问题、思考问题的方式。在这个多变的时代,如果我们做不到这一点,即便是拥有了最新的知识,也有可能在激烈的竞争中被淘汰。在新的时代,由于新旧事物更替速度倍增,我们的思维方式也必须顺应形势的需要,对各种事物多用另一种眼光来审视它,多从不同的角度来观察它。

第六章 方法成就高效

突破定式作为一种创新，是指在思考问题时，能打破常规的思考路径，独辟蹊径地找出解决问题的方法。这就是所谓的"别出心裁"。

下面我们来看一个别出心裁的例子。

日本川崎市有一家叫做"冈田屋"的百货商店，在其他商店只能勉强维持的时候，它却长期保持生意兴隆发达、业务不断扩展、商店的销售额和利润年年增加的良好态势。这是为什么呢？原来这家商店的老板在长期的经营活动中善于观察、善于动脑筋想办法，创造出了许多与众不同的经营策略和行销战术。

在商业零售中，常常有因零钱不足而找不开钱的问题。冈田屋百货公司早在1961年就想出了一个办法，既解决了零钱不足的问题，又招来了顾客。这个办法就是在百货公司门口营业厅的收款台设立一个"抽奖处"，顾客每支付一日元就可获得一次抽奖的机会。顾客购物时往往要求不用找零，而用零钱抽奖。这种别出心裁的手法，既满足了顾客用小钱获大奖的投机心理，又为商店增加了一笔收入。关键问题还在于顾客都乐于到这个商店来购物和"碰运气"。

这是一个别出心裁的创富路径，是一种智力创富。它表明，每一个成功者都不应贪便宜，而应该让自己的脑子"多走些路"。

在人类创新、创造的过程中，一个成功的创造者总是想别人所没有想、做别人所未做的事，常常能够突破人们的常规思维，做出他人所不能做到的事。

"拍立得相机"的发明人兰德就是一位突破常规思维的代表人物。他平常很喜欢为女儿拍照，可是每一次拍完照，女儿都希望能立刻看到照片。对于女儿的要求，他无法满足，于是他就告诉女儿："照片一定要全部拍完后，卷回底片，然后从照相机里取出，再送到暗房用特殊的药品显影。并且，等到完成负片以后，还要照射强光使它映在别的相纸上面，同时还要再经过药品处理，一张照片才算完成。"他向女儿解释的同时，脑子里却在不停地思索："难道就没有一个好办法能立刻看到照片吗？难道就没有'同时显影'的照相机吗？"于是他就向对摄影稍有经验的人请教，他们听了他的想法后都认为这是不现实的，异口同声地说不可能制造出这样的照相

99

机,并阐述了许多不可能的理由。但兰德却没有因此而退缩,女儿的要求成了他发明"拍立得相机"的契机。他经过不断地研究、试验,终于不畏艰难地完成了发明,兰德企业也由此诞生了。

如果兰德依照他人的想法,绝不会发明出同时显影的照相机,正是因为他打破了他人的常规思维,开辟出了自己的新路子,才走上了创新之路。

有一家牙膏厂,它在头10年里效益很好,可是到了第11年,业绩开始下滑,往后是一年不如一年。公司总裁看在眼里急在心头,于是召开紧急会议商讨对策。为了鼓励大家出谋划策,总裁向大家承诺,谁能想出解决的办法,提高企业效益,就重奖10万元。有位年轻经理听后递给总裁一张纸条。总裁看完后,立刻签了一张10万元的支票给他。原来,这位年轻的经理在纸条上写的是把牙膏的口径扩大1毫米。虽然只是小小的1毫米,消费者每天挤出同样长度的牙膏,开口扩大1毫米,每个消费者就多用1毫米宽的牙膏,这样算来,每天的消费量会大大增加。公司立即更改包装。几年后,公司业绩提高了许多。

在我们的日常生活中,若要有所创新,就要打破常规,不能沿着以前的老路走。

那是在1996年的冬天,有一位业务主管去参加一个产品推广展览会。当时参加展览会的企业非常多,整个会场人头攒动,挤得水泄不通,他所在的企业是生产厨房用具,但当时他们的企业还是一家新兴的不为人知的小企业,所以在整个展销的过程中很少有人问津,让人十分失望,这可急坏了他们的企业老总。正在他们焦虑的时候,突然老总想到了一个绝妙的方法。在推广会开始的第二天,会场正中央出现了一块每一个参观者都会看到的醒目招牌,上面写着一行大字:"凡是到我公司购物的顾客,都可以得到精美的纪念品一份。"不久,他们的柜台前便挤满了顾客,购物者争先恐后,盛况空前,一直到会场结束。不用说,正是这一突发奇想使他们扭转了被动局面,转败为胜。

一个人如果跟着别人的脚步，就永远不能发现新的思路。要创新，就不能墨守成规，踩着别人的脚印走。一个人要想获得成功，就要不断地创新，打破常规思路，只有跳出传统模式才能领先一步，走到别人的前面。

多一根筋，脑子转一转

有种说法，把具有努力工作、迅速工作、快乐工作特质的人称为 A 级人才。你是不是很努力工作，但却并不快乐呢？这也许与你的工作方式有关。

海莉与汤影毕业于某大学企管系，同时进入一家中型企业担任企划员。海莉做事努力认真，守分务实，常常自动留下来加班，工作到很晚才回家。汤影呢，只见她每天嘻嘻哈哈，工作轻松又愉快，每天都会主动去找主管聊天，给人一种跟主管感情很好的印象。

一年后，汤影获得升迁，被委以重任，海莉则只获得象征性的加薪鼓励。这让海莉非常不平，认为汤影工作没自己认真，只会逢迎拍主管马屁，凭什么业绩反而比她好，而且还受到公司的重用？自己为公司付出许多，那么努力地工作，反而未得赏识，于是递了辞呈。

就在海莉离开的前一天，总经理找海莉晤谈。刚好中秋节快到了，公司正在考虑该买什么中秋礼品送给客户。总经理说："海莉，可不可以请你到南门市场跑一趟，看看有没有卖大闸蟹的？"海莉心里很疑惑，不知道总经理为什么要她跑这一趟？因为这并不是她负责的工作啊！但她还是乖乖地依照总经理的要求，搭出租车到南门市场。

过了 20 分钟，海莉回到办公室，向总经理报告："南门市场有卖大闸蟹。"总经理接着问她，"南门市场的大闸蟹怎么卖？按斤卖？还是按只卖？"海莉一脸茫然，无法回答。于是她只好又跑了一趟南门市场，30 分钟后又回来报告："南门市场大闸蟹按只卖，每只 350 元。"

总经理听了之后，当着海莉的面，把汤影找了进来，并吩咐汤影："麻烦你到南门市场去一趟，看看有没有卖大闸蟹的。"汤影马上问总经理："请问大闸蟹做什么用？"总经理回答她："中秋节快到了，打算送客户大闸蟹作为中秋贺礼。"

第六章 方法成就高效

汤影立即出门。过了1个多小时,汤影回来了。一进门,就见她眉飞色舞地拎着两只大闸蟹,向总经理报告:"南门市场有两家摊位卖大闸蟹。第一家的大闸蟹,每只平均4两重,每只卖350元。第二家的大闸蟹,每只平均6两重,一只550元。我建议,如果总经理自家食用可以买4两重的,肚白、背绿、金毛,看起来很新鲜。如果总经理要送人,我建议买6两重的,看起来比较有分量。我各买了一只带回来给总经理参考。"

听完汤影的报告之后,总经理转头问海莉:"你看出你们之间有什么不同了吗?"海莉一副恍然大悟的神情,赶忙点头表示她明白了!

总经理进一步说:"一样是去南门市场看看有没有卖大闸蟹,你们搜集回来的市场情报与态度截然不同。海莉,你很认真没有错,但是你并没有思考这项任务的需求是什么,只是一个口令一个动作,来来回回好几趟才能把一件事情做好。而汤影呢?不用我多交代,一次就把事情搞定,她不仅搜集了完整的市场情报甚至也提出建议与分析,协助我作为判断的参考。"

海莉听了不禁自惭形秽,同时她也很感谢总经理为她上了宝贵的一课。

在工作中,不动脑子难以提升自己的价值,只有努力、迅速、快乐工作的人,才能快速掌握工作的需求与期待。条条大路通罗马,完成工作一定不止一种方法。但一味依赖于指令,会习惯于用单一思维去考虑问题。A事就用A类解决办法,B事就用B类解决办法,很少会去用超越性的思维,多角度、多方向来探讨问题的解决思路。所以说快跑的未必能赢,力战的未必得胜,多用脑子,多条路子。

灵活变通,用最佳的方式处理问题

变通能力是运用变异的思维去看问题和解决问题的能力。善用变通能力能点石成金、化腐朽为神奇,它犹如仙女手中的魔杖,具有无穷的魔力,更是成功的魔法石。

变通能力能帮助人们在解决问题时找到不同的方法、不同的观点,从而可以随机应变、举一反三。如果一个人在讨论中，能轻易地从一个主题转换到另一个主题，并针对讨论的问题综合几个选择，那么他正是运用了这种变通能力。

1. 用变通的方式处理问题

哈佛大学的教授曾给学生出这么一道思考题：一个聋哑人到五金商店去买钉子，先用左手做持钉状，捏着两只手指放在柜台上，然后右手做锤打状。售货员递过来一把锤子，聋哑人摇了摇头，指了指做持钉状的两只手指，售货员终于拿对了。这时候又来了一位盲顾客……

"同学们，你们能否想象一下，盲人将如何用最简单的方法买到一把剪子？"教授问。

一个学生是这样回答的："噢，很简单，只要伸出两个指头模仿剪子剪布的模样就可以了。"全班同学都表示同意。

教授没有否定学生的答案。不过，他明确指出："其实，盲人只要说一声就行了。"

其实两个答案都没有错，但学生的回答缺乏变通性。工作中的大多数问题并非只有一个正确答案，我们应该努力去寻找第二个，第三个……正确答案。往往，第二个或第十个答案才是解决问题的真正有效的答案。

变通能力让我们的思维灵活起来，沿着不同的方向扩散，可以避免"刻舟求剑"，从多方面选择和考虑问题，产生超常的构思，提出不同凡俗的新思想、新观点。

应变能力能够提高工作效率。干工作不能死守教条，要善于变通，用新方式处理问题。

一天，某公司经理突然收到一封非常无礼的信，信是一位与公司生意交往很深的代理商写来的。经理怒气冲冲地把秘书叫到自己的办公室，向她口述了这样一封回信：我没有想到会收到你这样的来信，尽管我们之间存在一些交易，但是按照惯例，我仍要将此事公布于众。之后，经理命令秘书立即将信打印寄出。

对于经理的命令，秘书现在有四种选择：

照办法:"是,遵命。"说完,转身回到自己的办公室将信打印寄出。

建议法:如果将信寄走,对公司和经理本人都非常不利。秘书想到自己是经理的助手,有责任提醒经理,为了公司的利益,哪怕是得罪了经理也值得。于是对经理这样说:"经理,这封信不能发,消一消气,把它撕了算了。"

批评法:秘书不仅没有照办,反而前进一步,向经理提出忠告:"经理,请您冷静地想一想,回一封这样的信,后果会怎样呢?在这件事情上,难道我们自己就没有值得反省的地方吗?"

缓冲法:当天快下班时,秘书将打印出来的信递给已经心平气和的经理:"经理,可以把信寄走吗?"

如果你是秘书,你认为选择哪一种方法效果会好一些呢?让我们来分析一下。照办法是对于经理的命令忠实坚决地执行,作为秘书确实需要这种品质,但是仅仅"忠实坚决"照经理说的话办,仍然可能失职。建议法是从整个公司利益出发,对于秘书来说,这种富于自我牺牲精神也是难能可贵的,但是这种行为又超越了秘书应有的权限。批评法是秘书干预经理的最后决定,也是一种越权行为。我们认为,照办法和建议法这两种执行方式虽不足道,但毕竟还有商量的余地,批评法是最不可取的,而采用缓冲法,是在秘书的职责范围内巧妙地对领导决策施加影响,既无越权之嫌,又收到了良好的效果,因而是最好的办法。

2. 锻炼自己的临场应变能力

工作中难免出现一些意外的情况,这就要求我们能够处变不惊,灵活、迅速、恰当地作出反应。

有一次,一个公司召集各科室的负责人开会,准备安排下一阶段的工作任务。在会议开始的汇报工作中,有一位科长工作责任心不强,几项交办的工作没做好,还捅了娄子,结果使经理很情绪化,发了不小的脾气,会议气氛十分紧张。

秘书小徐目睹此景,便建议休会,先休息十分钟。在休息的间歇,秘书小徐递了一个纸条给经理,上面写着:"刘经理,会前你曾说过,这个会议的主要议题是布置工作、动员干部，刚才的会议气氛有点儿紧张，不利于这次会议的顺利进行。有些问题似乎应专门开会或会后再解决。"

复会后，小徐发现刘经理已恢复了正常，并把会议引导到了正常的议程上。会议比较圆满地结束了。会后，当只剩下两个人的时候，刘经理对小徐的表现大加赞赏，小徐也越来越受经理的赏识了。

随机应变可以在关键时刻化解不利形势，让事情得以顺利地解决，也反映出一个人的临场应变能力和智慧。

所以，平时要有意锻炼自己的快速反应能力，在预想的情况发生变化、或者在突然发生的事情面前，能及时作出反应，采取对策，维护公司的形象和利益。

记住：不能死守教条，要变通地用新方式处理问题。

明亮的地方不一定是出口

每个人在一定的环境中工作时间长了，久而久之就形成了一种固定的思维模式，心理学中称之为惯性思维。一般来说，当某些知识结构较之其他知识结构更容易被人想起时，就会发生定式效应。

如果你把六只蜜蜂和同等数量的苍蝇装进一个玻璃瓶中，然后将瓶子平放，让瓶底朝着窗户，会发生什么情况？

你会看到，蜜蜂不停地想在瓶底上找到出口，一直到力竭倒毙或饿死；而苍蝇则会在不到两分钟之内，穿过另一端的瓶颈逃逸一空。事实上，正是由于蜜蜂对光亮的喜爱和偏执，才使它们难以找到出口。

蜜蜂以为，玻璃瓶的出口必然在光线最明亮的地方，所以它们不停地重复着这种合乎逻辑的行动。对蜜蜂来说，玻璃是一种超自然的神秘之物，它们在自然界中从没遇到过这种突然不可穿透的大气层；而它们的"智力"越高，这种奇怪的障碍就越显得无法接受和不可理解。

那些看似愚蠢的苍蝇则对事物的逻辑毫不留意,全然不顾亮光的吸引,四下乱飞,结果误打误撞地碰上了好运气——这些"头脑简单"者顺利逃脱了。

"最明亮的地方不一定是出口",就事论事,局限在一个小的圈子里,跳不出来原来的定式,就找不到处理事情的正确方法。如果换个角度跳出了原有惯性思维的框框,也就走上了另一条新路。

湖北监利县黄歇口镇中心小学学生聂利,通过自己的独立观察与研究,发现蜜蜂不是像权威专家们所认为的那样靠翅膀振动发声,而是有自己的发音器官,蜜蜂的发音器官就在蜜蜂的双翅根部。她就这一发现写成论文《蜜蜂并不是靠翅膀振动发声》,并在第18届全国青少年科技创新大赛上,荣获优秀科技项目银奖和高士其科普专项奖。

专家们说,蜜蜂是靠翅膀振动发声的。膜翅目昆虫一般没有发声器官,而蜜蜂属于膜翅目昆虫,还未发现有资料报道蜜蜂有发声器官。一个教授说,由于他没有见证聂利小朋友的实验,也从未做过这样的实验,所以尚不敢对她的发现下结论。教授和这位小朋友之间的区别是,小朋友做了很多次实验,所以写了论文,而专家们因为还未发现蜜蜂有发声器官的资料与报道,自身又未做过这样的实验,所以不敢下结论。

专家不是没有眼光,更不是没有能力,只是太遵守约定俗成那一套模式了,从而也使许多的发现与他们擦肩而过。孩子由于没有什么包袱,想什么就做什么,还真就做成了了不起的事。

聂利的思路是求异型的,总是在看似没有路的地方找路。求异的思路十分可贵,中国有这种气质的人虽然不太多,但也不算少,但真正能从"敢想"的思想王国跳到"敢干"的实践王国的人,实在是凤毛麟角。

所以,固守某种方法程式,不但不能自然而然地得到满意的结论,而且迟早会阻碍人们有效地作出贡献。

正常的工作犹如竞赛,为使竞赛顺利进行,制定某些规则是必要的。但是,

"犯规"在所难免，而且屡见不鲜。费耶阿本德认为，不阻碍科学进步的唯一原理是：怎么都行。从这个意义上，反对成规，反对固守某种方法程式，反对凡事都要合乎现在的逻辑，正是方法论的一个原则。

在"寻常"中发现"非常"

从创新学角度看："当每一个人都有相同想法时，每个人都错了。"

当我们执著于"人云亦云"，习惯于旧有的思考模式而无法逃脱，走不出一条新路时，何不换个角度来看，为自己的惯性思考加以创意？

> 大航海家哥伦布发现美洲后回到英国，女王为他摆宴庆功。
>
> 酒席上，许多王公大臣、名流绅士都瞧不起这个没有爵位的人，纷纷出言相讽。
>
> "没什么了不起，我出去航海，一样会发现新大陆。"
>
> "只要朝一个方向航行，就会有重大发现！"
>
> "驾驶帆船，太容易了！女王不应给他这样高的奖赏。"
>
> 这时，哥伦布从桌上拿起一个鸡蛋，笑着问大家："各位尊贵的先生，哪位能把这个鸡蛋立起来？"
>
> 于是一些自以为能力超群的人物纷纷开始立那个鸡蛋，但左立右立，站着立坐着立，想尽了办法，也立不住椭圆形的鸡蛋。
>
> "我们立不起来，你也一定立不起来！"大家把目光盯住哥伦布。
>
> 哥伦布拿起鸡蛋，"砰"的一声往桌上磕了一下，大头破了，鸡蛋牢牢地立在桌子上。
>
> 众人嚷道："这谁不会呀！这太简单了！"
>
> 哥伦布微笑着说："是的，这很简单，但在这之前你们为什么想不到呢？"

有许多事情看上去很简单，但发现的过程却是复杂和艰辛的。我们要善于在"司空见惯"中去发现简单中的不简单，寻常中的非常，混乱中的规律，你才会有与众不同的建树。

告别忙碌，做个高效者

在古希腊，有这样一个"戈尔迪之结"的故事。

外地人来到朱庇特神庙，都被引导去看戈尔迪王的牛车，每个人都惊叹戈尔迪王把牛轭系在车辕上的技巧。

"只有了不起的人才能打出这样的结来。"有人这样说。

"你说得对，"庙里的神使说，"但是要解开这结的人，必须是更了不起的。"

"那是因为什么呢？"参拜的人问。

"因为能解开这个奇妙结子的人，将把亚细亚变成自己的王国。"神使回答说。

自此以后，每年都有很多人来解这个结，可是绳头总是看不到，他们甚至不知从何下手。

几百年之后，来了一位年轻国王，名叫亚历山大。

他征服了整个希腊，曾率兵打败了波斯王国。亚历山大仔细察看了这个结，他也找不到绳头，可是，他举起剑来一砍，把绳子砍成了很多段，牛轭就落到地上了。

"整个世界属于我，"他说。

中国有一句俗语，叫做："快刀斩乱麻。"用最简单的方法去解决最复杂的问题，有的时候也是最有效的方法。

20世纪40年代，美国流传着一个小针孔造就百万富翁的故事。

美国许多制糖公司把方糖运往南美洲时，都会因方糖在海运途中受潮造成巨大损失。这些公司花了很多钱请专家研究，却一直未能尽如人愿。

而一个在轮船上工作的工人却用最简单的方法解决了问题：在方糖包装盒的一角戳个通气孔，这样，方糖就不会在海上运输时受潮了。

这种方法使各制糖公司减少了几千万美元的损失，而且简直不花成本。这个工人专利意识十分强，他马上为该方法申请了专利保护。后来，他把这个专利卖给各制糖公司，成了百万富翁。

这个点子又启发了一个日本人，这个日本人想：钻孔的方法可用于其他许多方面，不光是方糖包装盒。

他研究了许多东西，最终发现：在打火机的火芯盖上钻个小孔，能够大量延长油的使用时间。他凭着这个专利也发了财。

每个人心中都关着一个等待被释放的精灵。你有无限潜力来表达自己的想法，只可惜大部分的人只使用了极少的潜力。你越懂得如何运用自己的潜力，就越能唤醒创意精灵自由飞舞。

在"无序视角"的支配下，头脑打破了各种各样的规则，因而使得整个思维过程和思维结果，都处于一片混沌状态。这其中会有一些创意萌芽，而这些萌芽往往显得很可笑，乃至很愚蠢。其实，最愚蠢的想法当中，往往包含着着聪明的内核。

仔细想想一位哲人说过的话吧："只有最愚蠢的老鼠，才会藏在猫的耳朵里；但是，只有最聪明的猫，才会想到搜寻自己的耳朵。"

一代魔术大师胡汀尼有一手绝活，他能在极短的时间内打开无论多么复杂的锁，从未失手。

他曾为自己定下一个富有挑战性的目标：要在60分钟之内，从任何锁中挣脱出来，条件是让他穿着特制的衣服进去，并且不能有人在旁边观看。

有一个英国小镇的居民，决定向伟大的胡汀尼挑战。

他们打制了一个特别坚固的铁牢，配上一把看上去非常复杂的锁，请胡汀尼来看看能否从这里出去。

胡汀尼接受了这个挑战。他穿上特制的衣服，走进铁牢中，牢门"哐啷"一声关上了，大家遵守规则转过身去不看他工作。

胡汀尼从衣服中取出自己特制的工具，开始工作。30分钟过去了，胡汀尼用耳朵紧贴着锁，专心地工作着。40分钟……一个小时过去了，他用耳朵紧贴着锁，胡汀尼头上开始冒汗。最后两个小时过去了，胡汀尼始终听不到期待中的锁簧弹开的声音。

他精疲力竭地靠着门坐下来，结果牢门却顺势而开。

原来，牢门根本没有上锁，那把看似很厉害的锁只是个样子。

小镇居民成功地捉弄了这位逃生专家。

人生的败局往往在复杂之中，本来一件简单的事，几经反复，却变得复杂起来。把复杂的问题简单化，是聪明人的做法；把简单的问题复杂化，是愚蠢人的做法。

在解决问题时，我们可以换一个角度或换一个方向，会收到意想不到的结果。如果一味地钻牛角尖，只能是"撞了南墙还不回头。"

简化工作，提高效率

一般说来，领导或上司交代我们某项任务时，如何才算不折不扣地完成，自有他的考核标准。这个标准就是最终的要求，执行时不能简单化。但是，我们在执行时却可以将工作程序简化。因为这样既降低了工作的难度，有效地节省了在工作中的资金和时间投入，也极大地提高了工作的效率，会得到事半功倍的效果。

但是，我们在平时的工作中，经常看到这样一种人，明明是很简单的一件事情，却把它复杂化，结果迷惑于纷繁的现象中，深陷其中走不出来，又忙乱又被动，办事效率极低。

如果说四两拨千斤是中国功夫最高境界的话，那么，化繁为简就是实践的最高境界。一旦你拥有化繁为简的智慧，你自然就会进入一个自己都意想不到的广阔天地。

在当今这个日新月异的新经济时代，用简化工作的方法提高效率，对于加速自我成功的步伐，具有十分重要的意义。

假如你能够将一切事务简化，生活必然会轻松很多。不幸的是，当需要在简单和复杂的做事方法之间进行选择时，我们中的大部分人往往会选择那个复杂的方法。如果没有什么复杂的方法可以利用，有些人甚至会花时间去发明这样的方法。

发明家爱迪生在发明白炽电灯时，想要知道灯泡的容量，但由于手上工作太多，便让他的助手帮助他量一下一个没有上灯口的玻璃灯泡的容量。过了很长时间，爱迪生已经把自己手上的工作都做完了，助手还没有把灯泡容量的数据送过来。于是，他便来到助手的实验室。

一进门，爱迪生看见助手正在桌子旁边忙碌地计算着，桌上堆满了很多演算用的稿纸。爱迪生便问他在干什么。助手回答："我刚才用软尺测量了灯泡的周长、斜度，现在正用公式计算呢。"爱迪生笑了笑，然后对助手说："你可以用简单的方法。"说着，他便向灯泡里注满了水，然后交给助手说："你把灯泡里面的水倒在量杯里，这样就可以知道灯泡的容量了。"

其实，任何问题都没有必要把它复杂化，处理这个问题的最简便的方法往往也是最有效的。爱因斯坦说："每件事情都应该尽可能地简化，直到它不能更简化。"

《提高生产率》一书中讲到提高效率的"三原则"，即为了提高效率，每做一件事情时，应该先问3个"能不能"。

① 能不能取消它？
② 能不能把它与别的事情合并起来做？
③ 能不能用更简便的方法去做？

根据这三个原则，我们就可以对每件事情做出分析，并力求简化。下面介绍几种简化工作的方法，既可以单独使用其中的一种，也可以互相配合使用。

方法一：综合。即在同一时间内综合进行多项工作。我们说，办事要有顺序，并不是说同一时间内只能办一件事，而是运用系统论、运筹学等原理，可以同时综合进行几项工作。就像站着一大排人，一个一个地传递砖头，这样做效率比较低；反之，如果把各项工作综合起来统一安排，效率就会大大提高。

方法二：结合。即把若干步骤结合起来。例如有两项或几项工作，它们既互不相同，又有类似之处、互有联系，实质上又是服务于同一目的的，因而可以把这两项或几项工作结合为一，利用其相同或相关的特点，一并研究解决，自然就能够省去重复劳动的时间。

方法三：重新排列。即改变步骤的顺序，也就是要考虑做工作时采取什么样的顺序最合理。要善于打破自然的时间顺序，采取电影导演的"分切"、"组合"式手法，重新进行排列。例如一天工作下来很疲乏，晚上又要上夜校，那么就应该把休息时间提前，把地点从床上移到其他地方，如在公共汽车上趁机闭目养神，可保证晚上学习精力充沛。

方法四：变更。即改变工作方法。改变工作的方法大体有两种。一种是"分析改善方式"，即对现行的手段、方法认真仔细地加以分析，从中找出存在的问题，即找出那些不合理和无效的部分，加以改进，使之与实现目标的要求

相适应；另一种是"独创改善方式"，即不受现行的手段、方法的局限，在明确的目的基础上，提出实现目的的各种设想，从中选择最佳的手段和方法。

方法五：穿插。尽可能把不同性质的工作内容互相穿插，避免打疲劳战。如写报告需要几个小时，中间可以找人谈谈别的事情，让大脑休息一下。

方法六：代替。即把某种要素换成其他要素。如能打电话的就不写信，需要写信的改为写便条，需要每周面访的改为隔周一次，在不出访的那一周里，可用电话代替面访。

方法七：标准化。即用相同的方法安排那些必须时常进行的工作。比如，记录时使用通用的记号，这样一来就简单了。对于经常性的询问，事先可准备好标准答案。

总之，在执行中面对纷繁复杂的问题，做事的思维和方法应该从简切入，以简驭繁，化繁为简，避免陷入繁中添乱、漫无头绪的窘境。做事的全部奥秘就在于越简单越好。简单的东西，往往是最有力量的。

工作报告要简明不简单

我们在执行上司的指令或某项任务时，免不了要写报告、做方案。如果写的文章过于烦琐，则不仅浪费时间，还让人烦心。我们一定要在写报告这个环节大力贯彻"效率"思想。

写报告如同穿衣服，不知你有没有听说过这么一句话："十件单，抵不上一件棉。"这是关于穿衣服的很肤浅的道理，说的就是穿上十件单衣虽然多，却还不如穿一件棉衣暖和，这里将其引申为费了很大力气没能达到理想目的的行为。执行中是不是经常出现这种情况：你辛辛苦苦、费尽心血做出来的方案，老板只是粗略地看一遍就否定了。这时你的内心会是怎样的感觉？大骂老板有眼无珠？如果做一下换位思考便很容易找到答案：报告冗长、空洞乏味没有深层意义，看起来既麻烦又得不到想要的内容，白白浪费了老板的时间和自己熬夜的心血，老板无论如何也不会接受这样的报告或方案！即使你的报告写得很好，老板又哪里会静下心来看那么烦琐的文字？有时老板要的仅仅是赚钱的可行办法，你要以最快的方式拿出简单、可行的办法，让他一眼就能看到效益，而不是拿出一篇文字功底扎实的论文。

小王是某公司销售部的主管，业绩一直很不错。他一心想通过努力坐上高级管理层的位置。

苦苦等待的机会终于来了：他所在这个地区的业绩做得相当好，所以地区总经理被调到别的地区开发新市场去了，副总很自然地就被提到了正职的位置上，副总的位置也就空下来了，公司常委会决定从有能力的几位主管当中提拔一位，担任副总。

几个有可能升职的主管都跃跃欲试、明争暗斗，拿出了各自的看家本领，争取这个位置。小王也不例外，而且他的业绩是相当突出的。

经过常委会层层考核，小王和另一个部门的主管小刘进入了最后的候选名单。最后一关就是由刚刚升任的总经理亲自考核。

半个月后名单公布下来了，小王的职位没有变动，还做他的部门主任，胜利的自然是同他竞争的小刘。这令小王百思不得其解，细细想来，其间总经理只让他们做过一份关于销售的报告，而那份报告小王是用了几天的时间精心写出来的，他自认为比竞争对手小刘的要好。

名单公布的第二天，总经理让秘书把小王叫了过去。一是为了安抚小王，让他再接再厉，好好工作。二是向他解释一下为什么没有让他升迁。

总经理对他说："作为一个高层管理者，学会写一份有价值的报告是很有必要的。当然你写的报告我已经认真看过了，里面分析的问题很详细、说得也不错！这个是小刘的报告，你看一下就明白为什么没有提拔你而提拔他了！"说着从抽屉里拿出一份报告摆在小王面前。

小王心里也一直在纳闷，是不是小刘在报告里做了手脚。看过小刘的报告才知道，问题果然就出在报告上：小刘的报告虽然文笔没他好，但是小刘在长长的报告后另附了一份几百字的简述，看起来果然不同凡响，把整个报告的精华叙述得一目了然。

小王终于弄明白了，他进入高级领导层的梦想就是被一份小小的简述毁掉的。

报告的力量就是这么大！老板一天的日程排得满满的，根本没有时间仔细阅读报告。如果员工在给他的报告里附上一份简明的概要，老板接到报告

时就会先阅读这份概要，这样能在短时间内快速了解报告的内容，迅速做出决策。

报告做到了简明而不简单，就能够为执行节约大量的时间。效率就是这样提高的。老板也会因为你的精明有心，肯定你的执行能力，也许某一天，还会把晋升的机会留给你呢！

看清问题，快速纠错

1. 厘清所有的问题

在日本，有人向某食品公司推荐从美国引进的某清凉饮料。当然，该公司的管理者们首先试饮——

"怎么有一股药味？虽然还有甜味，刺激却嫌太强，大概不适合日本人吧？虽然这是美国的畅销商品，不过，日本人的舌头较为敏感，肯定卖不出去的啊！"

这是上自董事长下至所有管理者的意见。

于是原本的合作计划无疾而终，美方只好独力开拓市场。但是，这个清凉饮料正是目前日本全国各地的年轻人爱不释口的可口可乐。

如果当时这个清凉饮料并不只有管理者试饮，也让年轻的职员尝试的话，情况也许大不相同。他们的感觉一定和管理者的反应不大相同。这些管理者认定自己的味觉绝对正确，不听从他人的感受，才眼睁睁地错失了良好的发展机遇。

无论企业的管理层，还是员工，在日常工作中，许多时候可能会不知道自己应该做什么，不知道这个目标对自己的工作会有怎样的影响？这个目标对自己的意义是什么？因此，为了避免重复作业减少错误的机会，最好等你厘清了所有的问题后，再开始工作。

（1）我现在的工作必须做出哪些改变

举例来说，如果公司未来一年的目标预计提升10%的营业额，那么应该想想，你所在的部门必须达成什么样的部门目标，或是个别业务员必须达到多少的业绩，才能完成公司整体的目标。

（2）可否建议我，要从哪个地方开始

日本某食品公司错失了发展良机的事例告诉我们，你要知道的不是工作细节的问题，而是要确定大致的方向与优先级。例如，应该先确认好哪些事项，才能开始进行后续的作业；哪些事情应该排在最后，以避免其他流程的变动而必须一再的重做；各项流程之间应如何协调与整合，等等。

（3）我应该注意哪些事情，避免影响目标的达成

企业也要把精力用在更有效益的工作中去，比如争取大额订单、设计"市场赢家"。遗憾的是，许多企业精力分配的原则是基于"业务量"的需要而不是能够创造多少效益。最后导致的结果是最昂贵的和最具有生产潜力的资源（例如，训练有素的人员）不得不为成效最少的业务耗心费神。

（4）有哪些可用的工具与资源

你应该先了解公司有哪些既有的资源可以应用，可以寻求哪些支持，这样才能更有效规划自己的时间以及工作进度。不知所措时，可以寻求主管的建议。设想在过程中有可能犯下哪些错误或是疏失，应该要如何避免；根据过去的经验，曾经发生过哪些意料之外的情形，必须预做准备。这样可以大幅减少不必要的错误尝试，当然大大增加了工作效率。

2. 培养快速纠错的能力

有一名足球守门员，在一场冠军争霸赛上，因为判断错误漏失了一个球，使他的球队吃了败仗。这名守门员在屋子待了三天，才有勇气面对现实。他上街去剪头发，理发师谈起那场球赛，说："我研究那场球三天，如果我是你就不会犯下那个错误。"球员说："如果我有三天来决定，那也不会犯错。"

当错误不可避免地发生时，高效能员工要有纠错能力。但需要注意的是，花三天时间才敢于面对自己的错误值得吗？

与上述案例中的球员相比，日本东京一家公司对自己错误纠正的速度让人感到惊奇，也值得学习。

美国一位女记者从纽约到日本东京做客。她在东京一家百货公司买了一台索尼牌唱机。等到友人家里打开试用时，不禁大吃一惊，原来她买的那台没有内件，是一台空心唱机。她准备在第二天上午

10时赶到百货公司进行交涉，但就在9点55分，这家公司却先来了紧急电话，耳机里传来的是连珠炮似的一连串日本"敬语"。原来该公司副经理立刻要送一台全新的唱机到她家里来。

50分钟后，全新的唱机送来了。美国女记者也惊讶地见识了日本服务业纠错的速度和能力。它们的步骤大致如下。

第一步：昨日下午4点32分售货员发觉这个错误后，立即报告保安人员迅速找寻这位美国顾客，但为时已晚，遂报告监理员。

第二步：监理员再向监督报告，接着又向副经理报告。

第三步：当晚连续打了32次紧急电话向东京和四周的旅馆询问联系，但是毫无结果。

第四步：打长途电话给纽约某杂志社打听，深夜接到回电。

第五步：得知这位顾客在纽约父母家中的电话号码，当晚公司再打电话前去联系，她母亲告知他们女记者在东京友人家的电话号码。

第六步：第二天早晨再打紧急电话，终于找到了女记者。

这个案例是值得我们深思的。

就像每个人都会患感冒一样，人人都会犯错误的，尤其是当你精神不足，工作过重，承受太沉重的生活压力时，偶尔不小心犯错是很普通的事情。在犯错后能以正确的态度面对它，错了能快速改正过来，犯错便不算什么罪不可恕的事情，反而对于你日后的工作大有裨益。百货公司对错误的处理方式是令人难忘的，如果每个员工都用这种精神来工作，那么，这个世界就会是另一种面貌了。

不思变通的执著就是无知

诺贝尔奖得主莱纳斯·波顿曾说过："一个好的研究者知道该发挥哪些构想，而哪些构想应该丢弃；否则，会浪费许多时间。"牛顿早些时候曾是一个永动机的追随者，在进行了大量的实验取证后才放弃了这一构想。在失败面前，他感到失望，但他明智地选择退出对永动机的研究，这成为了他日后成功的一块基石。

如果牛顿当初执迷不悟，别说他会取得惊人的成就，恐怕连取得一点儿进步,甚至想继续从事科学研究都会变得很困难。所以,任何事情,只有先做对,才可能进一步做好。就如同你要到一个地方,必须先要选择一个正确的方向一样。对生活、工作,并不是说只要付出就会有收获。如果你一开始就把事情做错了,那么你付出的越多,损失就会越大。所以,做任何事都要懂得变通,不思变通的执著就是无知。没有理性的支配,任何事物都不会持久。

心理学家曾经做过一个关于狗与心理学的实验。在这个实验中,有一批狗在一个很简单的任务上全都失败了。

实验中,有一个很大的笼子,底由铁皮做成。笼子中间用一个铁栅栏,把笼子分为两半。把狗放进笼子的一边,在笼子底上通电,狗受到电击会感觉到剧烈的刺痛。一些狗受到电击后,会很快地跳到笼子的另外一边去,从而躲避了电击。在另一边受到电击时,这些狗又会很轻松地跳回来,到没有通电的一边去。这个实验是很简单的,随着通电部位的变化,狗就在这个箱子中间穿梭跳动以躲避电击。因此这个箱子也被形象地称为"穿梭箱"。

但是,有另外一批同样的狗,它们在穿梭箱中受到电击时,不做任何跳跃和挣扎的动作,只会浑身发抖,低声哀鸣。为什么这些狗会表现出这种任人宰割的惨相呢?

原来,心理学家在把这些狗装进穿梭箱前,对它们进行了特殊的操作。实验人员把这些狗拴在一根铁柱子上,时不时地用电刺激它们。狗受到电击后会挣扎、跳跃、咆哮,但是无论它们怎么挣扎,都摆脱不了电击的折磨。经过几天数十次的电击和无效的挣扎后,这些狗都放弃了努力,在受到电击时,只是趴在地上,瑟瑟发抖,低声哀鸣,再也不挣扎了。这时,再把这些狗放进穿梭箱中,对这种轻轻一跃就能摆脱的电击刺痛,它们也认了。

这虽然是一个有趣的心理实验,实验的对象是狗,但是如果我们这样设想,把这个笼子比作人们生活、工作的环境,把那只狗比作自己,在受到外界种种"刺激"时,人们又会作出什么样的"条件反射"呢?可以准确地说,会产生两种不同的反应。

反应一:只想着改变环境,不想着改变自己。

现实中,大多数人持有这样的心理特征。他们想做成一件事情,或是想

成就一番事业，但是在面对各种外在变化时，却不善于改变自己，只善于遵守规矩做事，或是执著于改变一些无法改变的"潜规则"。

"我在这儿已经勤勤恳恳地工作了30年，"一位员工向老板抱怨道，"但你为什么一定要提拔许多比我少20年工作经验的人呢？"

"不对，"老板说，"你只有一年的经验。不可否认你做事努力，但是你没有任何长进，直到现在你仍在犯第一年刚做事时的错误。"

这是许多职场人士惯有的一种心态。在他们眼中，"执著就是一生只干一件事"，"执著就是屡败屡战"，但他们却很少去思考，一生如何做好一件事？同样的错误与失败为什么屡禁不止？

要知道，效率不是忙出来的，执著也不是简单地坚持。

反应二：不能改变环境，就改变自己。

改变总是要付出代价的。除非你什么都不做，否则就不可避免地会出现错误。这不应成为一个人故步自封、维持现状的理由。错误对一个人造成的损失，原因往往不在错误本身，而在于犯错人的态度。

"我们浪费了太多的时间，"一位年轻的助手对爱迪生说，"我们已经试了2万次了，仍然没找到可以做白炽灯丝的物质！"

"不！"爱迪生回答说，"我们的工作已经有了重大的进展。至少我们已知道有2万种不能当白炽灯丝的东西。"

这种精神使得爱迪生终于找到了钨丝，发明了电灯，改变了历史。的确，许多材料不能做灯丝，这是无法更改的事实，对于一个不思变通的人而言，每一次发现不能用的材料都意味着一种失败。但如果变换一种方式看问题，就会发现那也是一种成功。

执著就需要这种变通的意识与精神。在一个人的人生与事业成长过程中，各种外在变化时刻存在，与此同时，如果你不能做到内在的变通，而一贯坚持固有的观点、思维方式、做事风格等，那其实就是无知，你只能面对这样的命运：除了失败，还是失败。

对一个不思变通的人而言，执著意味着死路、意味着偏执、意味着走极端。

有变有通万事不难

做事有心计、懂得适时变通的人，总是能够取得比别人更高的成就。

老板喜欢有潜质的下属，而不喜欢凡事都自夸自赞的人。但是，你必须要能表现出自己的才干，使老板知道你的潜质，不能使他认为你已经尽了全力，而工作成绩仍然平平。要想达到这一目的，适时变通是很重要的一个手段。不少老板认为下属不懂变通，尽管他们工作非常努力刻苦，但这样的人在老板心目中充其量不过是一头耕牛，只能用来干一些粗重的工作，被人牵着鼻子走。实际上，负责牵牛的人才真正懂得什么时候做什么事情，了解适时变通的技巧。在工作中，每当遇到困难，你所作出的应变行为是否适当，是老板给分或扣分的依据。假如应变符合老板的意思，你就获得了一次令老板赏识的机会。即使平时表现良好，可是关键时候没能经受住老板的考验，假如大部分同事在平时也与你一样表现良好的话，那么你升职加薪的机会就会相应降低。所以，做人做事最忌太刻板、生硬，关键时刻圆滑一点儿、变通一下是做人办事少不得的心计。

当然应变技巧不是与生俱来的天赋，是通过不断地学习和锻炼培养出来的，它并不像人们所想象的那样不可捉摸。下面，教你几种遇到阻碍时如何应变的技巧。

1. 了解公司目标

每家公司的最大目标和最终目标都是为了赚钱，这是毋庸置疑的。然而，在最终目标之下，还有着许多大大小小的目标。例如，在某一个年度内做成多少笔生意，吸纳多少个客户，使某个项目赢利等。除此之外，还需要采取哪些行动，以配合公司的发展。

如果你只是单纯地抱着做好自己分内的工作便万事大吉这一观念，那就大错特错了。在老板看来，你做好了自己的本职工作，只是为了个人的利益，而不是为了公司的总体利益。虽然你做好了最基本的工作，但离他的要求还很远。在实际工作中，你必须对公司的要求、变化了如指掌。尤其当你遇到一些健忘或善变的老板时，他们总喜欢随自己的心情改变工作目标，你就必须紧紧跟在他们后面走，以他们的目标为目标。不明智的下属不了解这一点，因而容易与老板争论目标的事，结果必然是自讨没趣。

2. 以同情代替抱怨

在工作中如果遇到难缠的老板，的确是令人沮丧的事。不少人经常诅咒

这些老板,又抱怨自己因此在人际关系上受到了太大的压力。其实,在社会交往中,人与人之间的沟通是一种循环的关系。如果互相给予压力,也会互相承受压力,反之亦然。在与老板相处的过程中,只有由抗拒变成接纳,由诅咒变为同情,你就会产生良好的应变能力。

3. 以不变应万变

应变的各种措施中,有一种是以不变应万变。这种方法最适合那些应变能力较差的人使用,有时也会被聪明和应变能力强的人使用,这当中没有什么人为的严格界定。假如碰到突然事故,有些人会惊慌失措,一时间不知如何是好。实际上,与其急躁不安,还不如冷静地以不变的方式应付。其实,有些事情只属于过渡性质,不需要作出行动配合或反应。例如,遇到蛮不讲理的客户或老板,你只要在表面上作出附和他们的样子,实际上仍然抱着一贯作风和态度,这样已足以应付得过去了。太过注意改变去迎合他们,不仅使自己感到很别扭,而且根本没有任何意义。

4. "阳奉阴违"

有的老板要求下属依照他的计划去工作,但是,下属难以在行动的程序中给予配合,因为计划本身是有缺陷的。在这种情况下,如果你想跟老板讨论,那是没有好处的,因为证明自己的能力比老板高明是自取毁灭的做法。最佳的方法是接受老板的建议和指示,但在行动时却依照自己所定的程序去做。当然,你必须有把握能如期完成任务才行。

最优秀的人,往往最重视找方法

作为华人首富,李嘉诚的名字可谓家喻户晓。他之所以能成为首富,也并非没有规律可循:从打工的时候起,他就是一个善于找方法解决问题的高手。

李嘉诚的父亲是位老师,他非常希望李嘉诚能够考个好大学。然而,父亲的突然去世,使得这个梦想破灭了:家庭的重担全部落到了才十多岁的李嘉诚身上,他不得不靠打工来维持整个家庭的生存。

第六章 方法成就高效

他先是在茶楼做跑堂的伙计，后来应聘到一家企业当推销员。干推销员首先要能跑路，这一点难不倒他，以前在茶楼成天跑前跑后，早就练就了一副好脚板，可最重要的，还是怎样千方百计把产品推销出去。

有一次，李嘉诚去推销一种塑料洒水器，连走了好几家都无人问津。一上午过去了，一点收获都没有，如果下午还是毫无进展，回去将无法向老板交代。

尽管推销得不顺利，他还是不停地给自己打气，精神抖擞地走进了另一栋办公楼。他看到楼道里的灰尘很多，突然灵机一动，没有直接去推销产品，而是去洗手间，往洒水器里装了一些水，将水洒在楼道里。十分神奇，经他这样一洒，原来很脏的楼道，一下变得干净起来。这一来，立即引起了主管办公楼的有关人士的兴趣，一下午，他就卖掉了十多台洒水器。

李嘉诚这次推销为什么成功了呢？原因在于他把握了一个推销的诀窍：要让客户动心，就必须掌握他们如何受到影响的规律。"听别人说好，不如看到怎样好；看到怎样好，不如使用起来好。"老讲自己的产品好，哪能比得上亲自示范、让大家看到使用后的效果呢？

在做推销员的整个过程中，李嘉诚都注意重视分析和总结。在干了一段时期的推销员之后，公司的老板发现：李嘉诚跑的地方比别的推销员都多，成交的也最多。

他是如何做到这点的呢？

原来，他将香港分成几片，对各片的人员结构进行分析，了解哪一片的潜在客户最多，有的放矢地去跑，重点攻击，这样一来，他获得的收益自然要比别人多。

纵观李嘉诚的奋斗历史，其实就是一个不断用方法来改变命运的历史。

美籍华人诺贝尔物理学奖获得者李政道，一次偶然听一位同事的演讲，知道非线性方程有一种叫"孤子"的解。他找来了所有关于孤子的资料，仔细分析了一个星期，专门挑别人有哪些弱点。结果他发现，所有的文献都是研究一维空间的孤子的。而在物理学中，有广泛意义的是三维空间。于是，他便围绕这点进行攻关，仅仅几

个月,就找到了一种新的孤子理论,用来处理三维空间的亚原子问题,获得了许多成果。

事后,他高兴地说:"在这个领域里,我从一无所知,一下子赶到别人前面去了。"并由此得出结论:"你想在科学研究过程中赶上、超过别人吗?你一定要摸清楚在别人的工作里,哪些是他们不懂的。看准了这一点,钻下去,一定会有突破,并能超过人家。"

读书也是这样。我们经常听到一句话:"天才出自勤奋"。不错,天才出自勤奋,但并不等同于勤奋。勤奋只是一个优秀学生的基本功。要真正学好,还得掌握方法——学得多不如学得巧。

多年前,美国兴起石油开采热。有一个雄心勃勃的小伙子,也来到了采油区。但开始时,他只找到了一份简单枯燥的工作,他觉得很不平衡:我那么有创造性,怎么能只做这样的工作?于是便去找主管要求换工作。

没有料到,主管听完他的话,只冷冷地回答了一句:"你要么好好干,要么另谋出路。"

那一瞬间,他涨红了脸,真想立即辞职不干了,但考虑到一时半会儿也找不到更好的工作,于是只好忍气吞声又回到了原来的工作岗位。

回来以后,他突然有了一个感觉:我不是有创造性吗?那么为何不能就在这平凡的岗位上做起来呢?

于是,他对自己的那份工作进行了细致的研究,发现其中的一道工序,每次都要花 39 滴油,而实际上只需要 38 滴就够了。

经过反复的试验,他发明了一种只需 38 滴油就可使用的机器,并将这一发明推荐给了公司。可别小看这 1 滴油,它给公司节省了成千上万的成本!

你知道这位年轻人是谁吗?他就是洛克菲勒,美国最有名的石油大王。

外界的困难,不如意的条件,一个接着一个的压力与挑战,怎么也无法吓倒一个优秀人士的雄心和创意。

关于洛克菲勒,还有一个很经典的故事。

第二次世界大战后，刚成立的联合国因为没有合适的办公地点而发愁。这时，洛克菲勒慷慨地将自己在纽约的一大片土地，无偿地捐给联合国。联合国的领导喜出望外，接受了这份馈赠，并对洛克菲勒表示了深深的谢意。

难道洛克菲勒得到的仅仅是这些吗？不。早在给联合国捐赠之前，他就将所捐土地周围的一大片土地买下来了。当联合国的办公地址一选定，周边土地的价格立刻飞涨，除去所捐土地的成本，他还狠狠地赚了一大笔！

这就是找方法的价值和妙处！

学会成为一个不找借口找方法的人吧！学会做一个相信方法总比问题多的人吧！唯有这样，你才能成为一个真正杰出的人！

主动找方法才能让你脱颖而出

2002年9月的世界华商大会上，一位姓杨的著名华商的发言，给大家留下了深刻的印象。

杨先生是浙江温州人，十多年前，他的一位远方亲戚在欧洲开饭店，邀请他过去帮忙。没料到，他到欧洲不久，亲戚就突然患病去世了，饭店很快也垮了。

杨先生不想回国，就在当地找了份工作。几年后，他到了一家中等规模的保健品厂工作。公司的产品不错，但知名度却很有限。

他从推销员干起，一直做到主管。一次他坐飞机出差，不料却遇到了劫机。度过了惊心动魄的十个小时之后，在各界的努力下，问题终于解决了，他可以回家了。就在要走出机舱的一瞬间，他突然想到在电影中经常看到的情景：当遭遇劫机的乘客从机舱走出来时，总会有不少记者前来采访。

为什么自己不利用这个机会、宣传一下自己的公司形象呢？

于是，他立即做了一个在那种情况下谁都没想到的举动：从箱子里找出一张大纸，在上面写了一行醒目的大字："我是××公司的××，我和公司的××牌保健品安然无恙，非常感谢抢救我们

的人!"

他打着这样的牌子一出机舱,立即就被电视台的镜头捕捉住了。他立刻成了这次劫机事件的明星,很多家新闻媒体都对他进行了采访报道。

等他回到公司的时候,公司的董事长和总经理带着所有的中层主管,都站在门口夹道欢迎他。原来,他在机场别出心裁的举动,使得公司和产品的名字几乎在一瞬间家喻户晓了。公司的电话都快打爆了,客户的订单更是一个接一个。董事长动情地说:"没想到你在那样的情况下,首先想到的竟然是公司和产品。毫无疑问,你是最优秀的推销主管!"董事长当场宣读了对他的任命书:主管营销和公关的副总经理。之后,公司还奖励了他一笔丰厚的奖金。

杨先生的故事,说明了一个道理:在任何单位、任何机构,能够主动找方法解决问题的人,最容易脱颖而出!

方法能为人解除不便,能够让他人有更大的发展,更能给单位创造最直接的效益。哪个单位的领导,能不格外重视想方法帮单位解决问题的人?

几年前,有位教师曾在北京大学开办的中国民营企业总裁班上,为学员们上了一场"思路决定财路"的课,其中就讲述了那位杨先生的故事。这个故事引起了热烈反响,一位总裁很有感触地说:"这个故事使我想起美国著名企业家艾柯卡。他们的故事同样说明了一个道理:在任何时候,主动去找办法的人,最容易脱颖而出。"

美国福特汽车公司是美国最早、最大的汽车公司之一。1956年,该公司推出了一款新车。这款汽车式样、功能都很好,价钱也不贵,但奇怪的是,这款车却销路平平,和当初设想的完全相反。公司的经理们急得就像热锅上的蚂蚁,但绞尽脑汁也找不到让产品畅销的办法。这时,在福特汽车销售量居全国末位的费城地区,有一位毕业不久的大学生,对这款新车产生了浓厚的兴趣,他就是艾柯卡。

艾柯卡当时是福特汽车公司的一位见习工程师,本来与汽车的销售毫无关系。但是,公司老总因为这款新车滞销而着急的神情,却深深地印在他的脑海里。

他开始琢磨:我能不能想办法让这款汽车畅销起来?终于有一

天，他灵光一闪，于是径直来到经理办公室，向经理提出了一个创意，在报上登广告，内容为："花56元买一辆56型福特。"这个创意的具体做法是：谁想买一辆1956年生产的福特汽车，只需先付20%的货款，余下部分可按每月付56美元的办法逐步付清。

他的建议得到了采纳。结果，这一办法十分灵验，"花56元买一辆56型福特"的广告人人皆知。

"花56元买一辆56型福特"的做法，不但打消了很多人对车价的顾虑，还给人创造了"每个月才花56元，实在是太合算了"的印象。

奇迹就在这样一句简单的广告词中产生了：短短3个月，该款汽车在费城地区的销售量，就从原来的末位一跃而为全国的冠军。这位年轻工程师的才能很快受到赏识，总部将他调到华盛顿，并委任他为地区经理。

后来，艾柯卡不断地根据公司的发展趋势，推出了一系列富有创意的举措，最终坐上了福特公司总裁的宝座。

回顾了艾柯卡的这段经历后，那位总裁又和大家一起分享了他读《艾柯卡自传》的体会。他第一次读这本书是在上大学的时候，"当时我作为一个大学生，最关心的问题是走入社会后，我怎样才能更快地脱颖而出，更好地得到大家的认可，而艾柯卡给我提供了最好的答案：主动帮单位解决问题的人最容易脱颖而出！能找到方法帮单位解决问题的人，最容易得到人们的认可！"

在美国，年轻的铁路邮务生佛尔，曾经和千百个其他邮务生一样，用陈旧的方法分发信件，而这样做的结果，往往使许多信件被耽误几天或几周之久。

佛尔并不满意这种现状，而是想尽办法改变，很快，他发明了一种把信件集合寄递的办法，极大地提高了信件的投递速度。佛尔升迁了。5年后，他成了邮务局帮办，接着当上了总办，最后升任为美国电话电报公司的总经理。

是的，当谁都认为工作只需要按部就班做下去的时候，偏偏有一些优秀的人，会找到更有效的方法，将效率更快地提高，将问题解决得更好！正因为他们有这种找方法的意识和能力，所以他们以最快的速度得到了认可！

告别忙碌，做个高效者

我们再来看一个故事：1793年，守卫土伦城的法国军队叛乱。叛军在英国军队的援助下，将土伦城护卫得像铜墙铁壁。前来平息这次叛乱的法国军队怎么也攻不下。土伦城四面环水，且有三面是深水区。

英国军舰就在水面上巡弋着，只要前来攻城的法军一靠近，就猛烈开火。法军的军舰远远不如英军的军舰，根本无计可施，法军指挥官急得团团转。

就在这时，在平息叛乱的队伍中，一位年仅24岁的炮兵上尉灵机一动，当即用鹅毛笔写下一张纸条，交给指挥官："将军阁下：请急调100艘巨型木舰，装上陆战用的火炮代替舰炮，拦腰轰击英国军舰，以劣胜优！"

指挥官一看，连连称妙，赶快照办。

果然，这种"新式武器"一调来，英国舰艇无法阻挡。仅仅两天时间，原来把土伦城护卫得严严实实的英军舰艇被轰得七零八落，不得不狼狈逃走。叛军见状，很快也缴械投降。

经历这一事件后，这位年轻的上尉被提升为炮兵准将。

你知道这位上尉是谁吗？他就是后来成为法国皇帝、威震世界的拿破仑。

像很多杰出的人一样，拿破仑的成功，在相当程度上是抓住了一个关键的脱颖而出的机会，就这样，他才走上了一个有高度的新起点！

有了这样的新起点，才有了更大的舞台，才能吸引更多的人向自己看齐，才有更多的资源向自己汇集。

其实，主动找方法解决问题并能找到办法解决问题的人，总是社会的稀有资源。古今中外，只要有这样的人出现，他们就能够像明星一样闪耀。哪怕他没有刻意去追求机会，机会也会主动找上门来。

问一问自己：是否解决了一个或几个棘手的问题，给别人留下了深刻的印象？是否做了几件业绩突出的事情，让你的领导和其他人十分欣赏？

假如你还没有，赶快补课吧。假如你通过行动做了一件乃至几件让人佩服的事，你就会迎来更多的发展机会，从成功走向更大的成功！

第七章 立即行动才有效率

克服拖延，立即行动

懒惰之人的一个重要特征就是拖沓。把前天该完成的事情拖延敷衍到后天，这是一种很不好的工作习惯。对一位渴望成功的人来说，拖延最具破坏性，也是最危险的恶习，它使人丧失进取心。一旦开始遇事拖延，就很容易再次拖延，直到变成一种根深蒂固的习惯。解决拖延的唯一良方就是行动。当你开始着手做事——任何事，你就会惊讶地发现，自己的处境正迅速地改变。

习惯性的拖延者通常也是制造借口与托辞的专家。如果你存心拖延逃避，你就能找出成千上万个理由来辩解为什么事情无法完成，而对事情应该完成的理由却想得少之又少。把"事情太困难、太昂贵、太花时间"等种种理由合理化，要比相信"只要我们更努力、更聪明、信心更强，就能完成任何事"的念头容易得多。

这类人无法接受承诺，只想找借口。如果你发现自己经常为了没做某些事而制造借口，或想出千百个理由为事情未能按计划实施而辩解，最好是自我反省一番。别再作一些无谓的解释了，动手做事吧！

拖延是对生命的挥霍。拖延在人们日常生活中司空见惯，如果你将一天时间记录下来，就会惊讶地发现，拖延正在不知不觉地消耗着我们的生命。

拖延是因为人的惰性在作怪，每当自己要付出劳动时，或要作出抉择时，我们总会找出一些借口来安慰自己，总想让自己轻松些、舒服些。有些人能在瞬间果断地战胜惰性，积极主动地面对挑战；有些人却深陷于"激战"泥潭，被主动和惰性拉来拉去，不知所措，无法定夺……时间就这样一分一秒地浪费了。

人们都有这样的经历：清晨闹钟将你从睡梦中惊醒，想着自己所订的计划，同时又不舍被窝里的温暖，一边不断地对自己说"该起床了"，一边又不

断地给自己寻找借口——再等一会儿。于是，在忐忑不安之中，又躺了五分钟，甚至十分钟……

拖延是对惰性的纵容，一旦形成习惯，就会消磨人的意志，使你对自己越来越失去信心，怀疑自己的毅力，怀疑自己的目标，甚至会使自己的性格变得犹豫不决。拖延有时候也是由于考虑过多、犹豫不决造成的。

适当的谨慎是必要的，但过于谨慎则是优柔寡断，何况诸如早上起床这样的事是没必要作任何考虑的。我们需要想尽一切办法不去拖延，在知道自己要做一件事的同时，立即动手，绝不给自己留一秒钟的思考余地。千万不能让自己拉开和惰性开战的架势——对付惰性最好的办法就是根本不让惰性出现。往往在事情的开端，总是积极的想法先有，然后当头脑中冒出"我是不是可以……"这样的问题时，惰性就出现了，"战争"也就开始了。一旦开战，结果就难说了。所以，要在积极的想法一出现时，就马上行动，让惰性没有乘虚而入的可能。

人们如此善于找借口，却无法将工作做好，的确是一件非常奇怪的事。如果那些一天到晚想着如何欺瞒的人，能将这些精力及创意的一半用到正途上，他们就有可能取得巨大的成就。

一个企业，当管理者制定了制度或作出了决策时，影响这些制度或决策实施的，往往是员工长期以来在不知不觉中养成的拖延的恶习。

今天该做的事拖到明天完成，现在该打的电话等到一两个小时后才打，这个月该完成的报表拖到下一月，这个季度该达到的进度要等到下一个季度……在竞争激烈的职场上，如果你总是不能坚定及时地执行计划，完成上司布置的任务，或者虽然完成了，但时间上却慢半拍，你又凭什么指望获得上司的赏识，获得加薪晋升呢？而对于企业而言，拖延必然会影响制度的有效落实和战略目标的达成。

绝不拖延，今天该做的事一定要在今天完成，这才是真正不折不扣的执行！

如果你有遇事拖延的习惯，不妨做一个自我分析。

第一步，写下你拖延的一件事情。既然有拖延的习惯，那你拖延的事情肯定不止一件，你不妨先写下自我认为最重要的那件事情。

第二步，自我反省一下，假如继续拖延下去，不采取行动，会对你造成什么样的后果。如果你拖延的是上司布置的任务，拖延的后果是显而易见的：给上司留下坏印象，降职，甚至被辞退。

第三步，想一下，假如是你现在采取行动，完成这件事情，会对你有什么好处。这和第二步正好相反，这些好处会为你所采取的行动增加动力。

你千万别认为这样做没有什么效果。事实上并不是所有的人在拖延时都认真考虑过这样做的后果到底有多严重。我们从很多被降职或被辞退的人那里看到的后悔神情就可以知道这一点：早知道会被辞职或辞退，就肯定不会拖延执行了。

富兰克林曾经提到过一种被称作"切香肠的技巧"的方法可以有效地防止拖延的发生。所谓切香肠的技巧，就是不要一次性吃完整条香肠，而是把它切成小片，一小口一小口地慢慢品尝。同样的道理也可以用在你的工作上：先把工作分成几个小部分，分别详列在纸上，然后把每一部分再细分为几个步骤，使得每一个步骤都可以在一个工作日之内完成。

总之，无论如何，最重要的一件事情是：你必须采取行动，不要把事情留到明天。

执行力，为你赢得主动权

2002年9月底，正在德国考察的天津市技术改造办公室的同志从一位来访的德国朋友那里得知，有家"能达普"摩托车厂倒闭了。我方立即向该厂表示：我们准备买下这个厂，但需回国后研究确定，一周之内，必有回言。与此同时，印度、伊朗等几个国家的商人也准备购买该厂。

回国后，天津市政府领导拍板决定全部购买"能达普"厂的设和技术，并立即通知德方。随即组成专家团，准备赴德进行全面技术考察，商谈购买事宜。就在这时，联系人从德国发来急电：伊朗人抢先一步，已签署了购买"能达普"的合同，合同上规定付款期限为10月24日；如果24日下午3时，伊朗汇款不到，合同便告失效。

事情有点猝不及防。天津市领导分析了整个情况后认为，国际贸易竞争中也存在偶然因素，虽然伊朗商人在签订合同方面抢先，但能否付款尚属悬案。如果伊朗方面逾期付款，我方还有争取主动的机会。10月22日上午10时，天津市政府作出决定，立即派团出国，尽一切可能争取到这条生产线。代表团用了11个小时办完了要办15天的出国手续，10月23日，飞到了慕尼黑，并立即与德方联系。10

月24日下午3时，当打听到伊朗方面款项尚未到的消息时，中国代表团立即奔赴"能达普"摩托车厂。中国人的突然出现，使德方人员甚感吃惊。慕尼黑市债权委员会主管倒闭企业事务的米勒先生面带笑容地接待了中国代表团。他说："伊朗商人因来不及筹款已提出延期合同的要求。如果你们要购买，请现在就谈判签订合同。"原来，债权委员会已规定，"能达普"的财产必须于10月30日前出售完毕，以保证债权人的利益。如果逾期，"能达普"将被迫拍卖，就是把全部固定资产拆散零卖，这样不仅厂方将蒙受巨大经济损失，而且使这个有67年历史、生产名牌产品的工厂化为乌有。我方意识到对方急于出卖的迫切心理，经过几个回合的交涉，终于达成了中国专家先进行全面技术考察后再谈判的协议。

25日早晨，中国专家来到"能达普"厂，对全厂的设备、机械性能、工艺流程进行全面考察，最终结论是：该厂设备先进，买下全部设备非常合算。25日下午2时整，合同谈判在中国专家驻地正式举行。经过紧张的讨价还价，在次日凌晨签订了合同。天津专家团以1600万马克（合500多万美元）的价格，买下了"能达普"厂的2229台设备和全套技术软件。后来得知，这个价格比伊朗商人所要支付的价格低200万马克，比另一些竞争对手准备支付的价格低500万马克。

做事就是这样，如果你不下手，别人就会抢先一步。想把事情做好，就得多点心计，先下手为强，把办事的主动权握在自己手里。

这个世界上永恒的只有时间，从某种意义上说竞争的实质就是时间的竞争。如果你能抢先一步，那么你就是一位高效率的强者了。

2002年，受莫斯科一家运营商的邀请，华为的几名员工来到了莫斯科，他们要在短短的两个月内，在莫斯科开通华为第一个3G海外试验局。

当时受邀请的并不只是华为一家，第一家被邀请的是一家比华为实力更强的公司，也就是说，华为的员工是受邀前去调试的第二批技术人员。

这样一来，他们就和第一批技术人员形成了一种"一对一"的竞争关系。

由于实力不如人家，开始时莫斯科运营商对他们并不是很重视，不仅没有给他们提供核心网机房，甚至不同意他们使用运营商内部的运输网。

由于缺乏基础设施，对他们开展工作造成了很大的障碍。

华为的员工因此压力很大，他们一直在思考怎样做得更好，以赢得运营商的信任。

恰好这时候，第一批技术人员由于调试速度太慢影响了后续工作的跟进，因此引起了运营商的不满。

为了弥补这个缺陷，运营商决定将华为的设备作为后备。

华为的几位员工紧紧抓住这个机会，夜以继日地投入到工作中，最终向运营商完美地演示了他们的3G业务。

看完演示之后，运营商禁不住竖起了大拇指，立刻决定将华为的3G设备从备用升级为主用。

就这样，对手的失误和执行时的慢半拍使华为赢得了机会。

在这里，华为的做法是值得肯定和学习的，而更让我们反思的是：在竞争中输给华为的那家公司，前期也做了许多工作，仅仅是由于工作中的拖延，导致自己失去了机会，最终使对手赢得了项目，于是，前面的所有努力都白费了。

迅速而正确地决断是成事立业的一项能力

这是许多年轻人最易犯的毛病：遇到任何事情，明明早已详细计划过、考虑过，但仍是畏畏缩缩地不敢立刻动手去做，重新再从头到尾地估量一番，拿着从各处征求来的意见，东看看、西瞧瞧、左猜猜、右想想，翻来覆去；最后各种念头愈来愈多，就越发不敢信任自己、不敢拿定主意了。结果，精力渐渐分散，终于导致完全的失败。这种低效率的人怎能成功呢？

一个年轻人，如果希望成功，就千万不要有优柔寡断、犹豫不决的毛病，而必须要有一种坚定的意志不可。他必须在工作之前，完全打定主意，即使遇到任何阻碍，稍微有一点儿错误，也不可就此回过头来，生起怀疑的念头。在已经决定后，还要再三反复猜疑的人，无疑是把自己陷入一种永无救药的

告别忙碌，做个高效者

沉疴中，愚笨而懊恼地了结他的一生。所以我们遇到一件事，应该先仔细地思考，下一个正确的判断，然后再拿定主意；决定之后，就不可再有怀疑和顾虑了，只要全力去做就可以了。即使中途发现有什么小错误，也不可心灰意懒，应该把所受到的挫折当成一个教训，自信以后一定将因此进步得更快，而成功的希望也将因此更大。

有些人不是没有成功立业的能力，只因他们的判断力太差，所以不能得到成功。他们做人好像永远不能自主，非有人在旁扶持不可，即使遇到任何一点儿小事，也得东奔西走地去和亲友邻人商量，同时脑子里更是胡思乱想，弄得一刻不宁；于是愈商量、愈拿不定主意、愈东猜西想、愈是糊涂，就愈弄得毫无结果，不知所终。

一个事业有成者，一定有当机立断、抓住时机的能力。他们只要自己把事情审查清楚，计划周密，就不再怀疑，立刻勇敢果断地去做。因此，任何事情只要一到他们的手里，往往能够随心所欲，马到成功。

我们走进造船厂里，可以看见一种力量强大的机器，能把废旧钢铁毫不费力地变成坚硬的钢板；善于办事的人正和这部机器一样，他的头脑清楚，做事敏捷，遇到任何复杂困难的问题，只要一动手，无不迎刃而解。

一个有计划、有主见、有自信力的人，绝不会把自己的计划，拿来拿去与人商议不决，除非他所遇见的是见识能力高他一筹的人。他常在事先前前后后仔细地研究，正如前线的将官在作战之前仔细研究地势、军机，然后拟订计划，开始进攻一般。

一个头脑清楚，有判断和观察力的人，意志一定十分坚定，他们绝不会模棱两可，更不肯投机取巧，他们永远不徘徊犹豫、东探西问，或是赌气退出而前功尽弃，只要计划好了，主意定了，他们一定不再徘徊不前。

英国名将齐勤诺就是一个很好的例子。这位沉默寡言、态度严肃、出师必胜、勇猛如狮的人，一拟好计划，拿定主意，就用他惊人的才干，沉着去做，绝不三心二意地再去与人商议。

在南非之战中，他出发时的目的地，除了他的参谋长之外，事先谁也不知道。他只命令预备一列火车、一队卫士及一批士兵。此外一点儿声色也不动，更不拍电报通知各站。他究竟要去什么地方，连他的部下也不知道。开战后，有一天早上6点钟，他忽然神出鬼没地在卡波城的一家旅馆里出现，他翻开旅客名簿，发现几个该夜被派值班的军官名字,他一言不发地走进那些违法军官的房里,交给他们一张纸条,上面写着:"今日上午10时,专车赴前线;下午4时,乘船返伦敦。"他不听他们如何解释、如何辩白、如何求饶,他只用这样一张纸条,给他的军官一个严重的警告。

齐勤诺将军意志坚定,态度镇静,他只知道在紧急的时候,人人都负有重大的使命。因此,他处事待人总是十分严格端正,不偏不倚。他指挥属下,丝毫不偏袒,做任何事情,非达到成功不肯罢手。从这里就可以看见他伟大的魅力和广阔的抱负。

齐勤诺将军既不需要人家的颂扬,也不接受任何人献殷勤。他从不自夸自大,他认为做人处事,应该绝对摒弃名利之念。他做任何事总像是十分有把握似的,碰到任何事,都能镇静而有计划地去做,无不马到成功。

这位身经百战出师必胜的名将,待人诚恳亲切,很有自信力,做事肯专心、有主意,也很有判断力,为人十分机警灵敏,遇有机会来时,绝不轻易放过。他真是一个希望成功的人最好的模范!

没有决断力的人,往往使一件事情无法开场,即使开场了,也无力进行。他们的一生,大半都消耗在没有主见的怀疑中,这种人就是有了成功的能力,也永不会达到成功的目的。

优柔寡断是做事之大忌

如果你是个有心计的人,请你不要追求尽善尽美。"金无足赤,人无完人",只要不违背大原则,就可以决定取舍。

遇事优柔寡断,拿不定主意,这是做事之大忌。有人上街要买台彩色电视机,由于价钱较高,又都不是名牌,往往反复比较,反复动摇。结果跑了许多家商店,去了许多次,就是决定不下来。心理学家认为,人在做事时所表现的这种拿不定主意、优柔寡断的心理是意志薄弱的表现。

为什么有些人做事总是反反复复、优柔寡断?

原因一:心理学认为,对问题的本质缺乏清晰的认识是使人做事拿不定主意,并产生心理冲突的原因。只要留心观察就不难发现,优柔寡断多发生在

青年人身上,这是因为青年人涉世未深,对一些事物缺乏必要的知识和经验。

原因二:有过错误的教训。俗话说:"一朝被蛇咬,十年怕井绳。"一旦遇到类似的情境,便产生消极的条件反射,踌躇不已。

原因三:一般说来,优柔寡断者大都具有如下性格特征:缺乏自信,感情脆弱,易受暗示,在集体中随大流,过分小心谨慎等。

原因四:有种人从小就在备受溺爱的家庭中长大,过着"衣来伸手,饭来张口"的生活,父母、兄弟姐妹是其拐杖。这种人一旦独自走上社会,做事易优柔寡断。另一种情况是家庭从小管束太严,使之只能循规蹈矩,不敢越雷池一步。一旦情况发生变化,他们就担心不合要求,左右徘徊,拿不定主意。

其实,凡世间众人皆有犹豫,但并非所有情况都会在同时发生,它甚至根本就不会发生,因为犹豫是来自自己的想象,只要有坚强的意志便能将之克服。若能了解这些,接下来的就只有如何去克服问题。如果你能再达成下列几种心理建设,则剩下来的问题也将烟消云散。

方法一:培养自信、自主、自强、自立的勇气和信心,培养自己性格独立、意志坚定的良好品质。

方法二:心理学认为,人的决策水平与其所具有的知识经验有很大的关系。一个人的知识经验越丰富,决策水平就越高;反之则越低。这也就是俗话所说的"有胆有识,有识有胆"。

方法三:"凡事预则立,不预则废"。平时经常动脑筋、勤学多思是关键时刻有主见的前提和基础。

方法四:排除外界干扰和暗示,稳定情绪,由此及彼、由表及里仔细分析,亦有助于培养果断的意志。

每当面临新的机会,在斟酌得失之间,犹豫便会在你的内心里悄然出现,阻挠你制胜的决心。这虽然是每个人都有的心理变化,但若不趁早克服,便将慢慢累积扩大,当它爬满你的心,且进而侵蚀你的骨髓时,就难以救治。

至于消除犹豫的方法,只有从正面迎击,别无他法。因为犹豫一旦被姑息,便会留在你的身上,把机会从你身旁逼走。因此,为能获得机会,就必须先消除犹豫。完成这个步骤,接下来忙不完的工作会迎面而来,多得使你不得不从中选择机会,会让你没有时间去考虑害怕的问题。

请牢记,对自己绝不可放纵,你应正视自己的问题,从正面去尝试解决。譬如你害怕在大庭广众中发表意见,就应在大庭广众中与人交谈。如果你为了加薪想找上司谈判,但因胆怯,事情一拖再拖,一直无法获得解决,建议你不妨一鼓作气走到上司面前，开门见山地要求加薪，相信结果一定比你想象的要好。

如果你现在心里有尚未完成而需要完成的事，那就一刻也不要拖延，赶快开始行动吧！

果断决策，不失良机

决策果断是一种优良品质，它甚至可以影响你的一生决定你的成败。

缺乏这种品质的人，做事没有心计，遇事优柔寡断，在作决定时，往往犹豫不决，而在作出决定之后，又不能坚决执行。缺乏果敢和灵活应变能力，只能错失良机。

在《三国演义》中，关于诸葛亮多谋善断的故事有很多描述。

西蜀的街亭被司马懿夺走之后，司马懿又率大军50万去夺诸葛亮驻守的西城。当时城中只有2500名老弱残兵，这等于一座空城。面对强大的敌人，战不能战，守守不住，又不能逃跑。在这千钧一发的困境中，诸葛亮毫不犹豫地隐匿兵马，城门大开，令几个老兵装平民百姓打扫街道。他自己登上城楼，面对城外而坐，弹琴，饮酒，怡然自得，一派升平的景象。正是这出"空城计"，使司马懿仓皇逃走，诸葛亮扭转了战局，由败转胜。诸葛亮决策果断，堪称典范。

成就果断品质的因素有很多种。

第一，有广博的知识和丰富的经验。谋略与知识是密不可分的，只有知识广博才可能足智多谋。诸葛亮在未出茅庐之时，就上知天文下晓地理，对天下大势了如指掌，并根据当时的形势制定了东联孙吴，北拒曹魏，三分天下有其一的对抗战略。可见他能果断地制定"空城计"的谋略也就不足为奇了。

第二，果断的前提是充分熟悉客观情况，认真研究和掌握交往对象的各种情况。曹操率领百万大军进犯江东孙权疆界，东吴朝野上下，主战主降者各执一词，孙权也犹豫不决。出使东吴的诸葛亮，详细分析了曹操的各种情况，曹操号称百万之师，其实不过四五十万，而且降兵居多，军心不稳，没有战斗力。

第七章 立即行动才有效率

曹兵皆北方人，不服南方的气候、水土，不习水战，难以制胜。这样的分析，使孙权折服，接受了诸葛亮的东吴与西蜀联手抗曹的谋略。这从降到战的转变，正是通过全面分析和充分掌握作战各方的情况而制定的。

诸葛亮设计"空城计"，也正是他经过深思熟虑后对司马懿心理状态的正确判断。正如诸葛亮后来所说："此人料吾生平谨慎，必不弄险，见如此模样，疑有伏兵，所以退去，非吾行险，概因不得已而用之。"

第三，对较为复杂的交往活动，为了实现谋略，往往需要同时设想多种方案，以便主体能选择最有利的交往方案。

第四，要把握时机，果断地作决定。俗语说："机不可失，时不再来。"谋略要配合一定的时机，一定的谋略需要在特定时间和地点，在特定条件下才能成功，此外谋略也是随着时间、地点、条件的变化而变化的。

做事果断不同于冒失或轻率，果断是经过深思熟虑、充分估计客观情况之后迅速作出的决定；在条件不足，有时间等待时，积极准备；在情况发生变化时，又善于根据新情况，及时制定新的应对策略。

先行动，才有可能制胜

心理学上有一个"瓦伦达效应"。

瓦伦达是美国一个著名的高空走钢索表演者，在一次重大的表演中，不幸失足身亡。他的妻子事后说，我知道这一次一定要出事，因为他上场前总是不停地说，这次太重要了，不能失败，绝不能失败；而以前每次成功的表演，他只想着走钢索这件事本身，而不去管这件事可能带来的一切后果。后来，人们就把患得患失的心态，叫做"瓦伦达效应"。

美国斯坦福大学的一项研究也表明，人大脑里的某一图像会像实际情况那样刺激人的神经系统。比如当一个高尔夫球手击球前一再告诉自己"不要把球打进水里"时，他的大脑里往往就会出现"球掉进水里"的情景，而结果往往事与愿违，这时候球大多都会掉进水里。这项研究从另一个方面证实了"瓦伦达效应"。

第七章 立即行动才有效率

凡事先行动起来的另一个主要好处，就在于容易不达到"瓦伦达效应"。因为，一旦迅速进入行动状态后，就来不及多想，逼上梁山，背水一战，只有一条路走到黑。这样反而容易成功。

有一位哲学家曾说过："无论做任何事情，开始时，最为重要的是不要让那些爱唱反调的人破坏了你的思想。"

只有行动起来，才能挣脱舆论的枷锁，因为"这个世界上爱唱反调的人真是太多了，他们随时随地都可能列举出于条理由，说你的理想不可能实现。你一定要坚定立场，相信自己的能力，努力实现自己的理想"。

有一位心理学家多年来一直在探寻成功人士的精神世界，他发现了两种本质的力量：一种是在严格而缜密的逻辑思维引导下艰苦工作，另一种是在突发、热烈的灵感激励下立即行动。

当可能改变命运的灵感在世俗生活中喷发时，绝大多数人习惯于将它窒息，而后又回到原来的生活常轨。他们并没有意识到，内在的冲动是人类潜意识通向客观世界的直达快车。

美国心理学会的创始人之一威廉·詹姆斯说：如果灵感的每一次闪烁和启示，都让它像气体一样溜掉而毫无踪迹，这比丧失机遇还要糟糕，因为它在无形中阻断了激情喷发的正常渠道。如此一来，人类将无法聚起一股坚定而快速应变的力量以对付生活的突变。

沃尔特·皮特金在好莱坞时，有一次，一位年轻的支持者向他提出了一项大胆的建设性方案。在场的人全被吸引住了，它显然值得考虑，不过他们可以先考虑，然后讨论，最后再决定如何去做。但是，当其他人正在琢磨这个方案时，皮特金却立即开始向华尔街拍电报，电文热烈地陈述了这个方案。当然，拍这么长的电报所费不菲，但它表达了皮特金的信念。

出乎意料的是，一千万美元的电影投资立项就因为这个电文而拍板签约。假如他们拖延行动，这项方案极可能就在他们小心翼翼的漫谈中流产——至少会失去它最初的光泽。然而皮特金立刻付诸行动了。他培养了灵感，信赖它，将它当成他最可靠的心理顾问。

很多人羡慕他办事如此简明，然而事实是，他之所以办事简明，就是因为他在长期训练中养成了"马上行动"的习惯。

企盼"万事俱备"后再执行,你的工作也许永远没有"开始"。很多时候,你若立即进入工作的主题,将会惊讶地发现,如果拿浪费在"万事俱备"上的时间和潜力处理手中的工作,往往绰绰有余。而且,许多事情你若立即动手就去做,就会感到快乐、有趣,加大成功概率。

"马上去做"、"亲自去做"是现代成功人士的做事理念,任何规划和蓝图都不能保证你成功。很多企业之所以能取得今天的成就,不是事先规划出来的,而是在执行中一步一步经过不断调整和实践出来的。因为任何规划都有缺陷,规划的东西是纸上的,与实际总是有距离的,规划可以在执行中修改,但关键还是要马上去做!根据你的目标马上行动,没有行动,再好的计划也是白日梦。

也许,在开始的时候,你会觉得做到"立即行动"很不容易,因为这样难免发生失误。但你最终会发现,"立即行动"的执行态度会成为你个人价值的一部分。当你养成"立即行动"的工作习惯时,你就掌握了个人进取的秘诀。当你下定决心永远以积极的心态做事时,你就朝自己的成功目标迈出了重要的一步。

如果你犯了一项错误,这个世界将会原谅你,但如果你未做任何决定,这个世界将不会原谅你,如果你已作了一个真正的决定,就要马上执行。方法是写下开头的几个步骤。哪件事是你现在马上可以进行,并且对你的新决定有帮助?你可打电话给谁?你可以做什么承诺?你可以写一封什么样的信?你可以做什么与以往不同的事?将你可以立即做的事列成一张表,并马上去实行它们,现在就去做!

如果我们认准了一项工作,那么我们就要立即行动:世界上有93%的人都因拖延懒惰而一事无成。一日有一日的理想,昨日有昨日的事,今日有今日的事,明日有明日的事。对有些人来说时间是金钱,对有些人来说时间是废品,一百次的胡思乱想抵不上一次行动。

聪明人雷厉风行,糊涂蛋事后懊悔,一个人应该尽早去做,否则你就会迫于形势而去做某事。聪明人当即就会断定什么该早点干,什么该晚些做,并且干得很开心。立即执行,这种态度还会削减准备工作中一些看似可怕的困难与阻碍,引领你更快地抵达成功的彼岸,当然,也会减少你将来的懊悔与遗憾。

竞争的实质就是速度

　　海尔集团首席执行官张瑞敏在一次中层干部会上提出这么一个问题：石头怎样才能在水中漂起来？反馈回来的答案五花八门。有人说"把石头掏空"，张瑞敏摇摇头；有人说"把它放在木板上"，张瑞敏说"没有木板"；有人说"石头是假的"，张瑞敏强调"石头是真的"……终于有人站起来回答说："速度！"

　　张瑞敏脸上露出满意的笑容，说："正确！《孙子兵法》上说'激水之疾，至于漂石者，势也'。速度决定石头能否漂起来。"

　　石头总是要往下落的，但速度改变了一切。打水漂的经验告诉我们，石头在水面跳跃，是因为我们给了石头一个方向，同时赋予了它足够的速度。

　　人生也是如此，没有人为你等待，没有机会为你停留，只有与时间赛跑，才有可能会赢。美国最负盛名的棒球手佩奇说：永远不要回头看，有些人可能会超过你。那个可爱的阿甘赢得美人归后，有人问他的爱情心得是什么，他说："我要跑得比别人快！"

　　在非洲的大草原上，一天早晨，曙光刚刚划破夜空，一只羚羊从睡梦中猛然惊醒。"赶快跑！"它想到，"如果慢了，就可能被狮子吃掉！"于是，起身就跑，向着太阳飞奔而去。

　　就在羚羊醒来的同时，一只狮子也惊醒了。"赶快跑，"狮子想到，"如果慢了，就可能会饿死！"于是，起身就跑，也向着太阳奔去。

　　一个是自然界兽中之王，一个是食草的羚羊，等级差异，实力悬殊，但生存却面临同一个问题——如果羚羊快，狮子就饿死；如果狮子快，羚羊被吃掉。

　　竞赛以快取胜，搏击以快打慢，军事先下手为强，商战已从"大鱼吃小鱼"变为"快鱼吃慢鱼"。大而慢等于弱，小而快可变强。快就是机会，快就是效率，快就是瞬间的"大"，无数的瞬间构成长久的"强"。

　　竞争的实质，就是在最短的时间内做最好的东西。人生最大的成功，就是在最短的时间内达成最多的目标。

索尼公司创始人盛田昭夫说:"如果你每天落后别人半步,一年就是一百八十三步,十年即是十万八千步。"

"早起的鸟儿有虫吃"。赶在别人前头,不要停下来,这是竞争者的状态。如果成功也有捷径的话,那就是赋予它足够的速度。

贝尔在研制电话时,另一个叫格雷的人也在研究。两人同时取得突破。但贝尔在专利局赢了——比格雷早了两个钟头。当然,他们两人当时是不知道对方的,但贝尔就因为这120分钟而一举成名,誉满天下,同时也获得了巨大的财富。

无论相差只是0.1毫米还是0.1秒钟——毫厘之差,天渊之别!

在竞技场上,冠军与亚军的区别,有时小到肉眼无法判断。比如短跑,第一名与第二名有时相差仅0.01秒;又比如赛马,第一匹马与第二匹马相差仅半个马鼻子(几厘米)……但是,冠军与亚军所获得的荣誉与财富却相差天地之远。

全世界的日光只会聚焦在第一名的身上。冠军才是真正的成功者。第一名后面,都是输家。时间的"量"是不会变的,但"质"却不同。关键时刻一秒值万金。

在21世纪,行动慢,等于没有行动。

你只有快速行动,立刻去做,比你的竞争对手更早一步知道、做到,你才有成功的机会。

因为21世纪是信息时代,信息的传递,天涯比邻,昨天远在天边发生的事情今天就近在眼前。

所以,必须掌握时间,立即行动!能够超越你竞争对手的关键,能够帮助你达到目标的关键,能够帮助你占领市场的关键,能够帮助你成功的关键,只有两个,一是行动;二是速度。

速度决定执行的效果

1935年2月26日,红军在二渡赤水后,回师遵义,要二占娄山关,二夺遵义城。而贵州军阀王家烈派部队从遵义出发,企图在红军到达娄山关之前将其阻截。大约11点钟,红三军团司令员彭德怀得到这一情报。敌方部队距离娄山关还有两三千米的路程,为了抢先占领有利地形，彭德怀命令红三军团全速跑步前进。

结果，敌人没有跑过以行动神速著称的红军，红军比敌人早5分钟占领了娄山主峰。彭德怀率领部队登上了峰顶俯视遵义方向时，发现山北侧的敌军距离他们只有100多米远。随即，红军利用居高临下的地理优势，以雷霆万钧之势，向山下的敌人猛攻，打得他们抱头鼠窜。

在随后的几天里，红三军团和红一军团会合，一鼓作气消灭敌人两个师和8个团，取得了长征途中第一次重大胜利。

在长征途中，红军之所以能够在敌人的围追堵截之下夺关渡河，克敌制胜，关键的一个因素是行动神速，比敌人早几分钟占据战场枢纽，比敌人早几分钟到达目的地，比敌人早几分钟渡过河。一位红军将领曾说过："我们不需要比敌人快很多，也许只需要一分钟。但是，早一分钟，我们就具有了优势。"

"兵贵神速"这一战略执行原则，为古今中外所有的军事家所推崇。在战争中，无论是寻找战机，还是采取行动，都要比对手抢先一步执行，使对方处于被动应战的劣势地位。

商场如战场，瞬息万变，机遇稍纵即逝。员工，作为执行企业竞争战略和战术的"士兵"，为了抢占先机，把握住机遇，在执行的过程中一定要提高速度和效率，像彭德怀指挥下的红军战士一样，"全速跑步前进"，才能做到不折不扣的执行。

在当今信息时代，对于企业来说，时间就是金钱，效率就是生命。现在企业间的竞争，在很大程度上就是速度的竞争。一个具有快速执行精神的员工，能够抓住机遇，在极短的时间里为企业创造出最大化的价值和额外利润。

1989年9月29日，福建闽侯工艺厂厂长万冠华得到这样一条商业情报：进口镀金项链很畅销。万冠华想，"不就是'镀金'吗？为什么非要'进口'货呢？"而此时，正在筹备中的"全国旅游内销工作会议"计划于10月3日在贵阳召开。

万冠华当机立断，马上组织几名技术工人不分昼夜、加班加点做出100条国产镀金项链，从中选出37条，赶在会议召开前、参会人员已到齐时带到会场上——仅仅比"进口货"快了一两天，万冠

华在这次内销工作会议上签到了 20 余万元的订单。

万冠华没有停歇,又带着产品马不停蹄地参加了另外两个专业会,接受订货款 50 余万元。在短短几天里,万冠华就将这家濒临倒闭的国营工艺厂"搞活"了。

员工的快速执行,不仅表现在新技术的推进、推广和应用上,而且表现在新产品的开发和推广上,更表现在向客户提供价廉物美的服务上。唯有快速执行,才能比竞争对手抢先一步,在市场角逐中为自己的企业赢得时间,赢得顾客,赢得丰厚的利润。具有这种执行精神的卓越员工,无疑是当今企业和组织所推崇的"标兵"和英雄。

当今是一个竞争时代,竞争无处不在。不仅企业与企业之间进行着激烈的竞争,而且在企业内部、组织内部、团队内部的员工之间也进行着竞争。在优秀的企业和组织的内部,所有的员工都是平等的。能者上,庸者下,平者让。人人都有机会,人人都可以晋升,关键要看谁的执行能力强,谁能快速地执行,谁能出色地完成任务,谁能在极短的时间内出色地完成任务。如果别人用两天才能完成的任务,你半天就可以"搞定",那别人就没有理由说你不是优秀的,老板也没有理由不赏识、器重和提拔你。

记住:无论是在战场,还是在商场、职场,只有执行、执行、再执行,只有迅速、迅速、再迅速。一个能够迅速地执行命令的战士就是英雄,一个能够迅速地执行任务并不折不扣地完成任务的员工同样是英雄,是"职场英雄"!

积极行动起来,你就能成就自我

很多时候,心里怎么想,你就会怎么做,如果相信自己能够做到,你就能做到。无论你现在是什么样的人,只要勇于挑战自我,就能变成你想做的人。

1. 要有主动性,要坚持

有一个知名的管理者顾问,他在创业初的前六个月就把十年的积蓄用得一干二净,但他没有退缩,他坚持要实现自己的理想。在整整七年的艰苦挣扎中，他没有说过一句怨言，反而说："我还要学习啊！……不管怎样，我还会继续坚持下去。"

积极主动的人都是不断做事的人，他真的去做，直到完成为止；被动的人都是不做事的人，他会找借口拖延，直到最后他找到理由证明这件事"不应该做"、"没有能力去做"或"已经来不及了"为止。

我们需要毅力，我们要学会新的尝试，坚持自己的目标，不要畏缩不前。

西华·莱德生是个著名的作家兼战地记者，他的《继续走完下一里路》中有他收到的最好的忠告。

"在第二次世界大战期间，有一次我跟几个人不得不从一架破损的运输机上跳伞逃生，结果降落在缅甸与印度交界处的树林里。当时唯一能做的就是拖着沉重的脚步往印度走。全程长140英里，在八月的酷热季风所带来的暴雨侵袭下翻山越岭、长途跋涉。

"才走了一个小时，一只长筒靴的鞋钉就扎了脚。傍晚时满脚都起泡出血，像硬币那般大小。别人的情况也都差不多，有的甚至更为糟糕。为了在晚上找个地方休息，我们别无选择，只好硬着头皮走下去。最终，所有人都到达了目的地。"

2. 把握机会

台湾一知名人士徐乃麟，从小没到过台北，书没读好，被保送上了体育学校，但是体育又不是他所要的，最后只好休学到社会上闯荡磨炼。

19岁时他在台北找到了第一份工作，接触了一些文人，又在其姐夫的帮助下加入艺工队。退伍后他当了业务员，一个偶然的机会，他的一个朋友找他拍广告，他诚惶诚恐，却没有让这次机会擦肩而过，而是牢牢地把握住它了。就这样开始了拍广告的职业，前前后后拍过二十几部广告，有的广告还获了奖，后来他又考入了唱片公司，适时地抓住了每次机会。当唱片业不景气时，有人找他演戏，他也去演，后来主持《自战自胜》《综艺万花筒》……他从来不放弃机会。

曾有人找他拍《一代传人》这部戏，当时唱片公司不让他去，但他认为：既然唱片赚不到几个钱，演戏起码还有基本保障。后来又演了琼瑶的《海鸥飞处彩云飞》，戏很短，酬劳比他以前都低。但

当时琼瑶很红,他觉得这是个机会,能磨炼自己。于是,一部接一部,越演越好。如果他没有把握这次机会,没有进入琼瑶的公司,就不会演得好,也无法进步。

徐乃麟利用自己口才好、人缘好,又是公众人物的优点,进入了时髦的保险行业,结果很成功。另外,开花店,开公关公司,都是他利用机会去寻找另外的方向来弥补他在本行不利时的空当时间的,所以他才有了成功的机会。

3. 永远不要满足现在的成就

心理学家马斯洛说过,一个人一生中有几个追求的层次,当我们的生理需求满足了,就会变成追求安全需求的满足,然后,才是相知、相爱、被尊重的感觉及自我实现。一个阶段完成之后,就必须追求另一个阶段,千万不可以现在的成就为满足。要记住,一个人的潜能是无限的。

李扬,一个在中国家喻户晓的名人,曾为电视剧《莫斯科保卫战》中的希特勒、《西游记》中的孙悟空、《米老鼠和唐老鸭》中的唐老鸭配音,又主持过中央电视台的王牌节目,非常受大家的欢迎。

在别人眼里,他的工作可谓一帆风顺,颇有成就。但李扬没有这样想。他不满足自己现有的成就,1992年后的8年,李扬转赴香港,成立香港李扬集团,闯入香港影视圈,意在以香港为中心,将内地最优秀的文化介绍给香港及世界其他国家和地区。

他重新包装节目让港人接受,其中《三国演义》、《邓小平》、《唐明皇》,反映上海知识青年坷坎遭遇的电视剧《孽债》,反腐倡廉的纪实剧作《青天在上》等都受到了香港同胞的欢迎,让香港了解了内地。

由一个著名的主持人、出色的配音演员,到香港文化商人,这一系列的变化,源于对自己现有成就的不满足。一个人要永远想着自己的未来还有明天、更好的明天。因为永远没有达到最后目标的那一天,所以每天都追求自我成长,直至最后的成功。

4. 确立自己的目标

想成功，必须要发现自身内在的价值，同时很卖力地学习。其实追求价值的人，已有明确的目标要把自己塑造成什么样的人。在期许中寻找自己真正想得到的东西，是非常重要的。

我们要学会从目标中获取力量，只有有目标才能发动各种力量。当我们没有退路时，就会产生一股爆发力，只要我们坚持，就能实现自己的目标。

一个没有目标的人就像一艘没有指航灯的船，永远漂流在海洋上，永远达不到目标。

所以，不要把成功寄托在金钱、出身、优越的先天条件上，重要的是敢于向自我发起挑战，大声对自己说："我行！我还可以做得更好！"不断地努力下去，你就能取得突破，使自己成为最优秀的人。

第八章 工作效率与职业精神成正比

不可缺少敬业精神

一个人要想做事高效,敬业精神不可缺少。试想,一个成天敷衍塞责、得过且过的人,能是高效率的人吗?

所谓敬业,就是要尊重自己的工作。工作时要投入自己的全部身心,甚至把它当成自己的私事,无论怎么付出都心甘情愿,并且能够善始善终。如果一个人能这样对待工作,那么一定有一种神奇的力量在支撑着他的内心,这就是我们现在所说的职业道德。在人类历史上,职业道德一贯为人们所重视,而在世界发展日新月异的今天,它更是一切想成就一番大业者不可或缺的重要条件。

在现代社会,商品竞争非常激烈,从某种角度上讲,一个公司的员工的敬业程度决定了其生死存亡。要为顾客提供优质的服务,要创造优秀的产品,就必须具备忠于职守的职业道德。遗憾的是,在我们当中总是有那么一部分人,他们工作时游手好闲,偷工减料,借口满天飞,还一点都不知道悔改,也许,在他们的脑海中根本就没有"敬业"这个词,更不会想到把职业当作一项神圣的使命。

当然,在现实生活中,你的敬业精神可能被老板忽视了,但是,你的同事是清楚的,他们会因此而尊敬你;那些工作马虎,却能靠玩弄各种手段爬上领导岗位的人,虽然可以得到暂时的荣耀,但却必将遭到同事的轻视,也会因此而毁了自己的前程。投机取巧也许会使你一夜暴富,但也会让你付出惨重的代价,使你臭名昭著。而好的名誉是一个人走向成功的加速器,是笔巨大的无形资产。人们的尊敬将给你带来更多的自尊与自信。

要赢得人们的尊重,首先要有基本的职业道德,要有敬业精神,否则,即使你有一流的工作能力,也会因为缺乏敬业精神而遭到社会的唾弃。不要抱怨低微的职位和薪水，不要因为老板的忽视而丧失向上的精神，只要敬业肯干，不吝于投入时间和精力，就一定可以寻找到工作中的快乐，在工作中获得满足和自豪，并得到尊重。

第八章 工作效率与职业精神成正比

只有高中文凭的佟亮几年前来到北京，先后做过推销员、送货员、销售代表等工作，但是，由于兴趣的原因，他在这些方面都没能取得什么成绩。一次偶然的机会，在朋友的帮助下，他进了一家广告公司做起了文案策划。

刚得到这个机会的时候，佟亮非常兴奋。因为这些年来他梦寐以求的就是能够从事文字工作，现在有了这样的条件，他终于可以大展宏图了。

他刚来到这家公司，工资并不高，也很辛苦，但佟亮很知足，也很珍惜。为了能学到更多的东西，更多地锻炼自己，在公司里，凡事他都抢着做，就算做完了每天的额定工作量，他也不像其他人那样聊天打发时光，他总是尽量找些事情来做。有的客户只要一个策划方案，可他却总是争取时间弄出一个备用方案来给人选择，以防万一。这让许多客户都非常意外，也更加满意，纷纷对他表示称赞。

一次，劳动节休假，一个公司的老客户找到公司老板做一份策划，时间非常紧。可是老板打了好几个员工的电话要人回来加班，都被推辞掉了。无奈之下，他只好拨通了刚刚加了两天班，现正在家休息的佟亮的电话。佟亮接到电话后，二话没说就直接赶了过来，用一天一夜的时间把策划书做好了。

把客户送走之后，老板就把佟亮叫进了经理室，塞给了他一个两千元的红包，说："这次真的太辛苦你了，你知道吗，那是一个很大的客户，我们能接到他们公司的活儿是很不容易的。这次我们给他留下的印象很好，以后肯定会有更多的合作，所以，你给公司带来的不仅仅是一次生意，而是很多次。真的非常谢谢你！你是一个敬业的人，无论从平时工作，还是从这次表现我都看得出来，这是你应得的奖励。"

这之后没有多久，佟亮就被正式提拔为策划部的负责人，坐进了宽敞明亮的办公室。

敬业爱岗是我们常常听到的一句口号，简单的四个字，虽说听起来总有

那么点公式化的感觉,可是在实际生活中却还真的不可忽视。如果一个人连起码的敬业精神都没有,又怎么能赢得上司的信任呢?

那如何来判别员工的敬业度呢?

根据全球领先的人力资源管理咨询公司韩威特咨询有限公司在对世界500强企业进行的最佳雇员调查中发现,雇主十分看重员工敬业行为的三个方面的表现:一是积极评价自己的企业,不断向同事、潜在同事,尤其是向客户高度赞扬自己的企业;二是渴望留任,强烈希望留在企业;三是竭尽所能,付出额外的努力,并致力于那些能够促使公司获得成功的工作。

有敬业精神的员工除了有以上特点和行为表现外,还具有以下两大特质。

一是对工作要有"三心"。所谓的"三心"就是耐心、恒心和决心。任何事情都不是一蹴而就的,因此,在工作中要做到不计较个人得失,勇于吃苦耐劳,踏实肯干。不可只凭一时的热情、三分钟的热度来工作,也不能在情绪低落时,就马马虎虎、应付了事。老板认为有这种表现的员工是靠不住的。当老板吩咐你做一件事的时候,一定要坚持到底,绝不可中途打"退堂鼓",再苦再累都要尽心尽力把它完成好,这样你在老板心中的印象会有一个很大的提高。

二是要学会巧干。做事是要讲求效率的,虽然有时你在工作中踏实苦干,但是本来需要1个小时就能完成的工作,你却干了3个小时甚至更多,这同样也不会让老板对你有好感。对于工作,老板往往不看重你撒了多少次网,而是你的网中有没有鱼,有多少鱼。因此,对工作不仅要苦干还要学会巧干。有很多人看起来工作很认真,每天都在兢兢业业、埋头苦干,但忙忙碌碌的就是没干出多少成绩。这种员工不仅得不到老板的好感,反而会使老板和同事瞧不起。我们提倡勤勤恳恳工作的敬业精神,但并不是不要求工作的效率和方法。苦干是老板喜欢看到的,但老板更喜欢巧干、高效率的员工。

只要你能时刻将敬业视作一种美德,干一行爱一行,对工作尽心尽力,你就能找到通向成功之路的秘诀。

对自己的工作负责,是高效工作的前提

负责,就是要为自己所从事的工作和接受的任务承担责任,而绝不推卸。这样的人才有可能告别忙碌,高效工作。否则,一个自由散漫、对工作不闻

不问的人，又怎能成为一个高效者？

作为一名员工，你应该经常问自己：你的工作是什么？你是否将你的工作当成一种责任来看待？

从根本上说，工作本身就意味着责任。所以，工作不仅仅是我们为了谋生而做的事，而要把它当成一种使命来完成。

要将责任根植于内心，让它成为我们脑海中一种强烈的意识，在日常行为和工作中，这种责任意识会让我们表现得更加卓越。我们经常可以见到这样的员工，他们在谈到自己的公司时，使用的代名词通常都是"他们"而不是"我们"，"他们业务部怎么怎么样"，"他们财务部怎么怎么样"，这是一种缺乏责任感的典型表现，这样的员工至少没有一种"我们就是整个机构"的认同感。

责任感是不容易获得的，原因就在于它是由许多小事构成的。但是最基本的是做事成熟，无论多小的事，都能够比以往任何人做得都好。

> 有一个替人割草打工的男孩打电话给布朗太太说："您需不需要割草工？"布朗太太回答说："不需要了，我已有了割草工。"男孩又说："我会帮您拔掉草丛中的杂草。"布朗太太回答："我的割草工已做了。"男孩又说："我会帮您把草与走道的四周割齐。"布朗太太说："我请的那人也已做了，谢谢你，我不需要新的割草工人。"男孩便挂了电话。此时男孩的室友问他说："你不是就在布朗太太那儿割草打工吗？为什么还要打这个电话？"男孩说："我只是想知道我究竟做得好不好！"

多问自己"我做得好不好"，这就是责任。

在这个世界上，没有不需承担责任的工作，相反，你的职位越高、权力越大，你肩负的责任就越重。不要害怕承担责任，要立下决心，你一定可以承担任何正常职业生涯中的责任，你一定可以比前人完成得更出色。

责任体现在工作的每一个环节。比如，遵守公司的规定也是每一个员工的责任，你上班时迟到了五分钟，公司可能就扣掉了你当月的奖金，因为你没有履行遵守公司的规定的责任。你很可能对公司的处理愤愤不平："不就迟到五分钟吗？有什么了不起的，也不会有多大影响。"其实，如果你仔细反思一下自己，公司的每个人都迟到五分钟，那会怎么样？你的这种想法只能说

第八章 工作效率与职业精神成正比

明你没把自己的责任当回事儿。

责任也体现在每一个细微的方面。事实上,一个连小事都不愿负责的人,又怎能在大事面前敢于担当呢?

一位人力资源部经理说:"看一个人是否有责任,不用从什么大的方面来看,就从那些细微的小事,从那些下意识能做的事情就可以得到答案。"

一家公司正在招聘新员工。来了不少应聘的人,看起来一个个精明干练。面试的人一个个进去又一个个出来,大家看起来都是胸有成竹。面试只有一道题,就是谈谈你对责任的理解。对于这样的一个问题,很多人都认为简单得不能再简单。

然而结果却出人意料。

一个人都没有被录取。难道这家企业成心不想招人?"其实,我们也很遗憾,我们很欣赏各位的才华,你们对问题的分析也是层层深入,语言简洁畅达,非常令各位考官满意。但是,我们这次考试不是一道题,而是两道,遗憾的是,另外一道你们都没有回答。"经理说。

大家哗然。"还有一道题?"

"对,还有一道,你们看到了躺在门边的那个笤帚了吗?有人从上面跨过去,有的甚至往旁边踢了一下,但却没有一个人把它扶起来。"

"对责任的深刻理解远不如做一件有责任的小事,后者更能显现出你的责任感。"经理最后说。

作为一家书店的营业员,你是否经常擦拭书架上的灰尘?作为一家公交公司的司机,你是否让你的车时时保持整洁?作为一家商场的服务员,你能否给顾客一个让他再次光临的微笑?

事情可能很小,但这些小事正是体现你责任感的地方。你做到了吗?

一位曾多次受到公司嘉奖的员工说:"我因为责任感而多次受到公司的表扬和奖励,其实我觉得自己真的没做什么,我很感谢公司对我的鼓励。其实担当责任或者愿意负责并不是一件困难的事,如果你把它当作一种生活态度的话。"

世界上最愚蠢的事情就是推卸眼前的责任。推卸责任最常用的手段就是寻找各种借口。

在生活、工作中，我们往往听到了太多的借口：事情做不好的时候，我们会听到"对不起，我不会"、"对不起，我没有足够的时间"、"他太挑剔"、"这不是我的错"、"是他没有告诉我"等借口；迟到的时候，我们会听到"路上堵车"、"手表停了"等借口；产品没卖出去有借口，顾客不满意有借口……只要用心去找，借口总是有的。久而久之，就会形成这样一种局面：每个人都努力寻找借口来掩盖自己的过失，推卸自己本应承担的责任。

借口让我们暂时逃避了困难和责任，获得了些许心理慰藉。但一味地寻找借口无形中会提高沟通成本，削弱团队协调作战能力。如果养成了寻找借口的习惯，当遇到困难和挫折时，就不会积极地去想办法克服，而是去找各种各样的借口。借口的背后也意味着"我不行"和"我不想去努力"。长期这样，会导致一个人的消极懈怠、一事无成，也会导致一个团队的战斗力丧失，一个企业的落败。

要学会在问题面前、困难面前、错误面前勇于承担起自己的责任，努力寻找解决方案，而不是在发生问题时四处寻找托词和借口。有这样一句话，"没有卑微的工作，只有卑微的工作态度"。相同的工作如果用消极的态度与积极的态度去做，效果会截然不同。既然是必须做的事情，无法推脱，为何不积极去面对呢？与其埋怨工作，不如行动起来将事情处理好！

不论做什么，都应该尽力而为。只要现在能够做到，就不要有任何推迟，哪怕只有一个小时，甚至一分钟。没有任何借口，自动自发，所有的障碍都会变得微不足道。凡是身处要职且卓有成就的人，都具备这种优良特性。

无论什么时候，我们都不要放弃。不要放弃，不要寻找任何借口为自己开脱，寻找解决问题的办法，才是最有效的工作原则。保持一颗积极、绝不轻易放弃的心，成功定会属于你。

把公司的事当作自己的事

英特尔总裁曾对毕业生提出这样一个建议："不管你在哪里工作，都别把自己当成员工，应该把公司看做自己开的一样。事业生涯除了你自己之外，全天下没有人可以掌控，这是你自己的事业。"作为一名员工，拿着公司的薪水，就应当把公司的事当成自己的事，无论老板在不在，都应当发挥主动负

责的精神,把公司需要的事情做好。这不仅是一名优秀员工应遵守的职场道德,同时也是一个忙于要事的人必须遵循的职场规则。

加伦是一家IT公司的营销部经理,有一次,他带领一个团队去参加一个国际产品展示会。在开展之前,有很多事情要做,包括展位设计和布置、产品组装、资料整理和分装等,需要加班加点地工作。可加伦带去的那一帮安装工人中的大多数人,却和平日在公司时一样,不肯多干一分钟,一到下班时间,就溜回宾馆去了,或者逛大街去了。加伦要求他们干活儿,他们竟然说:"没加班工资,凭什么干啊?"更有甚者还说:"你也是打工仔,不过职位比我们高一点而已,何必那么卖命呢?"

在开展的前一天晚上,公司老板亲自来到展场,检查展场的准备情况。

到达展场,已经是凌晨一点,让老板感动的是,加伦和一个安装工人正挥汗如雨地趴在地上,细心地擦着装修时粘在地板上的涂料。而让老板吃惊的是,其他人一个也见不到。见到老板,加伦站起来对老总说:"我失职了,我没有能够让所有人都来参加工作。"老板拍拍他的肩膀,没有责怪他,而指着那个工人问:"他是在你的要求下才留下来工作的吗?"

加伦把情况说了一遍。这个工人是主动留下来工作的,在他留下来时,其他工人还一个劲地嘲笑他是傻瓜:"你卖什么命啊,老板不在这里,你累死老板也不会看到啊!还不如回宾馆美美地睡上一觉!"

老板听了叙述,没有做出任何表示,只是招呼他的秘书和其他几名随行人员加入到工作中去。

但参展结束,一回到公司,老板就开除了那天晚上没有参加劳动的所有工人和工作人员,同时,将与加伦一同打扫卫生的那名普通工人提拔为安装分厂的厂长。

被老板开除的那一帮人很不服气,去找人力资源总监理论。"我们不就是多睡了几个小时的觉吗,凭什么处罚这么重?而他不过是多干了几个小时的活,凭什么当厂长?"他们说的"他"就是那个被提拔的工人。

人力资源总监严肃地对他们说:"用前途去换取几个小时的懒觉,是你们的主动行为,没有人逼迫你们那么做,怪不得谁。而且,我可以通过这件事情推断,你们在平时的工作里偷了很多懒。他虽然只是多干了几个小时的活儿,但据我们考察,他一直都是一个积极主动的人,他在平日里默默地奉献了许多,比你们多干了许多活,提拔他,是对他过去默默工作的回报!"

评价员工优秀与否有一个标准,那就是他工作时的动机与态度。如果一名员工只知道被动地工作,习惯于像奴隶一样在主人的监督下劳动,缺乏工作热忱,那么可以确定,他的工作效率肯定是会大打折扣的,当然,这样的员工是不会有什么成就的。

一个能够忙于要事的员工,无论老板在不在,他都会一如既往地努力工作。因为他知道,工作并不是做给老板看的,他对自己的要求,常常比老板还要严格。作为一个公司员工,老板不在的时候,也是容易放松自己的时候。可是,无论老板在不在,你勤奋工作都应该是发自内心的,你的任何业绩都是自己努力的结果,你不能仅仅是做出样子来给老板看,老板要的是实际业绩和工作效果。

自动自发地工作,能够主动去做公司需要的事是每一个优秀员工的共同特点,没有对工作的热爱就不会有全身心的投入,就会因为缺乏自律而放任自流,当然谈不上高效工作,主动去做公司需要的事了。

将工作当成人生的乐趣

人生最有意义的就是工作,与同事相处是一种缘分,与顾客、生意伙伴见面是一种乐趣。将工作当成人生的乐趣,你才能最大限度地提高自己的工作效率。

即使你的处境再不尽如人意,也不应该厌恶自己的工作,世界上再也找不出比厌恶自己工作更糟糕的事情了。如果环境迫使你不得不做一些令人乏味的工作,你应该想方设法使之充满乐趣。用这种积极的态度投入工作,无论做什么,都很容易取得良好的效果。

人可以通过工作来学习,可以通过工作来获取经验、知识和信心。你对

工作投入的热情越多、决心越大，工作效率就越高。当你抱有这样的热情时，上班就不再是一件苦差事，而变成一种乐趣，就会有许多人愿意聘请你来做你所喜欢的事。工作是为了使自己更快乐！如果你每天工作八小时，你就等于拥有了八小时的快乐，这是一个多么合算的事情啊！

有许多在大公司工作的员工，他们拥有渊博的知识，受过专业的训练，他们朝九晚五穿行在写字楼里，有一份令人羡慕的工作，拿一份不菲的薪水，但是他们并不快乐。他们是一群孤独的人，不喜欢与人交流，不喜欢星期一；他们视工作如紧箍咒，仅仅是为了生存而不得不出来工作；他们精神紧张、未老先衰，常常患胃溃疡和神经症，他们的健康真是令人担忧。

在乐趣中工作，就该爱你所选，不轻言变动。如果你开始觉得压力越来越大、情绪越来越紧张，在工作中感受不到乐趣，没有喜悦的满足感，就说明有些事情不对劲了。如果我们不从心理上调整自己，即使换一万份工作，也不会有所改观。

一个人工作时，如果能以精益求精的态度、火焰般的热忱，充分发挥自己的特长，那么不论做什么样的工作，都不会觉得辛劳。如果我们能以满腔的热忱去做最平凡的工作，也能成为最精巧的艺术家；如果以冷淡的态度去做最不平凡的工作，也绝不可能成为艺术家。各行各业都有发展才能的机会，实在没有哪一项工作是可以藐视的。

如果一个人鄙视、厌恶自己的工作，那么他必遭失败。引导成功者的磁石，不是对工作的鄙视与厌恶，而是真挚、乐观的精神和百折不挠的毅力。

不管你的工作是怎样的卑微，都当付之以艺术家的精神，当有十二分的热忱。这样，你就可以从平庸卑微的境况中解脱出来，不再有劳碌辛苦的感觉，厌恶的感觉也自然会烟消云散。

常常有一些刚刚毕业的大学生抱怨自己所学的专业，但他们却无法回答最基本的问题：如果你所学的专业与个人的志趣南辕北辙，那么，当初为什么会选择它呢？如果已经为你的专业付出了四年的时光甚至更多的时间，这说明你对自己的专业虽然谈不上热爱，但至少可以忍受。

所有的抱怨不过是逃避责任的借口，无论对自己还是对社会都是不负责任的。想一下亨利·恺撒——一个真正成功的人，不仅因为冠以其名字的公司拥有10亿美元以上的资产，更由于他的慷慨和仁慈，使许多哑巴会说话，使许多跛者过上了正常人的生活，使穷人以低廉的费用得到了医疗保障……所有这一切都是由恺撒的母亲在他的心田里所播下的种子生长出来的。

玛丽·恺撒给了她的儿子亨利无价的礼物——教他如何应用人生最伟大的价值。玛丽在工作一天之后，总要花一段时间做义务保姆工作，帮助不幸的人们。她常常对儿子说："亨利，不工作就不可能完成任何事情。我没有什么可留给你的，只有一份无价的礼物：工作的欢乐。"

恺撒说："我的母亲最先教给我对人的热爱和为他人服务的重要性。她常常说，热爱人和为人服务是人生中最有价值的事。"

如果你掌握了这样一条积极的法则，如果你将个人兴趣和自己的工作结合在一起，那么，你的工作将不会显得辛苦和单调。兴趣会使你的整个身体充满活力，使你在睡眠时间不到平时的一半、工作量增加两三倍的情况下，不会觉得疲劳。

工作不仅是为了满足生存的需要，同时也是实现个人人生价值的需要，一个人总不能无所事事地终老一生，应该试着将自己的爱好与所从事的工作结合起来，无论做什么，都要乐在其中，而且要真心热爱自己所做的事。

让激情之火在胸中燃烧

火热的欲望产生激情，激情造就卓越。爱默生曾经说过："没有激情，就没有任何事业可言。"

有欲望的人才会成功。你要做的就是要把这种欲望转化为熊熊的火焰，让这火焰把自己燃烧起来，并由此带来高效率。

通用电气前董事长兼首席执行官杰克·韦尔奇在自传中写道：

"每次我去克罗顿维尔，向一个班级提问，拥有什么样的素质才能称得上一名'顶级的玩家'，我常常高兴地看到第一个举起手来的人说：'是工作热情'。对我来说，极大的热情能做到'一俊遮百丑'。如果有哪一种品质是成功者共有的，那就是他们比其他人更在乎。没有什么细节因细小而不值得去挥汗，也没有什么大到不可能办到的事。多年来，我一直在我们选择的领导中挖掘工作热情，热情并不是浮夸张扬的表现，而是某种发自内心深处的东西。"

告别忙碌，做个高效者

　　什么东西能够激发一个人为了完成一件任务可以几天几夜不眠不休？可以承受几年甚至更长的时间去做琐碎细致的工作而一直追求卓越？可以面对任何困难毫不退缩？可以面对无数次拒绝仍然不会放弃？可以不惜一切代价地去做事不达目的绝不罢休？是进取的激情。

　　比尔·盖茨说过："每天早晨醒来，一想到所从事的工作和所开发的技术将会给人类生活带来的巨大影响和变化，我就会无比兴奋和激动。"

　　萨姆·沃尔顿，这位沃尔玛公司的创始人，在80多岁的时候，还马不停蹄地在全国巡视他那庞大的连锁店帝国。他去南美洲考察的时候，因为在超市里不断爬上爬下测量货架之间的距离，被超市报警送到警局里。

　　当然，我们对于理想有自己的考虑，并不一定非要像这些大富豪一样积累巨大的财富。我们有我们自己的追求。要知道，我们来到这个世界，不是为了浑浑噩噩、稀里糊涂地度过此生，为的是要体现自己的人生价值，发挥出自己的本色，做一个最好的自己。没有人愿意虚度一生，谁都希望自己的生命充实美满，富有意义。进取之心，人皆有之。可是岁月流逝，越来越多的人失去了斗志和激情。如今，我们正处在人生的创造时期，怎能失去进取之心，失去激情，麻木不仁地度过此生呢？

　　那么，怎样发现和释放激情呢？

　　要热爱自己的工作，你要看到你所做的事情的意义和价值。如果你能换一种眼光来看待你的工作，你的感受可能就会发生变化。

　　你对一件事了解得越多，你就会对它越感兴趣。想想看，你对你没接触过的东西会感兴趣吗？绝对不会，甚至你可能根本就没兴趣去接触它。可是，一旦你对这件事的了解多起来，你就越能发现其中的乐趣。所以，你不妨对于你的工作多做些研究，多思考其中的窍门，这是个很有效的技巧，你会发现你不仅增强了工作的技能，而且更能从工作中感受到乐趣。

　　没有什么工作是值得轻视的，也没有什么工作是你不能从中感受到乐趣的。很多人轻视和厌烦他们所从事的工作。想想他们吧，从周一干到周五，是一件多么受折磨的事情啊。还有一些人有一种浪漫主义的想法，以为只有某些行业的工作才是有意义的。实际上，能不能从工作中感受到乐趣和激情，属于一种能力，或者说是一种习惯。如果没有养成这种习惯、做什么工作都不会踏实。当你养成了这种习惯，在任何工作中你都能发现乐趣。世界顶级的希尔顿饭店的总裁曾经说过："我们饭店最普通的工作人员都热爱自己的工作。你能想象在勤杂业的爱因斯坦吗？如果你不能想象，那你就没有资格在这个行业里混。"

对工作充满激情吧，激情会让你出类拔萃。

摒弃偷懒的习惯

很多刚走上工作岗位的员工都认为，老板不在的时候正是可以放松的时候。每天老板在的时候，绷紧的神经似乎都要爆破了，终于等到老板出去参加什么会议了，或是出国考察、谈判项目去了，他们就把这当做了最好的偷懒时机。

如果刚刚毕业、已经二十多岁的你，工作起来还像小学生学习一样，非要老板在后面盯着管着才认真地去干，发现老板不在就偷懒。可以断定，这样低效工作的员工永远也不会成为一名优秀的员工，只能使一个本来天赋很好的人步入平庸，这样的例子并不在少数。

> 江城是一家公司的销售部经理。一天，他到一家销售公司联系一款最新的打印设备的销售事宜，因为是一款大众化的新品，并且厂家即将开展大规模的广告宣传，为争取更大的市场份额，对经销商的让利幅度也非常大。江城决定在媒体大量宣传报道之前同一些信誉与关系都比较好的经销商敲定首批订量。
>
> 他来到一家一直保持密切业务关系的公司，恰巧老板不在。当他提起即将推出的新品时，负责接待他的员工冷冷地说："老板不在！我们可做不了主！"江城把宣传资料拿出来，试图说明这是一款新产品，性能和质量都非常好，而且现在订货会有一定的优惠。但是，令他失望的是，那名员工根本不听他的解释，只用非常简单的一句话搪塞："老板不在！"
>
> 江城没有办法，只好悻悻地走了出来。他抱着试一试的态度，去了另外一家公司，不想这家公司的老板也不在。这让江城有点失望。接待他的是一位新来不久的女青年，非常热情。当江城说明了来意，她没有以老板不在为借口，而是主动要求第二天就为他们公司送货，其他具体事宜等老板回来以后再由老板定夺。
>
> 结果很清楚，第一家公司的员工因为老板不在而丧失了很好的

商机，等再要求补货的时候，已经没有了优惠，利润自然大打折扣。当老板得知事情的经过后，毫不客气地就把那位员工辞掉了。而第二家公司则因为那位女青年在老板不在的时候，也一样对工作尽职尽责，以优惠的价格购进了江城推荐的产品，不到一个月就销售了近9000件，为老板净赚了9万多元。这位女青年自然得到了老板的赏识，刚进公司就被提升为主管。

你可以尽职尽责地完成自己的工作，也可以投机取巧；你可以一如既往地维护公司的利益，也可以趁机牟私利。但是别忘了，老板可能一时间难以发现，那并非意味着老板永远也不会发现。老板不在的时候，如果你能干出比平时更突出的成绩来，就更能获得老板的信任和重用，进而得到的会更多。

不管老板在不在，也不管别人有没有看到，一定让自己努力，因为收获最大的是你自己。如果一个员工总是认为工作是为老板干，经常趁着老板不在的时候推卸责任、偷懒，这样的员工在公司中价值低廉，很快就会在竞争中被淘汰掉。

自觉自愿地工作

拿破仑·希尔曾经说过："自觉自愿是一种极为难得的美德，它能驱使一个人在不被盼咐应该去做什么事之前，就能主动地去做应该做的事。"

他说："这个世界愿对一件事情赠与大奖，包括金钱与荣誉，那就是自觉自愿。"

有些人只有被人从后面催促时，才会去做他应该做的事，这种人的工作效率可想而知。还有一种人，根本不会去做他应该做的事，即使有人跑过来向他示范怎样做，并留下来陪着他做，他也不会去做。他总是失业，得到他们应得的藐视。在这种情况下，命运之神会耐心地在拥挤人群的一隅等着他们。而养成主动工作、积极进取这种习惯的员工，命运是完全不同的，他们很容易在职场中找到自己的位置，并获得成功。

那些在职场中平平庸庸的人，只是被动地应付工作，为了工作而工作，他们在工作中没有投入自己全部的热情和智慧。他们只是在机械地完成任务，而不是创造性地、自觉自愿地工作。

第八章 工作效率与职业精神成正比

应该明白，那些早出晚归的人不一定是认真工作的人，那些每天忙忙碌碌的人不一定是圆满地完成工作的人，那些每天按时打卡、准时出现在办公室的人不一定是尽职尽责的人。对他们来说，每天的工作可能是一种负担、一种逃避，他们并没有做到工作所要求的那么多、那么好。对每一个企业和老板而言，他们需要的绝不是那种仅仅遵守纪律、循规蹈矩，却缺乏热情和责任感，不能积极主动、自觉自愿工作的员工。

在许多公司，从事最基层工作的员工一般都习惯于等待再等待，很少去主动争取或积极地处理工作，只是等到接到了明确的工作指令后才去行动，而且在工作中不断地请示，以求得下一步的工作指令。这种被动工作的员工，很难在工作中获得成就，最终将一事无成。

养成被动工作习惯的人，不但老板没有交代的工作做不好，甚至老板交代的工作也要一再督促才能勉强做好。这种被动的态度自然会导致一个人的积极性和工作效率下降。久而久之，即使是被交代甚至是一再交代的工作也未必能把它做好，而是想方设想去拖延、敷衍。

同时，被动工作的态度，使你在工作中不愿负起责任，害怕犯错，不敢解决困难。因此，稍不如意，就把那些旁人看来不是问题的问题全搬到上司那里，请求下一步的指示。这样的员工，别人不禁要发问：他怎么会这样？究竟还有没有一点点的工作能力？他还能干什么？

员工不该对上司有过多的依赖，"等待命令"、被动工作会导致你事事请示，而事事请示不但增加了上司的负担，你自身也很难"成长"。

被动地去工作，你就会养成"有所为而为"的工作态度，或是只做你喜欢的工作，那么，你就别指望公司会分派你具有挑战性的工作，让你担当重任，这样就失去了提升自己的机会。

检视一下你自己，看看你有没有被动等待工作的不良习惯。如果有，就不要再消极地等待了，也不要去抱怨，而是要作自我批评，乐于改变。

那些不论老板是否安排任务、自己主动促成业务的员工，那些交给任务、遇到问题后不会提出任何愚笨的、啰唆问题的员工，那些主动请缨、排除万难、为公司创造巨大业绩的员工，就是时下老板要找的人。他们与那些工作态度懒懒散散、漠不关心、马马虎虎，除非苦口婆心、威逼利诱才能把事情办成的被动者相比，确实有天壤之别。现代市场经济，只需要那些主动者。

任何老板，都需要那些主动寻找任务、主动完成任务、主动创造财富的员工。所谓的主动，指的是随时准备把握机会，展现超乎他们要求的工作能力，

以及拥有"为了完成任务，必要时不惜打破成规"的智慧和判断力。那些工作时主动性差的员工，墨守成规、避免犯错，凡事只求忠诚公司规则，老板没让做的事，绝不会插手；而工作时主动性强的员工，则勇于负责，有独立思考的能力，必要时会发挥，漂亮地完成任务。

公司的大目标和员工的小目标都是创造财富。只要符合这个大目标，员工们就不应该局限于自己的任务，而应该在不破坏公司各种秩序的情况下，主动地完成额外的任务，出色地为公司创造额外的财富。甚至要先于你的主管和老板，提出并实施有益于公司发展的项目和业务。

老板不在身边却更加卖力的员工，是具有主动性的员工。如果只有在别人注意时才有好的表现，那么你永远无法达到成功的顶峰。最严格的表现标准应该是自己设定的，而不是由别人要求的。如果你对自己的期望比老板对你的期望更高，那么你就无须担心会失去工作。同样，如果你能达到自己设定的最高标准，那么加薪晋职也将指日可待。如果想登上成功之梯的最高顶端，你得永远保持主动率先的精神，纵使面对缺乏挑战或毫无乐趣的工作，终能最后获得回报。当你养成这种自觉自愿的习惯时，你就有可能成为老板和领导者。

严于自律让你的工作更出色

你在老板面前和老板不在的时候是不是一样努力工作？当有同事得罪了你的时候应该怎么办？你是在老板不在的时候消极怠工吗？是对同事破口大骂吗？不，当然不是，我们的老板绝对不会欣赏这样的行为，当遇到这样的情况的时候，我们应该学会自律，只有自律的人才能高效地做好自己的工作，不断创造佳绩。许多人以为自律就是否定自己或限制自己。其实自律是内心的训练，自律是毅力的具体表现，自律是：

——很想弃甲而逃，却终于坚持下去；

——很想破口大骂，却按捺情绪，暗暗从1数到10；

——心虚情怯，脸上却仍带着笑容；

——真想放弃，却仍苦撑到底。

不知自律的人任由他们的生活受宿命或机遇的摆布。了解命运在自己掌握之中的人，却能依靠自己，追求成功。他们的成就是他们鼓舞自己、发展梦想并审慎策划的结果。能不能达到目标，要看他们自律的程度。

不能自律的人，得不到任何有价值的东西。你也许有心进取，态度积极，你也许想上月球，甚至幻想自己是太空人，但你若不能严以自律，永远也上不了太空船发射台。

自律需要勇气，它不是与生俱来的能力，而有赖训练。训练兼及身心两方面，可能很艰苦，甚至必须改变自己。

想想看，你今日的习性和态度已经形成很久了，你的行为和反应每天不断增强你对自己的看法。你用自我交谈的方式肯定自我。你的日常习惯处处影响着你的思想程序和行为模式。有些习惯可能使你获益匪浅，但有些习惯却会使你败坏大事。

习惯起初是无伤大雅的念头，有如细弱的蜘蛛网，虚无缥缈。但积习成癖，它们壮大起来，在自我交谈和消极态度的助长下，终于成为牢不可断的钢缆。习惯就是由蛛网之微演变成钢缆之巨的态度，它能束缚我们，也能使我们变得强韧。

只要能自律，便可养成积极进取的好习惯，或打破不利于己的恶习。只要能自律，便可使你永远改变对自己的观感，增加追求乐趣的能力。若是自律再加上持之以恒，必能达到目标。

我们不必讳言，辛勤工作并不好玩。辛勤工作就是不折不扣地努力工作，苦差事很少有乐趣可言。但尽力完成一件任务之后的满足感，是相当惬意的。这是工作乐趣的主要成分。处事干练，心志自主，大有助于掌握幸福。但不经辛苦工作，这种干练的技能和自主的力量就无从得到。而且就我们看来，只有从辛苦工作中获得的成就，才能让人满足。

何以如此？若能投机取巧、坐享其成，不是更可喜吗？但问题不在于有所得时的片刻欢喜，而在于讨到便宜之后如蛆附骨的忧虑："下次我还逃得掉吗？""不知道他们什么时候会发现这件事的真相？"那时你快乐不快乐，就要看别人容不容易受骗而定了。

反过来说，如果你是以辛苦工作和严于自律的方式获得成就，你便印证了自己再创佳绩的能力。

有一位成功的员工，非常受老板的器重。当他准备去向客户做展示说明之前，他一定在心中预习要说的内容和表达的方式，他预想可能遭遇的困难尤其是客户可能提出的反对意见和疑问，然后就

第八章 工作效率与职业精神成正比

练习说服他们的情景。他想象自己轻松自如，信心十足，言谈幽默地应付全局，让顾客深感满意。

在与客户见面的前一晚，他可能很想去打打保龄球，娱乐一下，但他控制住自己，留在家中预习明天要做的事，度过了一个宁静的夜晚。

从积极方面来说，自律就是在内心练习的能力。有成就的人用工作和实习来磨炼自己，他们知道，经过训练的想象力是世间最锋锐的利器。太空人、运动员、演员、医生、公司主管和业务员，都需要在心中一遍又一遍地练习，使他们的技术完美无瑕。

成就非凡的人知道习惯由思想而生，他们控制自己的思想，让它养成表现优异的习惯，而表现优异，正是顶尖人物的特征。

训练自己求胜。在想象中练习，在临睡之前练习，在醒来之后练习，在洗澡时练习，开车或乘车时也练习。

17世纪荷兰名画家伦勃朗曾写下他自我训练的秘诀："好好练习既有的技能，运气好的话，在练习中可以发现你应知而未知的事物，这就是温故而知新的道理。"

我们应该逐步练习控制自己。不要成为情绪和冲动的奴隶，要主宰自己的情感。能够严于自律、控制情绪的人，必定是工作成就最高的人。他们可以不受牵绊地完成使命，也不会养成自毁前程的习惯而损及工作的乐趣。我们应该明白：职务本身不能给你任何报酬，相反地你要主动付出职务所需的努力。全心全力投入工作、投入公司，提供给别人最完美的服务，当你做到这些的时候，你的所作所为都会被你的老板记住，你一定会成为他最器重的员工。

工作，就应以最高标准要求自己

没有高标准就没有高动力。问及很多高效的销售员工，为什么他们能够创造奇迹般的销售业绩，他们的回答各种各样，但是其中有一点非常的相似：对自己有极高的要求。他们都要求自己做到完美的状态，使顾客百分之百的满意，同时要求自己成为公司团队中的最佳一员，要求自己为公司和同事创造真正的利益与价值。正是拥有了这样的高要求，他们才有了强大的内在动力向着成功的方向努力。

曾有一名伟大的推销员这样回忆他成功的历程。他说他开始做推销之前就读了很多关于自我启发的书籍，这方面的书籍堆满了他的书架。这些书中给他影响最大的是拿破仑·希尔的《成功哲学》。

他是21岁时和这本书相遇的，至今还有一节铭记在他的心中："如果你想成功，必须明确自己的追求，并且要明确付出多少代价才能把它搞到手。为此，你要具体地设定目标，详细、周密地做出到达目标的行动计划，尽最大努力去做，每天大声唱读，在没有实现目标之前就以目标的最高标准来要求自己。"当时，他的内心被"实现目标之前就像实现后那样的高要求来认真对待"以及"所有的成功都取决于人的精神状态"这种观点强烈吸引，但并不真正理解它的含义。可是不久，在他按照这种观点去做以后便开始理解了其中的深刻内涵。

拿破仑·希尔讲的所谓"实现目标之前就以目标的最高标准来要求自己"，就是"将自己成功时的形象，放到愿望世界"。这样放进愿望世界里的形象就成为人的动力，人将会有强烈欲望去积极采取有助于自己取得成功的行动。所谓成功始于内心，指的就是这样的过程。工作，就应以最高的标准来要求自己，而这种要求对人产生效果的原理就是通过这样的行动选择而表现出来的。

韩国现代公司的人力资源部经理在谈到对员工的要求时是这样认为的："我们认为对员工的最好的要求是，他们能够自己在内心中为自己树立一个标准，而这个标准应该符合他们所能够做到的最好的状态，并引领他们达到完美的状态。"在现在的各种公司中，对员工的要求已经由原来的公司规定怎么做，员工只要老老实实照做，变成了员工自我加压、自我完善。这样的转变要求员工心中必须具有对自己的高要求，这样才能达到自我管理、自我发挥的状态。

对于员工来说，以最高的标准要求自己，在工作的时候，就意味着做到让客户百分百满意，让客户感受到超值的服务。这就是卓越员工工作的唯一标准。这样的标准在实际工作中，一方面将造就优秀的员工，另一方面将造就成功的企业。

第八章 工作效率与职业精神成正比

告别忙碌，做个高效者

在各种行业中，零售业是最考验服务水平的行业。很多专家都研究过沃尔玛成功的原因。专家们分析得出了三个结论：一是沃尔玛拥有全球性的信息网络，能够及时有效地反映全球的零售业变化；二是沃尔玛拥有整体高效的成本分摊系统；三是沃尔玛员工提供了优质而无可挑剔的服务。在沃尔玛的店面里，员工都以最高的工作标准警醒自己。员工的微笑服务、耐心、诚实早已经是最基本的准则。他们追求的是向心中的完美状态进发。拥有这样的员工的沃尔玛当然不可阻挡地成为了零售业的巨头，甚至超过了很多实业公司，成为世界企业500强的第一名。而沃尔玛的员工也为自己是沃尔玛的一员而骄傲，因为这意味着优秀、完美与卓越。这便是员工用最高的标准要求自己，给企业和自己带来的巨大效益。

没有高标准就没有高动力，没有高动力就没有高业绩，这就是职场逻辑。

为荣誉而工作

法国塞尔电信公司的总裁巴特对他的人事部部长说："一个员工是否优秀，在他进公司的时候是很难看出来的，只有当他打算离开公司的时候你才能发现。你一定要特别注意那些准备离开公司时还能尽职的人，了解他们的情况，尽量解决他们的困难，以便将他们留下来，因为，他们是在为荣誉而工作，这样的人才是无条件为公司负责的人。"

军人视荣誉为生命，为荣誉而拼搏、而战斗，并由此焕发出高昂的斗志与热情。作为一名员工，当你不再仅仅为金钱，也为荣誉而工作时，其内心的感受和你的行动都会产生巨大的变化。

为荣誉而工作，在工作过程中，我们体验着自己的力量、智慧、意志与高贵。我们为我们的工作而自豪，因为我们承担了责任，因为我们做了有意义的事情，因为我们创造了完美的产品……只要它们在我们的眼里是独一无二的美好工作，我们就会为之感到自豪。开展工作时，我们尽心尽力，事无巨细，面面俱到，处处洋溢着满腔热情，体现着诚信的素养以及对他人无微不至的关怀，此时，我们也会为自己的工作方式感到自豪。这种自豪感将持续不断地激励着我们不断超越自我，高效工作，屡创佳绩。我们不再将工作仅仅看做一种挣一点辛苦钱的谋生的工具，看做被动无奈下从事的某种职业，我们将满怀激情地过一种负责尽职的生活，在自己的工作中找到乐趣与幸福。

平常我们更多的是将工作看做谋生的手段，而忘了工作就是我们的生活，因此我们总是将职业与我们的生活分开，与我们的喜怒哀乐分开。我们不善于在工作去体会自己生命的滋味，从而使本来是生活之一部分的工作成了生活的负担。其实，无论是为了谋生还是为了实现自己的价值，人需要一份工作。事实上，工作既是我们谋生所必需的手段，也是我们实现自己并进入生活的一种方式，为荣誉而工作，是我们精神世界的最高境界。当我们实现这一境界时，我们每天上班就不会感到只是为老板打工而无精打采，而会觉得在过一种自己选择的生活而情绪饱满；我们做一个产品不会感到"这与我无关"而敷衍了事，而会感到将一个产品做得最好"是我的责任"，是"我"智慧、才能和毅力的见证，从而全心全意地投入。

也许，有人会说，如果我有一个好的工作，我当然会有自豪感，会为荣誉而工作，可我现在的工作很糟糕，工作环境很差，我当然只能得过且过，敷衍塞责。

你如果不喜欢某个职业，你可以另外选择。但在你离开这个工作岗位之前，你对这个工作负有责任，因为，任何一个工作岗位都有自己的责任要求，你当初选择这个工作，就表示你认同了它提出的责任，也就是说你对自己的选择做出了承诺，一个诚实的人必须信守自己的诺言。

有人曾讲过一个故事，它说明无论你做什么工作，都可以享受为荣誉而工作的美好境界。

"一个上了年纪的补鞋匠，铺子开在巴黎古老的玛黑区。一天我拿鞋子去请他修补，他先是对我说：'我没空。拿去给大街上的那个家伙吧，他会立刻替你修好。'

"可是，我早就看中他的铺子了。只要看他工作台上放满了的皮块和工具，我就知道他是个巧手的工艺匠。'不成，'我回答说，'那个家伙一定会把我的鞋子弄坏。'

"'那个家伙'其实是个替人即时钉鞋跟和配钥匙的人，他根本不大懂得修补鞋子或配钥匙。他工作马虎，替你缝一回便鞋的带子后，你倒不如把鞋子干脆丢掉。

"那鞋匠见我坚持不让，于是笑了起来。他把双手放在蓝布围裙上擦了一擦，看了看我的鞋子，然后叫我用粉笔在一只鞋底上写下自己的名字，说道：'一个星期后来取。'

第八章 工作效率与职业精神成正比

"我将要转身离去时,他从架子上拿下一只极好的软皮靴子。他很得意地说:'看到我的本领吗?连我在内,整个巴黎只有三个人能有这种手艺。'我出了店门,走上大街,觉得好像走进了一个簇新的世界。那个老工艺匠仿佛是中古传说中的人物——他说话不拘礼节,戴着一顶形状古怪、满是灰尘的毡帽,奇特的口音不知来自何处,而最特别的,是他对自己的技艺深感自豪。"

一个补鞋匠对自己一件做得很好的工作感到自豪,因为他不仅仅是在为钱工作。出色的工作就是高贵的荣衔。一个认真而又诚实的工匠不论做哪一门手艺,只要他尽心尽力,忠于职守,为荣誉而工作,那么,他的高贵品质实不下于一位艺术家。

始终以最佳的精神状态工作

工作时的精神状态与工作效率密不可分是毋庸置疑的。精神状态是如何影响人们的工作进程,可能很难说清楚,但是我们都知道没有人愿意跟一个整天提不起精神的人打交道,也没有哪个老板愿意提拔一个精神萎靡不振、牢骚满腹的员工。

一位微软的招聘官员曾对一个记者说:"从人力资源的角度讲,我们愿意招的'微软人',他首先应是一个非常有激情的人:对公司有激情、对技术有激情、对工作有激情。可能在一个具体的工作岗位上,你也许会觉得奇怪,怎么会招这么一个人,他在这个行业涉猎不深,年纪也不大。但是最关键的是他有激情,和他谈完之后,你会受到感染,愿意给他一个机会。"

始终以最佳的精神状态工作,不但可以提升你的工作业绩,而且还可以给你带来许多意想不到的成果。对于刚刚进入公司的员工而言,自觉工作经验缺乏,为了弥补不足,常常早来晚走,斗志昂扬,就算是忙得没有时间吃午饭,依然很开心,因为工作有挑战性,感受也是全新的。

这种刚刚着手工作时激情四射的状态,几乎每个人在初入职场时都经历过。可是,这份激情来自对工作的新鲜感,以及对工作中不可预见的问题的征服感,一旦新鲜感消失,工作驾轻就熟,激情也往往随之湮灭。一切变得平平淡淡,昔日充满创意的想法消失了,每天的工作只是应付完了即可。既厌倦又无奈，不知道自己的方向在哪里，也不清楚究竟怎样才能找回曾经让自己心跳的激情。日久天长，在老板眼中，你也由一个前途无量的员工变成了一个还算合格的员工。

所以，保持对工作的新鲜感是保证你工作有激情的有效方法。要想保持对工作恒久的新鲜感，你应先后从以下两方面开始。

首先，必须改变"工作只是一种谋生手段"的认识，把自己的事业、成功和目前的工作连接起来。其次，给自己不断树立新的目标，挖掘新鲜感；把曾经的梦想捡起来，找机会实现它；审视自己的工作，看看有哪些事情一直拖着没有处理，然后把它做完……在你解决了一个又一个问题后，自然就产生了一些小小的成就感，这种新鲜的感觉就是让激情每天都陪伴自己的最佳良药。

可喜的是，精神状态是可以互相感染的，如果你始终以最佳的精神状态出现在办公室，工作有效率而且有成就，那么你的同事一定会因此受到鼓舞，你的热情会像野火般蔓延开来。

> 麦克是一个汽车行的经理，这家店是20家连锁店中的一个，生意相当兴隆，而且员工都热情高涨，对他们自己的工作表示骄傲。
>
> 但是麦克来此之前，情形并非如此，那时，员工们已经厌倦了这里的工作，甚至认为这里的工作枯燥至极，公司中有些人已打算辞职，可是麦克却用自己昂扬的精神状态感染了他们，让他们重新快乐地工作起来。
>
> 麦克每天第一个到达公司，微笑着向陆续到来的员工打招呼，把自己的工作一一排列在日程表上，他创立了与顾客联谊的员工讨论会，时常把自己的假期向后推迟。总之，他尽他一切的热情努力为公司工作。
>
> 在他的影响下，整个公司变得积极上进，业绩稳步上升。他的精神改变了周围的一切，老板因此决定把他的工作方式向其他连锁店推广。

畅销书《生命是一个奇迹》的作者查理·琼斯提醒我们："如果你对于自己的处境都无法感到高兴的话，那么可以肯定，就算换个处境你也照样不快乐。换句话说，如果你现在对于自己所拥有的事物，自己所从事的工作，或是自己的定位都无法感到高兴的话，那么就算获得你想要的事物，你还是一样不快乐。"

因此能否变得积极，完全取决于你自己。在充满竞争的职场里，在以成败论英雄的工作中，谁能自始至终陪伴你、鼓励你、帮助你呢？不是老板，不是同事，不是下属，也不是朋友，唯有你自己才能激励自己更好地迎接每一次挑战。

始终以最佳的精神状态工作，让老板觉得你是一个值得信赖而又富于激情的人。越是疲倦的时候，就越穿得好、越有精神，让人完全看不出你们的一丝倦容。

总之，每天精神饱满地去迎接工作的挑战，以最佳的精神状态去发挥自己的才能，就能充分发掘自己的潜能。你的内心同时也会变化，你会变得越发有信心，别人也会越发认识你的价值。

第九章 借用他人的力量提高效率

合作能力比专业知识更重要

对于企业来说，员工较高的个人素质虽然很重要，但更应注重的是员工优秀的团队合作能力。除了具备优秀的专业知识以外，这种合作能力，有时甚至比成员个人的专业知识更加重要。

- 三国时期的项羽和刘邦争霸天下，项羽在推翻秦王朝的战争中起了非常关键的作用，势力远远超过了刘邦。论单打独斗，项羽有"以一当十"之勇，在最初与刘邦争夺天下的时候，只要他亲自带兵出战，每次都会赢。可是随着项羽的不断得胜，本来就不懂与人合作的他变得越来越刚愎自用，不肯听任何人的忠言。与此同时，刘邦的势力却越来越大。最终，项羽被刘邦围困，自刎于乌江岸边。到死他都没有弄明白，自己究竟为什么会败给刘邦。

在死前项羽向天呐喊："此天亡我也，非战之罪也。"

论本领，刘邦比不上什么事都能运筹帷幄的张良，也比不上懂得治理国家安抚百姓的萧何，更比不上战无不胜、攻无不克的韩信，那么刘邦凭什么战胜了"力拔山兮气盖世"的项羽呢？

那是因为，项羽靠的是匹夫之勇，他自信自己一个人可以抵挡住十个人或更多的人，但是他没有想过，打仗是要靠将士们共同努力才可以赢。而刘邦的胜利，正是因为他能将所有人的力量都结合起来，当做一个人来用，他知道，只有团结起来才能胜利。

当你只是一个人的时候，在你面前会出现很多的"不可能"；当你存在于一个团队中的时候，在你面前就只会剩下"可能"。我们在迷失道路的时候，

往往不是因为无知,而是因为太过自信。也许你会认为你很有能力,也很有知识,但是只有一个人,就算你再自信,也不可能独自完成一个工程浩大的工作。

1994年4月5号下午,一个德国的经销商给海尔打了一个订货电话,因为事情很紧急,所以他希望海尔能在两天内发货,否则订单就会自动失效。

但是,如果在两天内发货,就意味着当天下午就要将所要的货物装船。而现在已经是星期五下午两点,如果按海关、商检等部门下午五点下班来计算的话,时间只有三个小时。按照一般的程序,做到这一切几乎是不可能的。

海尔的团队精神在这时显示了巨大的能量,他们采取了齐头并进的方式,调货的调货、报关的报关、联系船期的联系船期,每个人都全身心地投入工作,抓紧每一分钟,使每一个环节都能顺利通过。

当货船终于驶离海岸的时候,所有的员工都松了一口气,脸上出现了满意的笑容。

当天下午五点半,这位经销商接到了来自海尔的货物发出的信息,他感到非常吃惊,对海尔更是相当的感激。后来,他还破了十几年的惯例给海尔写了一封感谢信。

当所有的人都有了一个共同的目标,对一件事达成了共识的时候,再去努力起来就会事半功倍,这个时候,团队的力量也会发挥到极致。

不要做单打独斗的英雄

一年一度的招聘工作又开始了。这是一家世界著名的图书出版发行公司,今年该公司需要招聘三名部门主管,报名投简历者数不胜数。考试过程也相当严格,需要经过几轮全面而细致的面试与笔试,在倒数第二轮的考试后,已经只剩下12名应聘者。这12名应聘者可谓个个有着渊博的学识与出色的能力,他们闯过重重难关,终于进入了最后的面试阶段。这一轮的面试由总裁亲自主持,并由总裁作出最后定夺。

紧张的面试开始了，总裁助理首先将考试过程中需要的资料分发到各位面试者手中，并宣布了各项规则：

① 本次招聘考试将最终淘汰9名应聘者，留下其中3名优秀者；

② 请大家拿好各自手中的材料，这次考试就是要每个人根据现有的材料完成一份策划案，当然大家可以运用所有能够用到的方法；

③ 面试者自由组合分成4组，每组3人；

④ 各组完成策划案的时间限制为1小时。

在宣布完规则之后，总裁离开了面试考场。3分钟后，这12名面试者已经按要求自动组合成了4个小组，然后各组开始准备自己的策划方案。1个小时后，总裁收到了各小组的策划方案。总裁仔细阅读后，来到面试考场，向其中的一个小组宣布："你们这个小组的3名成员已经被录取了！"

其他小组中的各成员很是不解，面对大家的困惑，总裁给出了自己的理由："大家可以再仔细看看你们每个人手中的材料，然后与你们小组其他人的材料对比一下，这样你会发现，你们小组中的每个人的材料都是不全面的，而只有合起来才能有个全面而清晰的理解，这就需要各小组的成员合作起来，互相借用对方的材料，补全自己的分析报告。我所录用的这组成员，他们的分析报告正是这样完成的。而另外三组的成员却各自为政，分别行事，忽视了其他队友的存在，结果形成的策划方案尽管有的也不失合理性，但却不能全面反映其中的问题。"

最后，总裁用一句话总结说："无论做什么事情，仅仅靠一个人的优秀是远远不够的，仅仅依靠单打独斗也是难成气候的，要高效、出色地完成工作就必须具有合作精神！"

任何单打独斗的人都成不了真正的英雄。公司内部，尤其是上下级之间只有互相支持、互相尊重、互相配合，才能形成一个在思想上同心、目标上同向、行动上同步的精英团队，作为团队中的个人也才能用团队的智慧和力量去解决面临的各种困难和问题，这样才能既为公司的成长增砖加瓦，也为自己的职业生涯铺好道路。

想象一下这样的情景：几匹身强力壮的骏马朝着各自喜欢的方向奋力拉

着马车，各方的力量势均力敌。结果是什么？结果是：虽然每匹骏马都费了九牛二虎之力，但是马车呢？绝对不会朝着既定的方向移动。

再想象一下这样的情景：几匹身强力壮的骏马在一名颇有经验的赶马人的指挥下，朝着一个方向，劲往一处使。结果是什么？结果是：每匹骏马虽然看似费力不多，却驾着那马车跑得飞快！

这就是涣散与集中的区别，这就是分离与合作造成的效率差异。仔细想想，员工与他的上司之间的关系不也正是这一真理的现实映照吗？在公司内部，只有形成一个团队并在统一的指挥下形成一股团队力量，团队中的每个成员、每个个体的力量才能最大限度地发挥出来。

而这个团队力量的形成与发挥作用有一个关键性的、缺一不可的因素，那就是：团队中的指挥者。正如有经验的赶马人对几匹拉车的骏马的指挥一样，团队中的指挥者起到了一个核心、中枢、轴心与润滑剂的作用，他引领着团队朝着一个目标奋进，将团队中的每个成员的力量调动起来，在困难时刻振臂高呼鼓舞众人士气，在取得胜利之时提醒众人提高警惕，不要被一时的胜利冲昏头脑。

一个公司，就是一个团队，而在这个团队中，还有若干个小团队。你一定身处其一，而你的上司就是你所在团队的指挥者、领导者。

这就是你与你的上司所处的关系。你需要听从他的指挥，服从他的命令，协助他的工作。你的上司是很需要你的协助的，想想看，如果你不协助你的上司，他指东你向西，他说一你说二，那么结果是什么呢？结果就如同一群骏马里出现了一匹不听话的马，硬是朝着另外一个方向拉车，尽管它的力量可能是小的，却分散了指挥者的精力，动摇了"军心"。而如果团队中的每个人都如此这般，那么后果是可以想见的。

萧伯纳曾经这么说道：你有一个苹果，我有一个苹果，我们交换一下，一人还是一个苹果；你有一个思想，我有一个思想，我们交换一下，一人就同时有了两个思想。这话我们稍微变一下也照样精彩。你贡献一份力量，我贡献一份力量，我们合在一起，就会产生 $1+1>2$ 的力量。当你在上司的指挥与意见指导下将自己的力量贡献出来，成为整个团队中的一个小分子，你就会大大减轻了上司的负担，使你的上司的工作与整个团队的工作更为高效；而如果团队的每个成员都能这样做，那么整个团队就会在你的上司的领导下扭成一股不可摧毁的巨绳，形成一股不可战胜的力量。用这种力量从事任何工作、解决任何困难，都会马到功成的。

协助你的上司，不要做单打独斗的英雄。现代社会是一个合作至上的社会，强调精诚合作、互相支持、互相学习，从而达成一个人或部分人不能达成的事业，让每一个人都能感觉到团队比自我强大的力量。这是一种共赢心态，它要求上司与下属之间形成一种良好的互动合作关系，以开放的思维与博大的胸怀共同完成彼此的事业。这就正如张瑞敏在《海尔是海》中描写的那样："海尔应像海，唯有海能以博大的胸怀纳百川而不嫌其细流；容污浊且能净化为碧水。正如此，才有滚滚长江、浊浊黄河、涓涓细流，不惜百折千回，争先恐后，投奔而来。汇成碧波浩渺、万世不竭、无与伦比的壮观！一旦汇入海的大家庭中，每一分子便紧紧地凝聚在一起，不分彼此形成一个团结的整体，随着海的号令执著而又坚定不移地冲向同一个目标，即使粉身碎骨也在所不辞。因此，才有了大海摧枯拉朽的神奇。"

协作让你事半功倍

要想有好的工作效率，从而获得老板的嘉奖，没有团队合作是不行的。因为一个人的精力和能力毕竟有限，俗话说"一个篱笆三个桩"，就是这个道理，现在的企业都提倡团队合作，在选拔人才的时候都要求有团队精神，因此，要想成为老板所倚重的员工就必须具备团队合作精神。

那么什么是团队合作精神呢？我们举一个例子来说明。

在登山过程中，登山队员之间以绳索相连，一旦其中一个人失足，其他运动员必须全力相救，否则，整个团队都无法继续前进。而当所有人的努力都无济于事的时候，只有割断绳索，让那个队员坠入深谷，才能保住全队人的生命，而此时割断绳索的往往就是那名失足的队员。这就是团体合作精神。

老板是怎样看待下级的团队意识呢？当老板评功论过的时候，往往把团队的表现而不是个人的表现放在第一位。老板通常让团队来纠正个人的工作不足。老板永远不会奖励无益于团队发展的个人表现——尽管有时候个人的成绩也很出色，但真正出色的成绩应该是那些可以帮助团队实现整体目标的努力，否则个别人会把好不容易建立起来的团队观念抹杀得荡然无存，这样的人往往是得不到老板的重用的。不懂团队协作也就成为职场大忌。

某部门经理刘经理就是一个很好的例子。这位部门经理不但头

脑灵活,观察也很敏锐。在他还未当上部门经理以前,很善于掌握基层人员提供的情况,他的决策、建议都能够很顺利地得到推行。他坐上部门经理的位置之后,地位有了变化,人也有了变化,他开始不信任任何人,大小事都自己决定,动不动就呵斥下属,弄得部门一盘散沙,人人都在为自己打算。协调工作会议经常都是刘经理一个人在演讲,大小事他全都一手包办,任何员工所提的意见都不能改变他的决定。所以当刘经理提出自己的工作方案征询大家的意见时,大家认为反正说了也没用,于是全都不发表意见。大家都不说话,刘经理就用点名的方式,被点到的人嘴里虽然说:"刘经理的想法很好,我举双手赞成。"心里却难以苟同。由于大家都没有说真心话,结果部门经理的想法、计划、决定一推出即等于死亡。日复一日,这个部门的工作情况逐渐恶化,最后刘经理不得不"下野"。因为部门的工作一团糟,老板早已有心作一番调整。

刘经理正是犯了不懂团队协作的大忌,才最终失去了部门经理的位置。从这件事情我们可以看出,哪怕个人能力再强,要是不懂团队协作,也不可能干好自己的工作。

越国官员甲父史和公石师各有所长。甲父史善于计谋,但处事很不果断;公石师办事果断,但少有心计,常犯疏忽大意的错误。两人交情很好,常合谋共事,总是取长补短,因此办起事来很成功。

后来两人发生了冲突,决裂了。彼此各自行事,却屡屡遭挫。

一个名叫密须奋的人对此深感惋惜。他哭着劝两人说:"你们听说过海里的水母没有?它没有眼睛,靠虾来带路,而虾则分享水母的食物。这两者相互依存、缺一不可。你们听说过西域的两头鸟吗?这种鸟两个头长在同一个身子上,彼此争斗不已。其中一个头睡着了,另一个头就往它嘴里塞毒药,而结果就是两个头一起死去。水母和虾通过食物、两头鸟通过身体——而你们俩通过事业联系在了一起,既然独自处事连连失败,为什么不言归于好呢?"听了这番话,甲父史和公石师若有所悟,和好如初。

员工之间也像这样,有着深刻的共存共荣关系,一损俱损,一荣俱荣。

特别是在现代化公司里,分工非常细密,专业化程度很高,离开了其他同事的工作,不可能完成好公司的整体任务。这好比一条手机生产的流水线,缺了其中一道工序该安装的零件,就会产生废品。

记住,协助同事完成工作,就是协助你自己。

诚然,协助同事工作也许并不会得到额外的报酬,功劳也记在别人的头上。但如果你是为了回报而去帮助别人,这也未免太庸俗了。协助同事工作是为公司做贡献,你也会间接受惠;计较个人得失而耽误了整个工作进程,你也会蒙受损失。

> 有人和上帝谈论天堂和地狱的问题。上帝对这个人说:"来吧,我让你看看什么是地狱。"于是,上帝带他走进一个房间,屋里有一群人围着一大锅肉汤,每个人看起来都营养不良、绝望又饥饿。他们每个人都有一只可以够到锅子的汤匙,但汤匙的柄比他们的手臂要长得多,足足有两米长,自己没法把汤送到嘴里。他们看上去是那么的悲苦。
>
> "来吧,我再让你看看什么是天堂。"上帝又把这个人领到另一个房间,这里的一切和上一个房间基本上没有什么不同。一锅汤、一群人、一样的长柄汤匙。不同的是,这里所有的人精神焕发,大家都在快乐地唱着歌。
>
> "为什么会这样?"这个人不解地问,"为什么同样的待遇与条件,天堂里的人是如此的快乐,地狱里的人却那么的悲惨?"上帝微笑着说:"其实很简单,天堂的人会用自己的汤匙喂给别人,但地狱的人不会这样做。"

从本质上来说,人类是群居的动物,协作才能改善我们的生活,让世界更美好。

一念天堂,一念地狱。

就看你有没有协作的精神,来改写自己的命运。

协作并不是简单地凑在一起,而是集中众人之力,有机整合,以有限的人力、物力,取得最好的效果。为此,应当做到以下几点。

1. 营造竞争氛围

竞争也是一种协作,在健康的竞争氛围中,人们的潜能可以得到极大的发挥。

一位动物学家对生活在非洲大草原的羚羊群进行了研究,他发现河东岸的羚羊群的繁殖能力比西岸的强,奔跑速度也比西岸的每分钟快13米。而这些羚羊的生存环境和属类是一样的,饲料来源也相同。于是,他在东西两岸各捉了10只羚羊,把它们送往对岸。结果,运到东岸的10只一年之后繁殖到了14只,而运到西岸的羚羊只剩下3只,其余的全被狼吃掉了。

人类社会固然不需要像动物界那样"物竞天择,适者生存",但必要的竞争也是不可少的,否则就失去了生存和进化的动力。但这种必要的竞争必须是良性的,也就是手段公平合理,结果良性循环。

在某条公交线路上,一共有30辆小公共在运行。刚开始的时候,小公共之间互相竞争,尽量缩短各自的运行时间,以求载到更多的客人,常常出现超车、摔人、闯红灯的现象,市民们怨声载道。后来小公共公司算了一笔账,这条线路上每天的客流是一定的,所以利润也是一定的,在同等条件下,每辆小公共的利润也不会有太大差别。争相拉客,并不会增加小公共的收入,但是由于运行速度快了,在线路上运行的圈数也多了,自然就增加了成本。这样算起来,净收入反而减少了。

于是小公共公司召集小公共车主们开了一个会,讲明了其中的利害关系。希望车主们能增强安全意识,减少事故发生,切实发挥小公共上下便利的特点,为市民提供优质的服务。车主们听了分析,心服口服,也就不再互相竞争载客了。

像小公共这样的情况,就是竞争的恶性循环。为了提高利润,争相载客,于是成本增加,利润减少,为了追求更大的利润,又得开始新一轮的抢客。而且在这个过程中,交通事故频发,损害了声誉,更加导致乘坐小公共的人数减少。

因此,必须提倡良性竞争,互利互惠。

在公司里,员工之间的竞争也应该是个良性循环。不能采取非正当的手段,为了追求个人利益的最大化而破坏掉同事间的友好关系。

2. 重视整体利益

重视整体利益，就是要从公司的整体出发来考虑问题，不要过于展示你的个人才华。

> 杨修之死的故事可谓有名。很多人都为他抱不平，认为曹操是嫉妒他的才能。其实，曹操早就了解杨修的才能，还曾称赞他和自己"文思差了几里路"，真出于嫉妒的话，为何留了他这么久？问题出在杨修这个人太爱表现自己了。
>
> 曹操在汉水时，和刘备的军队两相对峙，屯兵日久，要进兵，有马超拒守，欲退兵，又恐蜀兵耻笑。进退两难。曹操正烦呢，杨修偏偏要去散布什么"鸡肋"说，"鸡肋者，食之无肉，弃之可惜，进不能胜，退恐人笑，在此无益，魏王不日要班师回去。"夏侯惇听信他的话，竟然真的下令让所有的军士准备行装，告诉他们来日必将班师。曹操怒他扰乱军心，让刀斧手推出去斩了，确实也没冤枉。

有才不见用，反遭杀身之祸，难怪很多自以为有相同遭遇的人要为杨修抱不平。其实，问题还是出在自己身上。聪明的人懂得韬光养晦的道理，杀鸡不必用牛刀，因此控制自己的智慧流量，使每次滴出的水，恰好灌溉那么大面积的土壤。如果滥用能力淹大水，反而害得作物都死光。

自诩满腹经纶，很爱表现自己的人，肚子里往往存货不多。听他整天高谈阔论，仿佛无所不知，但旁人听多了就会发现，也就那么点东西。所以往往也就不会再有人去听。过于表现自己，反而容易让别人摸清自己的底细。

更重要的是，个人永远处在集体中。个人的才华也需要跟整体的利益结合起来，适当地发挥。脱离了集体，个人的才华往往没有存在的必要。

所谓"该出手时才出手"。不需要表现自己的时候，何必太突出。

与同事密切合作完成工作

现实中，有许多人往往只注重认知能力，而忽视了处世才干。许多人遇到麻烦，效率低下，都是因为不懂得怎样融入周围的环境中。事实上，只有把这两种能力完美结合在一起，你才能创造奇迹。

为了与同事密切合作完成工作,你需要注意以下几个方面。

1. 积极参与,大胆地表述自己的观点

在合作中,每个成员都应具有奉献意识,并有责任做出自己的贡献。旁观者因无法培养自己独立的社交能力,无法赢得合作中其他成员的尊敬。

当别人帮助你时,不要忘记答谢与回报;但若你对他人有帮助,也请欣然接受他们的道谢。你可以这样开始:哪怕只是主动微笑或点头问好,都有可能因此开启扩展人脉,携手共进的新页。你能从与老同事的谈话中,察觉出他们需要什么帮忙吗?在电话旁贴张"不要等到别人开口才帮忙"的小纸条,不求回报地付出,就是最好的开始。

2. 找出支持自己观点的理由和根据

直接地对他人提出的观点做出回答,而不要简单地试图阐述你自己的观点。你还可以提一些相关的问题,以便全面地探究所讨论的问题,然后设法去回答问题。把你的注意力放在相互增加了解上,而不要试图不计代价地去证明自己观点的正确性。

有了不同的看法,最好以商量的口气提出自己的意见和建议,语言的得体是十分重要的。在老同事面前,应该尽量避免"你从来也不怎么样……"、"你总是弄不好……"、"你根本不懂"这类绝对否定别人的消极措辞。每个人都有自尊心,伤害了他人的自尊心,必然会引起对方反感。所以,即使是提出看法,也要让人觉得你是希望得到合作而不是在挑人的毛病。

3. 学会聆听

许多人以为聆听是个被动角色,只要像呆子般猛点头就可以,这完全大错特错。懂得聆听的人,会不时把所听到的信息再重复一次,向对方查证其正确性,以避免不必要的误会。明确地说,聆听的艺术是:耐心地听别人讲话,而且不要听错。

4. 尊重每一位同事

同事间的相互尊重是保证合作成功的基本准则。虽然你可能确信你比其他的人都更有知识,但重要的是,你要让他人充分地表达自己的观点,而不

要随意打断，或表现出不耐烦。做到这一点对于合作者正常地发挥其作用是很有必要的。

5. 主动承担照顾和培训新同事的责任

如果你的上司工作非常忙碌，你可以主动承担照顾和培训新同事的责任。你应该告诉他们行业规则，并把他们介绍给部门中的其他同事以及本公司其他部门中的关键人物，帮助他们顺利地开展工作，向他们提供公司所能提供的最好条件。这将会让他们确信加入你所在的公司是一个正确的选择。

6. 积极参加公司的聚会

积极参加公司的聚会，如舞会、郊游等活动，有些不爱应酬的人士总是挂免战牌，这样做对工作绝无益处。因为参加公司的聚会类的活动，可借着比较轻松的场合，跟同事多接触，了解他们，如果你屡屡缺席，试问谁会记得你？而且，在悠闲之中，互相沟通较容易。

有效沟通，提高效率

孔雀向上帝诉苦，因为大家都爱听黄鹂唱歌，而自己的歌声只会招来大家的嘲笑。

上帝对它说："我的孩子，别忘了，你的颈项间有着如翡翠般熠熠生辉的羽毛，你的尾巴上有华丽的尾翼，所以你是很出色的。不要心存嫉妒。"

孔雀仍不满足："可是在唱歌这一项上有人超过了我，像我这样，跟哑巴有什么区别呢？"

上帝回答道："命运之神已经公正地分给你们每样东西：你拥有美丽，老鹰拥有力量，黄鹂能够唱歌，喜鹊报喜，乌鸦报凶，这些鸟，它们都很满意我对它们的赐予。"

得到上帝答复，孔雀终于满意了，张开翅膀飞下天来。自此之后，当它想在人们面前展示自己的时候，就会亮出自己的羽毛。

如果上帝没有及时为孔雀打开心结，恐怕孔雀仍然会为自己歌

声不动听而闷闷不乐,却忽略了自己的美丽其实也是黄鹂所羡慕的。

在成功的企业里,最重要的是沟通。沟通是企业了解员工所思所想,并能因此采取相应的解决方法的最直接手段。良好的沟通氛围,能使公司内的信息畅通地传递,促使决策人员快速做出决定,促使员工保持较高的工作效率。因此,有效沟通是使公司成为一个高效、透明的优秀组织的前提条件。

企业是一个整体的系统,里面各个部门各个岗位之间的边界实际上并不是很清楚,编制职位说明书是想解决这个问题,但绝不是光靠职位说明书就能说清楚的。我们知道现在企业里面,职位说明书写的东西都是脱离实际的。何况市场是随时在变化的,这就要求企业在面对市场新的挑战、新的变化时自身的组织也要变化,企业的文件是不可能随时变化的,但实际上职责在无形地变,那么组织如何才能维持良性运转呢?必须靠沟通。

在矛盾积累到一定程度时,需要采取积极的方式去沟通,而积极沟通的第一个特征就是主动。

其实,部门之间的沟通并不需要很多的技巧,关键是谁迈出第一步。部门之间往往就是这样,一扇沟通的门,就把大家隔开了。只有主动把门打开,主动沟通,部门之间的问题才有可能去解决。

信息沟通、意见交流,可以将许多独立的个人、团队、组织贯通起来,形成一个整体,信息的沟通是人的一种重要的心理需要,是人们用以表达思想、感情与态度、寻求同情与友谊的重要手段。畅通的信息沟通,可以减少人与人之间的冲突,改善人与人、人与班子之间的关系。

在美国,每一对夫妻结婚就有一对多夫妻离婚,所以一对夫妻能够携手共度五十年是相当值得称羡的事情。因此在一对夫妻金婚纪念日当天,州长、参议员纷纷前往庆祝会,为这对长寿又恩爱的夫妻祝福。当天晚上,这对夫妻一如平日的睡前惯例,吃烤面包、喝奶茶,当先生如往昔般将最外两侧的两片烤面包皮拿给太太,太太却哭了起来,不明就里的先生问起缘由,太太哭着说:"居然在这样值得纪念的日子,你仍将最外侧、最坏的两片面包皮给我。"

原来太太认为那是最差的部分,殊不知先生却认为那是最好的部分,自己舍不得吃,把仅有的两片留给太太。然而由于欠缺沟通,五十年后才明白了一切。这样的事常常发生。如果当年先生懂得问,或者太太懂得说，这样的心事就不会藏五十年了。

上面的例子说明了信息交流的重要性。因为在日常生活中，我们总是用"我以为"来先行假设，以为对方已经知道自己的意见，以为自己不必说明原委，反正你"应该"已经知道我的念头，这其实是造成误解的最大原因。

信息交流是人与人之间传达思想、信息等的过程，是人与人之间的交流，即通过两个或更多人之间进行关于事实、思想、意见和感情等方面的交流，来取得相互之间的了解，以建立良好的人际关系，这是改善人际关系的一个重要保证。

充满摩擦、缺乏了解的工作团队里，不同部门的经理之间经常相互攻击，其真实原因是"交流不畅"。只有真诚地进行沟通，才会乐意与对方交流各自的信息、情报。情报的交流应该是双向的，你既要把你享有的信息、情报告之别人，把你拥有的信息与别人共享，又要主动从别人那里获取你所需要的信息。不要以为别人能看穿你的心思。当今心理学的第一法则就是自己显而易见的事其他人未必知悉，所以你必须主动地和别人沟通。要想很清楚地表达自己的思想，要从他人的角度分析问题。所以，你要相信只有你能为自己的人际关系负责，你要仔细思考你的同事、其他经理或其他专业人士需要从你那里获得什么观念、信息以及知识，同时还要思考你要从他们那里得到什么信息、观念和知识。

随着社会开放程度的拓展，人与人之间交流的范围也在加大。人们在广泛的人际交流、信息交流中，既开拓了自己的生活空间，发现了社会生活的美好，又见多识广，开阔了自己的胸襟。相反，一个人若长期生活在抑郁闭塞的环境里，与周围交流受阻，所获信息有限，情感沟通不多，就容易变得心胸狭隘，容不得他人的成就和长进，也易产生嫉妒心理。扩大交际圈，注意人际交往，可以增强人与人之间心灵的沟通，促进人与人相互之间信息、情感等方面的广泛交流。

你与别人关系的好坏会大大影响你与别人的沟通，你与你所交往的人关系良好，彼此都愿意把自己拥有的信息、情报、意见、想法告诉对方。如果关系恶劣，彼此之间的信息流通一定会受阻碍，就好像中间隔了一堵墙。原本牢固的人际关系也会慢慢瓦解。

人们通过信息的沟通、情报的交流，能够促进彼此之间的相互了解，协调人们的社会生活，从而使社会生活维持动态的平衡。同时，还可以有助于

第九章 借用他人的力量提高效率

个人需要的满足,个人通过表达自己的身心状态,实现与他人的联系,明确人际关系的行动方向,从而使自我价值得到实现。人类如果缺乏信息交流,其语言能力及其他认知能力都将受到严重的伤害。

选择沟通目标

一个小公主病了,她娇嗔地告诉国王,如果她能拥有月亮,病就会好。国王立刻召集全国的聪明智士,要他们想办法拿月亮。

总理大臣说:"它远在三万五千公里外,比公主的房间还大,而且是由熔化的铜做成的。"

魔法师说:"它有十五万公里远,用绿奶酪做的,而且是皇宫的两倍大。"

数学家说:"月亮远在三十万公里外,又圆又平像个钱币,有半个王国大,还被黏在天上,不可能有人能拿下它。"

国王又烦又气,只好叫宫廷小丑来弹琴给他解闷。小丑问明一切后,得到了一个结论:如果这些有学问的人说得都对,那么月亮一定和每个人心中所想的一样大、一样远。所以当务之急便是要弄清楚小公主心目中的月亮到底有多大、多远。

于是,小丑到公主房里探望公主,并顺口问公主:"月亮有多大?""大概比我拇指的指甲小一点吧!因为我只要把拇指的指甲对着月亮就可以把它遮住了。"公主说。

"那么有多远呢?""不会比窗外的那棵大树高!因为有时候它会卡在树梢间。"

"用什么做的呢?""当然是金子!"公主斩钉截铁地回答。

比拇指指甲还要小、比树还要矮,用金子做的月亮当然容易拿啦!小丑立刻找金匠打了个小月亮、穿上金链子,给公主当项链。公主很高兴,第二天病就好了。

人们往往较少关注对方的真实需求,完全按照自己的意愿做事情,结果不论多么努力,效果总是不好。实际上沟通才是了解对方的心理的最好方法。另外,选择好沟通的目标也十分重要,沟通目标选择好了,才能直入主题,简洁高效。

> 有个妻子要过生日了,她希望丈夫不要再送花、香水、巧克力或只是请她吃顿饭。她希望得到一颗钻戒。
> "今年我过生日,你送我一颗钻戒好不好?"她对丈夫说。
> "什么?"
> "我不要那些花啊、香水啊、巧克力的。没意思嘛,一下子就用完了、吃完了,不如钻戒,可以做个纪念。"
> "钻戒,什么时候都可以买。送你花、请你吃饭,多有情调!"
> "可是我要钻戒,人家都有钻戒,就我没有……"
> 结果,两个人因为生日礼物,居然吵起来了,甚至吵得要离婚。
> 更有意思的是,大吵完,两个人都糊涂了,彼此问:
> "我们是为什么吵架啊?"
> "我忘了!"太太说。
> "我也忘了。"丈夫搔搔头,笑了起来,"啊!对了!是为了你要颗钻戒。"

还有个相似的故事:

> 有个太太,想要颗钻戒当生日礼物。但是她没直说,却对丈夫讲:"亲爱的,今年不要送我生日礼物了,好不好?"
> "为什么?"丈夫诧异地问,"我当然要送。"
> "明年也不要送了。"
> 丈夫眼睛睁得更大了。
> "把钱存起来,存多一点,存到后年,"太太不好意思地小声说,"我希望你给我买一颗小钻戒……"
> "噢!"丈夫说。
> 结果,你们猜怎么样?
> 生日那天,她还是得到了礼物——
> 一颗钻戒。

比较前面这两个沟通技巧,可以知道,第一例中的妻子太不会说话,她

第九章 借用他人的力量提高效率

一开始就否定了以前的生日礼物，伤了丈夫的心。接着她又用别人丈夫送钻戒的事，伤了丈夫的自尊。最后，她居然否定了夫妻的感情。何况，这样硬讨的礼物，就算拿到，又有什么意思？

至于第二例，那太太就聪明多了。她虽然要钻戒，却反着来，先说不要礼物，最后才把目标说出。因为她说后年才盼有个钻戒，丈夫提前，今年就给她一份惊喜，无论太太或丈夫，感觉都好极了，不是"双赢的沟通"吗？

尤其严重的是，第一例当中想要沟通的人，到后来居然把沟通的目标都忘了。

沟通就像爬山。你先要设定目标，然后向着目标走。有人走大道，有人爬小路，无论你从哪条路上去，都不能忘了方向、忘了目标。

大局意识是一种高贵的精神

迈斯是一家儿童营养产品生产公司的售后服务部的经理。近段时间，他注意到总裁脸色不好，一副心事重重的样子。迈斯很清楚总裁是在为最近公司所面临的处境而一筹莫展：公司刚刚开发出一种新产品，但还没开始大规模生产的时候，竞争对手就马上推出了一种和这种产品十分类似的新产品，而且价格比自己公司的成本还要低；过去的一个大客户突然宣布破产，它欠公司的大笔债务也因此而泡汤；雪上加霜的是，公司的许多原材料供应商都抬高了价格。

迈斯意识到公司现在正处于举步维艰的阶段，很多同事都已经离开了公司，在留下来的同事中有一部分实际上也在准备另谋高就，即使现在还待在公司里的员工也是人心惶惶，大家的心思根本就没有放在工作上。

看到公司现在的情况，迈斯十分痛心，但是他知道那解决不了任何问题。"我能不能为公司做些什么事情使公司尽快渡过难关？"几天来，他一直在考虑如何尽自己最大的努力帮助公司走出困境。

后来，迈斯想到了一个人，这个人是妻子的一个远房亲戚，也是一位非常有名的老教授，对儿童食品有过专门的深入研究。于是，迈斯很快联系到了公司产品研发部经理，并带着他来到了那位老教授的家里，通过和老教授的一再磋商，这位老教授答应和他们公司合作开发一种更加物美价廉的新产品。

得到了教授的同意，迈斯这才将消息告诉了总裁。总裁喜出望外，对迈斯的想法与行动颇为赞赏。

在得到了总裁的同意与认可后，迈斯开始全面行动起来，积极筹划，妥善部署。因为迈斯在公司负责售后服务部，他趁着公司的事情暂时不多，把所有的售后服务人员都组织起来，让他们主动承担起其他离职员工的工作。

几个月之后，公司和老教授合作开发的新产品成功上市了。这种新产品受到了人们的热烈欢迎，竞争对手们对此措手不及。老客户们纷纷表示要继续和公司保持长期的合作关系，而且他们还为公司带来了许多新客户。最后，迈斯所在的公司终于走出了困境。

总裁对迈斯为公司所作出的杰出贡献以及在这段时间表现出的巨大潜能颇为欣赏，同时对他能在困难时刻为公司着想、为上级着想的精神颇为感动，在一次董事会上总裁提议提升迈斯为公司的营销总监，这项提议很快就被公司董事会通过了。

在你的上司面临困境时，你会怎样选择？又应该作出怎样的选择呢？

事实上，选择的权利握在你的手中。你既可以选择事不关己高高挂起，也可以选择悄然离开你的上司，另觅高枝、另谋高就，当然也可以选择留守职位，承担重任，与上司一起共渡难关。如果你选择了前两者，上司不会因此而对你评头论足，更不会对你的选择横加阻挠；如果你选择了后者，困境中的上司也不会为你提供更为优厚的条件，但是上司却会因此而感激你、信任你，上司会在恰当的时候给予切实的回报。

与上司共渡难关体现的是一种大局意识。在很多时候，拥有大局意识的人常常被别人看成是傻子或者是不可理喻的人。那些自以为聪明的人抱着一种价值观：水往低处流，人往高处走，与上司共享受可以，在没有任何回报承诺的情况下与上司共吃苦、共渡难关那是不可能的。这样的人看似精明，实则最容易吃亏。

想想看，一个只能共欢喜不能共患难的员工如何能取得上司的十足信任，一个只为自己的一己私利斤斤计较的人如何能让上司相信你能挑起公司的大梁。缺乏大局意识的人是不会获得上司的信任与提拔的，这样的人看似保住了眼前的利益，却最终失去了更大的、更长远的利益。真正聪明的人不会一

叶障目不见泰山，他们会牺牲眼前利益，但收获的却是长远的利益。

大局意识是一种很可贵的精神品质。这种可贵的品质并不一定体现在职位去留、升职加薪这样的大事中，它常常体现在日常工作的细节之处。也正是细微之处见精神，一个员工在细小地方的表现同样可以看出他是否具有大局意识，是否能不求回报地默默协助上司。

石伟是一家大型企业的质检员。有一次，他看见公司的一位宣传员在为公司编撰一本宣传材料。但是，他发现这位宣传员文笔生疏，缺乏才情，编出来的东西无法引起别人的阅读兴趣。因为平时喜爱阅读，有些文采，石伟便主动编出一本几万字的宣传材料，送到了那位宣传员的面前。

那位宣传员发现，石伟所编撰的这一本材料文笔出众而翔实，远超过自己的水平，大喜过望。他舍弃了自己所编的东西，把石伟所编的这一本材料交给了总经理。

总经理详细地把这本宣传材料看了一遍。第二天，他把那位宣传员叫到了自己的办公室。

"这大概不是你做的吧？"总经理问那位宣传员。

"不……是……"那位宣传员有些战栗地回答。

"是谁做的呢？"总经理问道。

"是车间里的一位质检员。"宣传员回答。

"你叫他到我办公室来一趟。"总经理指派宣传员找来石伟。

"小伙子，你怎么想到把宣传材料做成这种样子？"经理问他。

"我觉得这样做，既有益于对内部员工进行宣传，灌输我们的企业文化、理念和管理制度，更有益于对外扩大我们企业的声誉，加强我们的企业品牌，有利于产品的销售。"石伟说。

总经理笑着点了点头。这次谈话没几天，石伟被调到了宣传科任科长，负责对外宣传自己的企业。不到一年时间，他因为在工作中表现出色，被调到总经理办公室担任助理。

石伟帮宣传员编写宣传材料只是一件很普通的事情，却被总经理如此看重。这不仅仅是因为石伟编写的宣传材料确实比原来编写的宣传材料在思路上有了改进，文采较为出众，更是因为从这件小事上，可以看出石伟所拥有的可贵的品质。他虽身为一名质检员，却并没有仅仅局限在自己的职能之内，他以一种主人翁的精神与大局意识关注着公司内的其他事情，只要自己力所能及且能为公司的发展进步作出贡献，他就不会怕浪费自己的时间与精力。

作为一名员工，对公司要有一种大局意识，对上司同样要有一种大局意识。对上司的大局意识就体现在能为上司着想，尽可能地协助上司、服务上司，在上司需要自己的时候能义不容辞、全力以赴，在上司身处困境的时候能急上司之所急，尽自己最大的可能帮助上司，为上司减轻负担。

更多的现实情况是，上司并不需要你为他们做什么，而只希望你是一位能够自发地完成任务的下属。他们想让你成为他们的骄傲，让他们所在的部门因为有你这样的优秀员工而成为整个团队的典范。有着大局意识的员工往往能够首先将这作为自己的目标，并且在不受任何督促和命令的情况下自觉地完成它们。在这个过程中，他们常常会让自己从上司的角度看问题，他们有太多的事情需要处理，不可能整天盯在后面，督促员工进步。在这种情况下，如果员工能够自觉地完成任务，并取得优秀的成绩，他们就可把精力更多地集中在其他事情上面——这就是有着大局意识的员工最应该做到的。

第九章 借用他人的力量提高效率

第十章 有健康才有效率

让你的身体健康起来

有人问亚里士多德：你和常人有什么不同？得到的回答是："别人活着为了吃饭，而我吃饭是为了活着。"保护好身体才能更好地工作，实现自己的人生价值和社会价值。

吕先生是一家网站的内容策划和监制。这家网站忙到什么程度？员工连上厕所都是百米冲刺的速度。他是一个频道的骨干，人称"拼命三郎"、"骆驼祥子"，整天在电脑前忍受着电脑的辐射，而且没有双休日，没有节假日，天天晚上不到10点回不了家，还常常因为突发事件而半夜或者凌晨起来，睡眠严重不足。自从他离开大学，就几乎再也没进行过任何体育锻炼了，旅游更是想都不敢想。他的体形已经迅速地变成臃肿而难看的鸭梨形，情绪也变得非常烦躁，常常因为一些小事和同事大发雷霆……

由于他工作出色，两年后被提拔为部门主管，但和任命书一起到达的，还有医院的入院通知书。

人有时不仅为自己活着，还要为别人活着。有啥也别有病，没啥也别没钱。常言说得好：身体是革命的本钱，有一个好的身体，你才能有充沛的精力投入到工作中。为了能在你的公司几十年如一日地工作，为了实现你事业的成功，你必须保重自己的身体，身体垮了，一切也完了。作为公司的一员，你的身体健康，不只是你个人的事，也是公司的事，一个现代公司的运作节奏是紧锣密鼓地进行的。每一个环节都要与周围的环节紧密联系，你这个环节因为你频频卧床而延缓了进度，别人的工作也将受到牵连而被迫停下来。若你没有一个好的身体，不保重自己的身体，经常因病请假，那么势必影响公司的效率，影响公司的运行进度，长此以往，公司的忍耐是有限度的，老板会给你一个理由炒掉你。

你想好好在老板面前表现自己，没有一个强健的体魄是很难成功的。珍爱自己的身体是对自己负责，对公司负责。一个人如果连自己的身体也不珍视了，那他很有可能是一个玩世不恭的粗人。老板希望看到你每天神采奕奕，精神抖擞，说话底气十足，这样他才放心把一项重要的任务交给你。否则，再好的机会摆在你面前，也只能是白搭。

公司的利益和你的利益密切相关，如果你因身体问题耽误了工作，对公司将造成一笔不可估计的损失。当你成为公司不可替代的人时，你的身体就更重要了，你在公司的任务越艰巨，你所承担的责任就越大，你就更应该珍惜自己的身体，为了工作，为了事业，为了老板，更为了你自己。

万里长城今犹在，不见当年秦始皇。生不带来、死不带走的东西最好不要拿生命去交换。你赚再多的钱，身体不行，连点钱都点不动，那时你也只能慨叹"心比天高，命比纸薄"。

当然，一个员工爱惜自己的身体不是说要在工作上不卖力，相反是为了长期能在工作上一如既往地高效率。而充足的睡眠，适当的锻炼，均衡的营养，丰富的业余生活，良好的人际关系，乐观的心态是职业人士最好的保健品。

第十章 有健康才有效率

加入健康行动，提高工作效率

"充沛的体力和精力是成就伟大事业的先决条件。"这是高效能人士必须遵守的铁律！

大事业必须付出全部精力，才能有所成就。如果你只发挥出你的一小部分能力去工作，那一定是干不好的。以一个精疲力竭的身体去从事工作，你的工作效率自然要大减。许多人失败，就因为他从事工作、创造事业时不能发挥出其全部的力量。

勇气与自信是成就伟业的必需条件。而身体是否健康，决定一个人有无勇气与自信心。体力衰弱的人，总是胆小而优柔寡断，没有勇气。只有身体强壮的人，才能充满青春的活力和火一样的热情，并且表现出坚毅、刚强、自信、耐劳和勇气。因此说，健康的体魄是高效能工作的基础。

下面是一些有关健康的建议。

建议一：吃早餐。现实生活中，除了碰到意外情况来不及吃早餐，长期不吃早餐的人大有人在。不吃早餐的原因很多，例如：抽烟过多、太晚起床以致没有胃口吃早餐，还有因为担心上班、上学迟到来不及吃早餐，就连站在路边胡乱吃几口东西的时间也不敢耽搁。三餐不定和睡眠不足都会危及自身健康状态，尤其是消化器官受损，更会引起许多并发症。

建议二：多做运动。运动有助于抗忧郁和抗情绪低沉。另外，在较短时间内的运动，亦可提高精力水平。十分钟的轻松散步，算得上最简单有效地提高精力，消除紧张的好方法。用这样的方法多练习几次，你会感到从身体各处汇集到一起的精力在体内涌动，旺盛得似乎永远也用不完，精力在头脑里集中成一点随之被倾注在工作上。这个方法很简单，但非常有效，你会很快发现工作效率奇迹般地提高了。

供氧运动能增加血液的流量、心跳的强度，降低紧张引起的心率加快。日常的活动均有这样的效果，还能帮助你避免过度疲劳。

如果你习惯早上工作，午间做短暂的运动，则有助于避免下午的疲倦感。

下班后，晚餐前宜做缓和的运动。在晚上的时间做强力的运动是不好的，因为这样可提高身体的精力水平，致使你难以入睡。

建议三：科学饮食。充沛的精力会让人有能力克服艰难险阻，完成单调乏味的工作。为了提高办事效率，要学会为提高精力而用食的办法。除了预防疾病之外，在适当的时候吃适当的食物，能使你的活力、心态以及工作的表现能力都达到最佳状态。

有良好饮食习惯的人，比那些有不良饮食习惯的人，在工作上会拥有较积极的心态，而且经常在工作上表现得非常优异。

建议四：工间休息三分钟。把"积极的休息"定为三分钟，因为三分钟正好是许多事情的最小段落，如通电话一次、单曲一段的时间等，都是以三分钟为一个单位的，所以说，三分钟也应该是让紧绷的精神恢复弹性最适当的时间。

建议五：午睡。睡眠不足就会猛打瞌睡，不管对于自己的形象或是健康都会造成不利的影响，同时也是在浪费有限的生命。午睡片刻（以不超过一小时为宜）可保证整个下午头脑清醒，因而可明显提高工作或学习效率。

平衡生活，做一个和谐工作者

工作中很努力的人大致可以分为两类，一类人能够很好地平衡自己的工作和生活，工作效率高，同时生活也很轻松、很幸福，这样的人可以长久地保持高效率的工作，并且身体也很健康，生活也很完整。还有一类人，他们工作起来不分上下班，即便下了班回了家，还有堆积如山的工作等着他，这种人只会工作而不懂得调节和享受生活。他们的生活就像是一个上足了发条的闹钟，除了发出嘀嗒嘀嗒的单调声音之外，再也没有别的声音。这种人不可能保持长时间的高效率的工作，同时也很可能让健康成为自己努力工作的"成本"——他们的工作和生活是不平衡的。

据调查，一般工人的生活都是不平衡的，从商者尤其如此。许多白领一星期工作的时间超过常规的40小时。经常拼命工作的人就是工作狂。过度追求尽善尽美、强迫自己、迷恋工作是工作狂的心理特征。现代社会，如何平衡自己的生活，做到工作和生活兼顾，是每个人都不应该回避的问题。

如果可能，读恐怖小说，在花园中工作，躺在吊床上做白日梦，都可以提高工作效率。如果你想提高自己的工作效率和幸福指数，可以尝试着少点工作，多点游戏。生活中一定数量的休闲能够增加你的财富，当然，这里主要是指精神上的财富。如果你在休闲上花更多时间，或许你最终也会增加经济收入。

在休闲时间中培养更多的兴趣爱好也有很多好处。工作之余的兴趣爱好有助于你在工作中有所创新。当你追求休闲生活时，你的精神会从跟工作有关的问题中解脱出来，从而得到休息。

另外，你也会因此关注工作以外的事情，会变得更富有创造力，能给企业提供一些有创造性的新点子。很多最有创造性的成就往往是在走神或胡思乱想中产生的。

工作狂习惯于连续工作，而没时间休息。工作狂虽然拼命工作，但成绩有限，考虑到这一点，可以说事实上他们大都缺乏能力。实际上，许多工作狂最终都被解雇了。

沉迷于工作是一种很严重的疾病，如果不及时治疗，会导致心理和生理上的问题。工作狂对工作的着迷导致他们患有溃疡、背部疾病、失眠、抑郁症和心脏病，许多人甚至因此而早亡。

一个可以平衡自己的工作和生活的和谐工作者能够享受工作和娱乐,所以他们是最有效率的。如果需要,他们可能会大干一两个星期。然而,如果仅仅是例行公事的工作,他们可能懒得做,并以此为豪。

对于和谐工作者来说,人生的成功并不局限于办公室。要做一个有着平衡生活方式的和谐工作者,就意味着得是工作在为你服务,而不是你为工作服务。

有专家建议,要想有平衡的生活方式,必须满足生活中的6个领域。这6个领域是:智商,身体健康,家庭,社会福利,精神追求和经济状况。

一般来说,每一个执著于工作的人都或多或少地带有工作狂的倾向,工作狂是一种病态的工作方式。下面为你详细分析一下工作狂的症状、病因以及应对的措施,以助你优化工作状态,成为一个和谐工作者。

1. 工作狂的主要症状

工作狂的症状主要表现在以下方面。
① 对工作的狂热和兴奋程度,超过家庭和其他事情。
② 工作有时有薪酬,有时没有。
③ 将工作带回家。
④ 最感兴趣的活动和话题是工作。
⑤ 家人和友人已不再期望你准时出现。
⑥ 额外工作的理由,是担心无人能够替你完成。
⑦ 不能容忍别人将工作以外的事情排在第一位。
⑧ 害怕如不努力工作,就会失业或成为失败者。
⑨ 别人要求你放下手头工作,先做其他事,你会被激怒。
⑩ 因工作而损害与家人的关系。

2. 工作狂的病因分析

工作狂的病因主要有下面三种。
① 真正热爱工作或金钱,不以为苦,反以为乐,乐此不疲,激情不减。
② 未能营造起真正属于自己的生活。这样的人,内心焦虑、无爱、无寄托,或因家人不在身边,或生活单调乏味,只有同事没有朋友,不得不从工作中寻找乐趣,缺少与工作彻底无关只为愉悦身心的兴趣爱好。

③ 把工作当做逃避手段。这样的人，影视剧中常见，在生活中有某种苦恼、不满或自卑，为了逃避或者忘却这些令人伤神的事，只好疯狂地投入工作，以全情投入工作忘记烦恼忧愁。譬如，刚刚失恋之人就容易成为工作狂。

3. 为工作狂开的处方

工作狂主要是由于工作压力过重或者内心成就动机过强，与个人能力脱节所致。下面专门为你列举一些处方，帮你摆脱工作狂做一个和谐工作者。

处方一，修正认识：工作不是生活的全部。

处方二，时间充裕：让自己从容完成工作。

处方三，适当游戏：人非机器，要避免不停工作。

处方四，松弛练习：了解自己身体的压力反应（如心跳、头痛、出风疹等），尽量松弛。

处方五，向外求援：相信他人，避免单兵作战。

处方六，悦纳自己：追求完美，但又不为完美所累。

会休息的人才会工作

众所周知，现代人把自己逼上了梁山，只知道要争口气，要打下自己的一片海阔天空，这样才有资本在别人面前挺直腰杆。但可悲的是，许多人在拼杀中忽视了健康问题，以致"赢得了世界，而失去了自己"。这样的话，即使赢得"世界"，又有什么意义？

一个人要想成就事业，就必须吃得苦中苦，方能成为人上人。可问题是，成为"人上人"的代价和结局是什么？——许多成功者之所以成功，是因为他们在别人休息的时候工作，在别人享乐的时候煎熬，在别人风花雪月的时候忍受孤独。这样的代价不可谓不大。

在很多人眼里，时间就是金钱，只有物质上的富足才能让自己更有成就感！多加几个小时的班就等于多一份劳动成果；多见一个客户就等于多一个合作机会；多喝一杯酒就等于多交一个生意伙伴……一天到晚，好像永远有忙不完的事情，永远腾不出时间去看场球赛、做一次健身、和朋友品尝一顿火锅以及陪爱人到风景如画的大自然郊游……当这一切都变成可望而不可即的人生奢

望,岂不是一件悲哀的事吗?要知道,一个人如果懂得忙中偷闲、闹中取静,享受闲适其实只是举手之劳而已!

李海鹏是家软件公司的项目经理,风度翩翩,举手投足之间尽显30岁男人的魅力。他有房有车有才华,在公司女同事眼中简直就是心目中最理想的白马王子。

这样的男人看上去是绝对的精品,在男人堆里也算是佼佼者。可是果真如此吗?

一天,李海鹏酒醉之后,问他的朋友:"哥们儿,你看我是不是特风调雨顺?"朋友说:"当然,哥们儿你是咱一群朋友里活得最光荣的一个。""呸!我是最孙子的一个。"

"哥们儿好像从来没这么崩溃过,原因何在?难道你活得比窦娥还冤?"对于海鹏的此番酒后之言,朋友以为只是一时之想。殊不知,李海鹏还真的一把鼻涕一把眼泪了,"上个月,我在家洗澡,结果出来就晕了,哥们儿我去医院一检查,你知道是什么吗?"这时候的李海鹏似乎变得有些认真了,"医生说我再这样下去,过不了10年就到阎王那儿报到了。"朋友越听越糊涂,看眼前这个金光闪闪的、年轻有为的帅小伙,依然春光满面,没有一丝病入膏肓的样子。

"脑部血管梗塞,供血不足!哥们儿你说这样下去我还能有好日子过吗?而且我的大肠还有毛病。"

看似牛气哄哄的李海鹏其实就是现代很多白领人士的缩影。这类人都是平时工作压力太大,没有自己的休闲时间,生活太紧张,最终导致健康崩溃。"腾不出时间休息的人,一定会腾出时间来生病",希望所有的人都记住这句话。

放松是为了以更快的速度奔跑

会工作,也要会放松。放松是为了更轻松、更有效地工作。只知一味地忙于工作而不懂得找机会让自己放松的人,就好像一匹一直向前拼命地奔跑而不知道让自己停下来的马一样,既是对自己工作效率的不负责,也是对自己生命的不负责。

第十章 有健康才有效率

很多追求工作上成功的人，都舍不得停下脚步放松自己。在他们看来，放松是对工作的一种不负责任和对时间的严重浪费。他们以为只有永不停歇，才能早一点获得成功。即使已经精疲力竭、油尽灯枯，他们依然不愿停止。这样虽然难能可贵，但绝不是明智之举。

有一个高僧带领一群弟子研究哲学。其中有一个弟子非常刻苦用功，经常挑灯夜战。不料学习进行到一个很重要的阶段时，他居然生了一场大病。尽管非常艰难，他还是坚持追随老师继续上课。在他看来，生命苦短，为追求智慧，绝不能浪费任何时间。高僧劝告他说，其实，智慧不一定就在前面啊，说不定它就在你的身后。只要放松身心，随着自然的节拍，也能得到智慧。

我们常常就是这样，为了追求成功，一味地往前冲。我们很少停下来休息，因为那是在浪费生命。其实，如果你不懂得享受生活，那你才是真正在浪费生命。你一心往前追求成功，却不肯回过头来看一看。也许就在你回头的瞬间，你就会发现成功的秘诀。

懂得放松，是一种难得的智慧。从效率来看，必要的放松是更快实现目标的手段。放松不是放纵，而是养精蓄锐，是为了以一种更快的速度奔跑。

乔治是一家会计事务所的职员，有一天早上，他手上握着刚从纽约事务所发来的信函，正想走下"佛罗里达"饭店的阳台，无疑，阳光照耀的假期已经泡汤了，接下来该是非常忙碌的工作时刻。心头一急，只想赶快进入工作状态，匆忙地走着。此时，一位压低帽檐、舒服地躺在摇椅上的朋友，一眼瞧见了慌乱疾走的他，就以佐治亚州特有的南部柔软腔调喊道："先生，你想赶往哪里呀？身浴佛罗里达亮丽阳光的你，不该还是如此急躁不安。来！坐坐摇椅，咱们一起完成伟大的艺术吧！"

"究竟是什么？请你告诉我，我真的不晓得你从事哪种艺术。"乔治不由放慢了脚步，压低声音问。

"没什么，"他安详无事地回答，"只是想与你共享正在消失中的艺术呀！如今大多数的人都已忘了它是什么了。我是在做日光浴艺术，闲坐此处，让慈爱温情的阳光抚慰身心，一丝丝地渗透我的灵魂。

请问你曾想过'太阳'吗?"

接着,他继续说道:"太阳是那样暖和优雅,悄悄地照耀着大地,它不按电铃,也不打电话,只是无声无息地亲吻着大地。想想它一小时的工作量,就远超过你我一生的工作,太阳实在是太伟大了!花开草盛树茂,大地一片欣欣向荣,干旱时天降甘霖滋润大地,使人间充满生机与和平。

"我发现每当我沉醉于日光浴中,太阳就会慢慢渗透我身体的每一部分,抚平、安定一切,并施与无穷的能量,所以我禁不住爱上日光浴——老兄,把那邮件的事丢在脑后,在我身旁坐一下吧。"

乔治依言坐下了,让温馨的太阳光芒晒暖全身,而后回到房间开始处理那邮件,出人意料地竟然一下子就完成了。

确实,也有些人是终日无所事事地曝晒于日光之下的,但这并非最好的方式。一边享受,一边冥想四方,有了这种积极的心态,不但可以帮助恢复体力,更会带来向上奋斗的力量,主动地创造事业与人生。

放松可以让你暂时从工作中抽身而出,以局外人的身份审视你的工作。放松可以让你换一种思路思考,解开你在工作中百思不得其解的难题。

如果你觉得累了,如果你的工作卡壳了,不妨像乔治那样,停下自己忙碌的节奏,让自己放松下来,重新找到轻松平静的心境。

自我放松的方式多种多样,你不必跟风逐浪,只要是你喜欢的又适合你的都可以。

李洋是一位成功的证券分析师。他不仅懂得如何高效率地工作,更知道如何放松自己,享受生活。李洋的一大爱好是阅读,对李洋而言,阅读能把他从证券的厮杀战场带到温馨的港湾,能让他享受到一份难得的宁静。除了阅读,李洋还有其他的休闲方式。相比圈内人喜欢的那些时髦运动,李洋更喜欢鸟语花香。他不仅养花种草,还养了很多宠物,因为他认为跟它们相处的时候很平静、很悠闲,这让他在工作的重压之后有种放松的感觉。

我们都可以像李洋那样选择自己喜欢的放松方式。如果你喜欢安静、独处,你就可以读书、看报;如果你喜欢热闹,你就可以约上几个朋友喝上一杯,或者去唱卡拉OK。你也可以选择一些对你有补充作用的放松方式。如果你从事的职业特别伤脑筋，那你就完全可以做一些运动型的放松活动，比如跑步、登山、旅行等；而假如你是运动员，那你的休闲也可以是睡眠、听音乐、看电影等。总之，不要把放松看成你生活中的奢侈品，而是把它作为你日常生活中不可或缺的一部分。

把工作放一放

生活充实的人，一定是一个热爱工作并勤奋工作的人。身为社会的一分子，每个人都可以经由本身的工作对这个社会作最大的贡献。一个不工作的人，通常会觉得自己就像寄生虫，他很可能会轻视自己，而其他人对他的态度，将更加证实他对自己的看法。

然而生活充实并不意味着过度的工作。在现代社会中有很多人总是习惯性地过度工作。他们在办公室中工作很长的时间，下班之后，还提了满皮箱的公文回到家里，继续在家中工作。对他们来说，工作并不是他们生活中的一部分，而是他们的生活就是工作。

对一个普通人来说，这是相当大的负担。想要过着美好的生活，一个人就必须工作、休息、睡觉。他应该把时间及注意力平均分配给每一天的这三个部分。只有工作而无休息，长期下来对你并没有任何好处。

有位医生替一位知名的企业家进行诊疗，劝他要多多休息。这位病人愤怒地抗议说："我每天承担着巨大的工作量，没有一个人可以分担一丁点的业务。大夫，您知道吗？我每天都得提一个沉重的手提包回家，里面装的是满满的文件呀！"

"为什么晚上还要批阅那样多文件呢？"医生诧异地问道。

"那些都是必须处理的急件。"病人不耐烦地回答。

"难道没人可以帮你的忙吗？助手呢？"医生问。

"不行呀！只有我才能正确地批示呀！而且我还必须尽快处理完，要不然公司该怎么办呢？"

"这样吧！现在我开一个处方给你，你是否能照着做呢？"医生有所决定地说道。

这病人听完医生的话,读了处方的规定——每天散步两小时,每星期空出半天时间到墓地去一趟。

病人怪异地问道:"为什么要在墓地待上半天呢?"

"因为……"医生不慌不忙地回答,"我是希望你四处走一走,瞧一瞧那与世长辞的人的墓碑。你仔细想一想,他们生前也与你一般,觉得全世界的事都必须扛在双肩,如今他们全都永眠于黄土之下了。也许将来有一天你也加入他们的行列,然而整个地球的活动还是永恒不断地进行着,其他世人也仍是如你一般继续工作。我建议你站在墓碑前好好地想一想这些摆在眼前的事实。"

医生这番苦口婆心的劝谏终于敲醒了病人,他依照医生的指示,放慢了生活的步调,并且转移了一部分职责。他知道生命的意义不在于急躁或焦虑,他的心已经获得了平和,说他比以前活得更好,事业也蒸蒸日上。

"把工作放一放"是一条平衡工作与生活的重要法则,在自己医生的建议下,这位病人悟出了这样一个道理:"少了一个人,地球照样转"。这个世界没有谁是不可或缺的,当工作妨碍了你的生活和身体健康的时候,不妨把工作放一放,以一个平和的心态面对自己的事业,这样才称得上是把握住了生活的目的,忙在了点子上。

人们为什么总是放不下自己的工作,总是要习惯性地过度工作?第一,他们都是"想要获得更大物质成就"的想法的奴隶。第二,通过不断地工作,他们可以逃避自己以及其他人的问题。

简单生活的倡导者丽莎·苗·普兰特关于工作和生活之间的平衡曾有过这么一段评述:

"在所有关于工作与健康的讨论之下,存在着'成功'的不实观念,它像一股强大的暗流,支配着美国人的生活。很多人认为成功就是拥有一份体面而且高收入的职业和足够多的个人财富或权力以及令人称羡的声望等。然而,这是一种错误的观念,也是我们的敌人。一个人虽然赚了很多钱,但他如果没有时间及健康去享受的话,就不算是成功。在记录上的都是这种'成功人士':他们一心一意追求目标,在四十几岁或五十多岁时达到目标,但却死于心脏病,或是患了其他因为忧虑、焦急及紧张而引起的疾病。当然,想要同时获得成就及健康很有可能,但是美国人达到这项目标的百分比实在太少了。"

普兰特女士认为，如果你觉得成功可使你获得更多的物质、职业上的成绩以及更多的权力，那么你可以把自己看作一名成功者，并努力去达成你的目标。但是如果为了这个想法促使自己过度工作，对自己逼迫太多，因而破坏你的健康以及超越你的能力范围，这就是错误的想法。

某些人只有在工作时才接受他们自己。在工作时间之外，他们就变得一团糟，他们只知道通过工作和这个世界交往，否则就不知道如何与人打交道。他们促使自己过度工作，这可以满足他们证明自己是有用之人的需求。但同时却也破坏了他们的健康。悲哀的是，他们甚至不知道身而为人的基本价值。

如果你工作过度，不妨告诉自己你只能活一次，而且生活中除了工作之外，还有其他更有价值的事物。要把每一天当作你生活中的最后一天那样地生活。下定决心，摒弃对那些使你脱离自我而去工作的问题；同时重新修正你对成功的概念，以发展你完整的情绪以及工作能力。

从容不迫地面对工作

著名的成功学大师和励志大师戴尔·卡耐基认为，一个人要做好一件事的最好方法就是以从容不迫的心境去完成它。

梅吉是卡耐基先生的一位朋友，他是棒球队的监督，他曾说："不论选手的打击率多高、守备多强、跑垒速度多快，如果他心中存有过于强烈的责任感，我都会考虑淘汰他。

"因为，若要成为大联盟的选手，本身必须有相当的能耐，不但每一个动作要正确，更要以从容轻松的心情控制肌肉的运转，这样所有的肌肉与细胞才会富有韵律与弹性，在瞬间而发的关键时刻，才可以随心所欲地接球或挥棒。

"如果心里非常紧张，无法镇定下来，一定会连带着全身的肌肉也随之绷紧，一旦遇到重大的场面，根本无法顺利地完成应有的动作。当对方的球抛过来时，你的全身神经为之紧缩，又怎能打好棒球呢？"

梅吉先生还讲述了他以前和自己教练之间的一件事情。

"兰基先生（伟大的棒球选手）在世界棒球锦标赛中，曾一口气打中四支全垒打，目前他仍然是世界纪录保持者，后来他把那支伟

大的球棒送给我的教练。有一天，我有幸拿起这支球棒，并以很敬畏的心情摆出正式球赛挥棒的姿态，但那种打击的样子绝对无法与兰基相提并论。

"这时，我的教练语重心长地对我说：'梅吉，兰基并不是以这种样子打球，你太紧张了，一心想打出全垒打，结果一定是遭到三振出局的命运。'的确，我曾有幸亲见兰基上场挥棒的姿势，真是美不胜收，他的人与球棒自然地结合为一体，以充满韵律的动作，轻松自若地上场，他完全清楚放松自己的道理。"

获得事业成功的道理也是如此，我们若仔细分析那些能够忙于要事，工作效率很高的人，不难发现他们都是以最积极从容的心情进行工作，这样看似悠闲，实则是离目标更近了。相反，如果一个人做事情不能保持一种从容不迫的心境，那么等待他的结果只能是事与愿违，欲速则不达。

安妮是美国一家娱乐公司的一名经纪人，专门负责从高尔夫球及网球的新人当中，发掘明日之星。美国西岸有位年轻的网球选手，特别受她赏识，她决定延揽对方加盟本公司。

从此，即使每天在纽约的办公室忙了12个小时，她依然不忘时时打电话到加州，关心这个选手受训的情形。他到欧洲比赛时，她也会趁着出差之便，抽空去探望探望，为他打理一切。有好几次，她居然连续一周都未合眼，忙着飞来飞去，追踪这个选手的进步状况，偏偏手边还有一大堆积压已久的报告。

一次，那位年轻选手参加法国公开赛。照原定日程，安妮本来不需出席这项比赛，但是她说服主管，为了维持与那位年轻选手的关系，她应该到场。主管勉强应允，但条件是，她得在出发前把一些紧急公务处理完毕。结果安妮又是几个晚上没合眼。

抵达巴黎当天，在一个为选手、新闻界与特别来宾举行的晚宴上，她依旧盯着那位美国选手，并且像个称职的女主人，时时为他引见一些要人。当时是瑞典网球名将柏格独领风骚的年代，他刚好是他们的客户，又是那名年轻选手的偶像，安妮自然就介绍他俩认识，柏格正在房间一角与一些欧洲体育记者闲聊，她与年轻选手迎上前去。对方望向这边时，她说："柏格，容我介绍这位……"天哪！她居然忘了自己最得意的这位球员的姓名!

后来,那位年轻选手成了世界名将,但他与安妮和安妮所在的娱乐公司再也没有关系了。

安妮充沛的精力和勤奋的工作态度的确令人钦佩,但她这样不顾一切地拼命工作,万一关键时候出错,则会造成这样那样的悲剧。

做事情和划船、打棒球是一个道理,只有从容不迫才能正常地发挥自己的体能和智慧,取得良好的成绩。如果只知道努力或者过于看重结果而急于求成,那么忙碌就成了盲目,只能做一些无用功。

学会释放工作压力

压力人人都有,关键看你如何看待。

某人性情温和、待人和善,几乎没人看到过他生气。有一次他的同事经过他家,顺道去看他,却发现他正在顶楼上对着天上飞过来的飞机吼叫。于是同事好奇地问他原因。

这个人说:"你看,我住在机场附近,每当飞机起落时都会听到巨大的噪声。后来,当我心情不好或是受了委屈、遇到挫折想要发脾气时,我就会跑上顶楼等待飞机飞过,然后对着飞机放声大吼。等飞机飞走了,我的不快、怨气也被飞机一并带走!"同事恍然大悟:怪不得他脾气这么好,原来他懂得如何适时宣泄自己的情绪。

压力是生活和工作中的一部分,是真实存在的,我们必须学会宣泄。美国职业心理医生卡尔森说:"每个人在工作中都会承受着诸多压力,内心得不到放松,这直接影响了工作的愉快心情。如果不想被工作搞得苦不堪言,并保持一分从容、一分悠闲情致,那就要想法解决这种困扰,学会释放工作压力。"

从心理学的角度来看,压力会造成特别的生理反应,但并不是所有的压力都是令人感到不快的。积极乐观的人对压力能坦然接受,即使面临巨大的工作压力也依然过得轻松自在,毫无倦怠。当他们听到同事赞扬自己工作很出色,听到上司准备提拔自己时,就会产生压力,这是一种出于本能的积极反应。

生活的意义在于面对环境带来的刺激，人因此能体验快乐和成就感。压力是生活、工作的调味剂。人必须有适量的刺激，才能更好地生活。适当的压力不仅最有利于肌体，也最有利于心理上的平衡，因此有适当的压力是质量最高的生活。

1. 自言自语

面对压力，大多数人是牢骚满腹，如果把牢骚强压心底，即使不憋出病来，也一定会烦躁不安。所以要想减轻工作上的压力，就要学会用适当的方式宣泄，从人性的角度出发，我们主张：如果工作中出现了一些不顺心的事情，与其憋在心里郁郁寡欢，不如说出来让人释然。言语本来是表达感情的一种工具，我们要善于运用这种工具排遣苦恼和烦闷。所以说，工作上有些不开心的事，不妨把它说出来，这样能够缓解压力，调节情绪，摆脱心理负担。

当你感到整天被工作所累，人仿佛一下子老了许多时，不妨仔细看看镜子中的自己，自言自语道："不错嘛！并不太老，还是颇具魅力的，依然年轻！"能够有意识地欣赏自己，学会自我解嘲，自我排遣，这样一来，心情就会好许多，信心也变得十足了。

当你挨了上司的批评，心中愤愤不平时，可以一个人躲起来独自"控诉"："哼！有什么了不起！你也有犯错的时候，就算我有点不对，也不必这样盛气凌人嘛！我根本没兴趣理你。"一番喃喃自语后，气也顺了，怒也消了，还是努力工作吧。

总之，工作中许许多多不愉快的事发生后，都可以用自我抒发的方式对着自己说一通，可以是倾诉，也可以是发牢骚，甚至是宣泄，这些都可以缓解你压抑、紧张的心情。在思绪紊乱，工作紧张之时，自己声音的声调有一种使自己镇静的作用。既能起到"一吐为快"的效果，又能专心于发泄而减少对别人的侵犯行为，使你能很快走出阴影，积极投入到工作中去。

做人要心胸宽广一些，工作中的一些不愉快的小事最好忽略掉。别因一件小事挑起一场"战争"，使得办公室永无宁日，自己也没有精力去处理本职工作。记住，抱怨要适可而止，毫无意义地发牢骚更应该避免。

2. 专注地做一些小事

有一个公司经理，因神经极度紧张而看了几个月的心理医生，情况并无好转。晚上他吞下安眠药后仍用手提电脑工作。医生劝他每天找一件小事来做，而且做的时候全心全意就专注此事，其他什么都不想。

结果，他说他想不出自己能有什么小事可做。问题就出在这里。他要做的事全是重要的，连打场球都是一场心理战，午饭和晚间应酬更不必说。最可怕的是，他早上从家里开车到公司，直至到办公室位子上，都想不起自己究竟是如何把车一路开过来的。他说脑子里这种空白越来越多。

最后，医生建议他在公司里放一盆植物，每天抽出15分钟好好照顾它，除了浇水，还可买点洁白的沙粒，覆盖在泥土表面上，再准备一块小小的干净的布，细心地抹抹叶子，甚至吹一阵口哨给它享受享受。要不就从抽屉里拿出块布来钉纽扣，说不定还能钉成一幅看起来不错的画呢。那位经理接受了这个建议，紧张得到了缓解，也找到了美好的感觉。

工作之余做一些小事，这是一个很好的抛开生活烦恼、享受生命的好方法。不要小看这些小事，它可以丰富你的精神生活，升华你的精神境界，对你心里的不快起到缓解与消释的作用。

当你明白这个道理之后，每天做一些小事，你就能拥有一个宁静的心境，你的职业生活就会变得更美好。

3. 放松疗法

放松疗法又称松弛疗法、放松训练，它是一种通过训练有意识地控制自身的心理生理活动、降低唤醒水平、改变机体紊乱功能的心理治疗方法。心理生理上的放松对于我们缓解生活压力，提高生活质量都有十分重要的作用。事实上，人们很久以前就在使用放松的方式来养生颐寿。例如，中国的气功、印度的瑜伽术、日本的坐禅，都是通过放松达到心平气和、通体舒畅的目的。

放松疗法认为，一个人的心情反应包含"情绪"与"躯体"两部分。假如能改变"躯体"的反应，"情绪"也会随着改变。至于躯体的反应，除了受自主神经系统控制的"内脏内分泌"系统的反应不易随意操纵和控制外，受随意神经系统控制的"随意肌肉"反应，则可由人们的意念来操纵。也就是说，人的意识可以控制"随意肌肉"，再间接地把"情绪"松弛下来，建立轻松的心情状态。

在日常生活中，当人们心情紧张时，不仅"情绪"上"张皇失措"，连身体各部分的肌肉也变得紧张僵硬，即所谓心惊肉跳、呆若木鸡；而当紧张的情绪松弛后，僵硬肌肉还不能松弛下来，要通过按摩、沐浴、睡眠等方式才能让其松弛。基于这一原理，"放松疗法"就是训练一个人，使其能随意地把自己的全身肌肉放松，以便随时保持心情轻松的状态。

下面，推荐几种实用的放松疗法，帮你化解工作和生活中的压力。

（1）听音乐

科学家发现，听音乐可以减轻压力，减缓心跳，并能降低血压。为了获得最大的益处，最好选择轻音乐。慢节奏的音乐要比快节奏的音乐更轻柔，弦乐器比管乐器更轻柔，演奏比演唱更好一些。想获得音乐的最大帮助，就要选择适合你情绪的音乐。

（2）蒸发压力

很多人通过热水淋浴、盆浴、桑拿来蒸发自己的压力。如果你的房子很小，人又很吵，那么浴室将是能给你20分钟私人时间的最佳地点。

热量同样可以使紧张的肌肉放松。如果你带着紧张的头痛感回家，洗个热水澡将会使你放松不少。一些专家认为，热蒸汽会促使体内产生压力的化学物质消解，从而降低压力激素。

最后，睡前洗个热水澡会使人进入深层次的放松状态，这是另一种消除压力的好方法。为了有益身心，可以在洗澡水中加入紫苏、香柏木、甘菊、天竺葵、香草、玫瑰、鼠尾草或檀香木。

理疗专家会根据你的需要和他们的专业知识来提供各种技巧，包括热的或凉的包垫、热油灯和其他建议。

（3）养宠物

回到家后，让一只可爱的宠物帮助你忘却压力，再没有比这更好的方法了。科学家认为，养一只狗或是猫确实有好处。抚摸一只宠物会帮助你降低血压和减缓压力——对于人和动物都一样。房里有一只狗会使人放松。

当然，对某些人来说，养小猫小狗本身就是一种压力。如果你不喜欢猫或狗，也可以试着养一对金鱼。研究表明，仅仅是看着鱼在水草中游动，也能使人放松和减轻压力。当然除此以外，鱼不会呕吐，不会拖着垃圾满屋子跑，更不会惹邻居生气。

（4）大笑

大笑会使人心脏、血压和肌肉的紧张感得到舒缓，从而分散压力。科学家已经发现，大笑具有与有氧健身法相同的功效。当人们笑的时候，他的心跳、血压和肌肉的紧张度都会明显上升，接着会降至原先的水平之下。不要犹豫，笑会使人更加放松。

这种情况在医院和疗养院里也存在，这些地方都为病人提供幽默的杂志和喜剧。你也可以做到，找一些幽默的磁带、喜剧影碟或幽默书籍。当你完全处于压力之中时，可以拿出一些来看看或听听。

大笑20秒相当于3分钟剧烈的划船运动，而且皮肤不会出老茧！

（5）按摩

如果人们情绪过激，可以考虑按摩这种减轻压力的好方法。按摩可以降低心跳和血压、促进血液循环、提高皮肤的温度、加强健康的感觉、减轻焦虑情绪，从而使有害的心理压力做出巨大的改变。

在按摩时，紧张的肌肉会得到放松，而且由于紧张感而带来的疼痛也会消失。当血液循环加快时，肌肉便会得到更多的氧气和营养。

依照人性来决定生活的步调

在快节奏的工作和生活中，我们往往过于重视效率而忽略了工作本身以及人的价值。太多机器按钮等我们去按，生活忙乱不堪，工作效率低下且毫无乐趣可言，在效率的鞭策下每个人都像机器一样，忙得一刻也停不下来，这样的生活注定毫无幸福可言。

事实上，从人的价值来看，我们应该依照人性来决定生活的步调。

在现代的工作场合里，步调都被调整得很快。一位西方评论家说过："效率被视为一种永远追求不完的力量，人们不可能达到的极致。"

的确，在大部分的工作环境中，把工作时间花在非目标导向的事情上，都会被认为没有生产效果，缺乏效率。邀请同事去吃个舒舒服服的午餐，给同事庆祝生日，或是经常在办公桌上插瓶花，似乎都是些不重要的小事，但是，如果连这些都舍弃，又和没有精神生活的机器人有何分别？

整天工作并不会有效率。效果和花费的时间并不一定成正比。强迫自己工作、工作、再工作，只会耗损体力和创造力。我们需要时间、暂时停下工作，而且要经常这么做。每当你放慢脚步，让自己静下来，就可以和内在的力量接触，获得更多能量重新出发。一旦我们能了解，工作的过程比结果更令人

满足,我们就更能够乐于工作了。

据国外心理学家的调查,几乎有2/3以工作为中心的人,下班后不懂得放松,许多人以为在酒吧饮酒取乐,醉生梦死便是放松。可在酒场上的"君子们"哪一个不是"有备"而来的呢?要么是为了打通关系,要么是为了饭后的红章或签字。这不仅不能缓解心头的压力,反而把身体也累垮了。追求效率和追求完美非常相似,它们都在我们能力所能企及的范围之外,当我们将效率奉为生活的唯一标准时,一旦达不到要求,就会为之生气、烦躁,这样,我们的生活就会变得复杂、痛苦,而且毫无趣味可言。

阿尔伯特是美国一位著名的演说家及作家,每年都要乘飞机或者火车到世界各地去采访、演讲。

有一次他应邀到日本去演讲,搭乘大阪往东京的新干线,在快到新横滨时,由于铁路的转辙器发生故障,电车被迫停驶。车长在车内广播:"各位旅客,对不起,由于铁路临时发生故障,电车需暂停20分左右,请各位旅客稍候,谢谢!"阿尔伯特是个急性子的人,刚开始有一些烦躁不安,电车停驶20分钟,对于一个注重效率,时间又十分宝贵的人来说无疑是一个十分痛苦的损失。

但是20分钟过去,并且都快30分钟了,电车一点也没有要发动的迹象,正当他愈来愈焦躁不安时,车内又再度广播:"很抱歉,请再稍候一会儿。"故障修理大概很费工夫吧!然而就在这瞬间,他改变了习惯的想法,心想,焦躁也无济于事,不如找些别的事做。

阿尔伯特在看完手边的周刊杂志和书后,就去拿备置的《时事周刊》开始阅读。车内的乘客,大概有很多是忙人,他们焦躁地到处走动,向车长询问一些事情。阿尔伯特回忆起这次特别的经历时说:"电车由原先预定的延迟时间20分钟,变成一小时、两小时,最后慢了三小时,因此抵达东京时,我几乎看完了那本报道前总统卡特全貌的《时事周刊》。假如火车依照时间准时到达东京,或许我就无法获得有关卡特总统的详细知识。而且,假设我又是位没有'游戏'和'从容'心态的人,这三小时,除了焦躁不安,不断抽烟外,就没有什么事好做了。"

阿尔伯特是现代效率社会的佼佼者,这一点从他蒸蒸日上的事业和忙碌的身影就可以看得出来，然而自从他有了这次电车上的经历之后，他懂得了一项重要的启示：一个人要及时地从社会以及身边的人一起营造的追求效率的氛围中走出来，以一种从容和游戏的心情来面对自己工作的结果，不要时刻都让效率之弦绷得太紧，否则就容易为自己带来过多的压力和挫败感，那样，工作就成了摆脱不掉的包袱，同时也毫无效率可言了。

> 第十章　有健康才有效率

通用公司的总裁杰克·韦尔奇在这方面的做法也十分值得我们借鉴。多年以来，他回忆起自己同妻子在森林中的漫步仍是兴味盎然：

有一个夏天的下午，我与妻子到森林游玩，我们到优美的墨享客湖山的小房里休息，房子位于海拔二千五百米的山腰上，是美国最美的自然公园。

在公园的中央还有宝石般的翠湖舒展于森林之中。墨享客原就是"天空中的翠湖"。在几万年前地层大变动的时期，造成了高耸断崖。

我的眼光穿过森林及雄壮的崖岬，转移到丘陵之间的山石，刹那间光耀闪烁千古不移的大峡谷，猛然间照亮了我的心灵，这些美丽的森林与沟溪就成为滚滚红尘的避难所。

那天下午，夏日混合着骤雨与阳光，乍晴乍雨，我们全身淋透了，衣服贴着身体，心里开始有些不愉快，但是我们仍彼此交谈着。慢慢地，整个心灵被雨水洗净，冰凉的雨水轻吻着脸颊，瞬时引起从未有过的新鲜快感，而亮丽的阳光也逐渐晒干了我们的衣服，话语飞舞于树与树之间，谈着谈着，静默来到了我们之间。

我们用心感受着四方的宁静。确实，森林绝对不是安静的，在那里有千千万万的生物在运动着，大自然张开慈爱的双手孕育生命，但是它的动作却是如此的和谐平静，永远听不到刺耳的喧嚣。

在这个美丽的下午，大自然用慈母般的双手熨平了我们心灵上的焦虑、紧张，一切都归于平和。

抽时间和家人到公园共度一个美丽的下午，而不是和以前一样在办公室中困坐愁城。跳出效率的陷阱，或许，你就能够重新找到工作的动力和高效率工作的感觉。

经营家庭，给工作一个避风的港湾

如果要安心在工作上发展，做一个高效率人士，你一定要有一个美好的家庭。否则，总是"后院起火"，工作又何来效率可言？

不管社会如何变迁，家庭、事业不应该对立，完全可以统一起来。如果把事业当作一个家庭来享受，如果把家庭当作一个事业去创立，那么建立在事业上的家庭将是最稳固的家庭，建立在家庭上的事业是最甜蜜的事业。

和睦的婚姻是夫妻开创辉煌事业的基础所在。如果说事业和家庭在某种意义上构成了一个完整男人，那么就可以说，丈夫、孩子、事业的总和同样构成一个完整的女人。要知道，不管是丈夫还是妻子，都会很在乎与爱人共处的时间，如果能陪他（她）出去吃顿饭、逛逛街或是在家里准备一顿有情调的烛光晚餐，他（她）一定会很开心，并因此涌出无限的爱意，所有对你的怨恨与不满都会烟消云散的。因为你陪他（她）是最好的证明，证明在你心里没有人可以取代他（她）的地位。

无论对男人，还是对女人，家庭如地基，事业如大厦，地基牢固坚实，大厦才可以屹立不倒。所以说婚姻与事业的关系处理得好，则皆大欢喜，爱情事业双丰收；处理得不好，则可能双双落败，伤害了夫妻间的感情，影响了彼此事业的发展。

成功和快乐是可以兼得的，事业和生活是可以兼顾的。关键是要在两者之间有一种沟通无阻的关系。因此不要为事业忽视婚姻。事业婚姻二者兼顾，做到这一点并不复杂，也不存在什么两难的选择，只要定好一个基调，作好相关的调整即可。

下面几条意见可以供你参考。

如果你为了事业，一个星期之中很少有在家的时间，所有的家务都推给了爱人，那周末早上你就一定要早起几分钟为你的爱人做顿可口的早餐，献上一份爱心早点。假如你是与爱人的父母同住，那这一道"工序"就更不能免了，这样做不仅使父母了解到你顾家的情怀，也会感受到你孝顺的心意。

如果你为了事业不做家务，你一定要马上改正。特别是当你空闲下来的时候，绝对不要在家里跷起二郎腿，以自己在外面辛苦工作为理由，逃避家庭建设。你要知道，你的爱人一天要料理三餐，洗衣持家，繁重的家务劳动不亚于繁忙的事业打拼。你要体恤他（她）的辛劳，在家时要尽量帮对方分担一些家务。

如果你为了事业应酬，经常酒气熏天、神志不清，也要注意了，不管是职业男性，还是职业女性，在外应酬时，你就是跟客户谈得再开心，谈得再投机，哪怕对方许诺明年给你几百万的订单，你也别喝得太多。即使你的酒量足以保证你再多喝点也不会上错车，那也要学会适可而止。你大口吃肉、大口喝酒，在客户眼里是一种豪爽的气魄，在爱人眼里就成了一个"好酒贪杯"的酒鬼，所以不管你的爱人如何喜欢你在外面的雷厉风行，在喝酒这件事上，你最好还是小心翼翼一点儿好。

当然，要营造良好的夫妻关系，并不是只做到这些就够了，还需要你去用心经营，用心呵护。

自信是成功的必备因素

一个心理健康的人理当是一个自信的人。去分析研究那些成就伟大事业的卓越人物的人格特质，那么就可以看出一个特点：这些卓越人物在开始做事之前，总是具有充分信任自己能力的坚强自信心，深信所从事的事业必能成功。这样，在做事时他们就能付出全部的精力，破除一切艰难险阻，直到胜利。

很多员工很有才能，可是他们却有着一个致命伤：不自信，没有挑战困难的勇气，畏缩不前，一躲再躲。这样只能庸庸碌碌、无所作为，只能平庸地终其一生。勇士和懦夫其实只是一念之差，可是结果却是天壤之别。上司所需要的员工，是充满自信，有着进取精神，喜欢向不可能完成的任务挑战的人。

麦克阿瑟将军当年在西点军校入学考试的前一晚曾紧张至极。他母亲对他说："如果你不紧张，就会考取。你一定要相信自己，否则没人会相信你。要有自信，要自立。即使你没通过，但你知道自己已全力以赴了。"发榜后，麦克阿瑟名列第一。

你可能很羡慕那些深受上司青睐的员工，他们总是有着优秀杰出的表现。其实，这一切，你也可以做到。只不过是你自己错过了那一个个挑战困难的机会。

自信是一种精神状态，它是靠着调整你的内心，去接受无穷智慧的方法

第十章 有健康才有效率

发展而成的。自信是使无穷智慧的力量配合你明确目标的一种适应表现,自信是"成功"的发电机,也是将你的想法付诸实现的原动力。记住,当你面对一份有挑战性的工作任务时,首先就得为自己灌输自信。

下面列举了任何人都容易做到,拥有自信的五条诀窍。有相当多的人已经尝试过这些诀窍,且表示获得了相当的成效。

诀窍一:设想远大前程。首先要在心中描绘一幅希望自己达成的成功蓝图,然后不断地强化这种印象,使它不会随着岁月流逝而消退模糊。

诀窍二:用积极的言语暗示。每天重复说这句强有力的话:"谁也无法阻挡我成功,我一定会爬到最高峰。"

诀窍三:借助别人的鼓励。寻找对你了如指掌,并且能提供有效忠告的朋友,请他们帮助你消除自卑感和不安感,树立起信心。

诀窍四:实事求是地评估自己的实力。正确评估自己的实力,然后多加一成,作为本身能力的弹性范围。

诀窍五:树立一个积极的榜样。榜样的力量是无穷的,从自身条件出发,树立起一个曾与自己境况相似,但最终获得极大成功的榜样,来不断督促自己。

第十一章 提高管理效率的智慧

正确决策

说起决策,人们大多会联想到那些运筹帷幄的军事家、战略家、国家要员。其实,在现实生活中,上到各级领导、管理者,下到普通百姓,每个人、每天都在决策。有些决策小到今天买什么菜、是否出去逛街,有些则事关购房买车、择业移民等大事。决策从来都不是思想家、军事家的专利,对企业管理者来说,决策的好坏是胜败兴衰的先决条件。

1. 决策决定成败

决策能力是统帅人物不可或缺的重要能力之一。对一个企业或公司来说,无论大小,统帅人物决策能力的强弱都直接关系到企业的成败得失。在社会瞬息万变的今天,人们必须在机会来临时紧紧把握时机,在危机到来之前及时规避风险。但环境的快速变化,一些假象对决策过程会产生误导。因此,领导者必须高瞻远瞩,沉着果断,敢于承担风险,勇于决断。

如果给决策下一个定义的话,决策是指人们在确定未来的行动目标时,从两个以上的行动方案中选择一个合理方案的分析判断过程。决策的三个要义是:决定做什么、决定怎么做以及决定这样做的结果是什么。

(1)战略家的眼光

新管理者的决策并不是针对经营中的所有事务的,事无巨细一把抓的新管理者肯定不是一个好的管理者。只有站得高,才能看得远。因而管理者决策时应着眼于企业或公司全局的、长远、关键的重大问题,应是一种战略性的决策。其战略性应体现在以下三个方面:

①善于谋划企业经营的发展方向。通过对国际经济形势及其走向清醒的认识和了解,对国内经济的政策方针、经济环境、经济状况有明确的认识和

把握，找准企业在整个经济格局中的战略地位。

②对本行业的现状与未来要有一个清醒的分析和预测。这里牵涉两个问题：一要具备本行业专业知识，并精通业务，这样才能有发言权；二要将本行业放到整个经济大背景中去分析比较，才能得出正确的结论。

③企业应有的经营思路和战略性构想。对企业如何走向成功，应有清晰的经营思路和战略性的构想。有灵活多样的执行方案和坚定不移的经营目标。

（2）一步踏错，全盘皆输

决策的正确与否，对于任何人来说都是事关重大的。在事业的初创时期，决策决定着事业的成败，所谓一步踏错，全盘皆输。即使是十分成功的企业一旦决策失误，也会给企业带来巨大损失，使事业遭受挫折，甚至使企业陷入万劫不复的深渊。

日本丰田公司是世界汽车工业的骄子。然而，在20世纪50年代准备打入美国市场时，却做出了错误的决策。当时，他们选择了一位社会名流做汽车经销的总代理，原以为凭借他个人的社会地位与名气，可以迅速打开销路。结果事与愿违，这位名流对经销汽车丝毫不感兴趣，其结果是只"代"不"销"。丰田公司焦急万分，但又毫无办法。因为他们之间有一纸协议，是不能轻易毁约的。丰田公司只好睁着眼睛打了一场"滑铁卢战役"，付出昂贵的学费来换取教训。

对于那些有百年基业的老企业来说，更应该全力应付。在竞争激烈的现代社会里，社会生活和经济形势都在不断地发生着变化，企业如果跟不上时代发展的步伐，则随时都会有被淘汰的危险。全世界每天都有数以万计的企业宣告破产，也有数以万计的企业宣告诞生。决策的正确与否是关乎到企业生死存亡的一个根本原因。

（3）最后的成功者

在一个科学发达的社会里，各种资讯从四面八方如潮水般地涌来，各种各样的诱惑造成无法抗拒的冲击，但其中的假象、幻象也越来越多。由于某些假象、幻象过于的逼真，有的领导者或者一时冲动头脑发热做决策，或者凭借以往的经验拍脑子做决策，一旦假象和幻象退去，真实呈现出来时，企业已经陷入了险境。其表现有：

① 根据市场表面繁荣的假象，盲目扩大投资，增加生产，造成产品大量积压，浪费了有限的资源。

② 贪大求全，实行多元化，其业务在众多领域同时展开，在结构不合理的前提下，平均使用资源，结果无法形成核心竞争力，在激烈的市场竞争中，经常处于劣势。

③ "战线"太长，"战区"太多，造成财务异常紧张，无时无刻不在筹集资金，被财务问题搞得精疲力尽。

④ 管理模式和机制不符合企业自身特点，企业经营管理无的放矢、无章可循，所有兼并、收购、扩张计划无法实施，或即使实施也达不到任何效果。

以上种种追根寻源都是领导者片面地、主观地看问题，导致决策失误造成的。所以，只有在正确的形势下，审时度势地做出正确决策，才能成为最后的成功者。

2. 做决策中轻灵的舞者

经营中最可怕的思想是认为万事不变：顾客不会变，他们会一如既往地购买自己的产品；委托人不会变，他们永远觉得你真诚可信；竞争对手不会变，他们将永远停留在原来的水平上。

成功的管理者绝对不会有这种墨守成规的想法。他们知道敏锐的洞察力和快速的反应能力是事业成功的关键。尤其在当今政治、经济飞速发展的时代，快速的应变能力尤为重要。

许多管理者在做决策的时候往往只凭经验，丝毫不会考虑发生了变化的客观环境。他们会凭几年前的失败经验告诉你："老兄，5年前我就这么做了，根本行不通。"他们没有想到，5年后情况发生了变化，以前不适用的做法现在没准恰逢其时。还有一种人，他们死死抱住以前的规矩，不敢越雷池一步，甚至顽固地认为这个方法5年前有效，现在当然还有用。在他们的眼里，世界是静止的。

（1）"因为这是另一个星期二！"

朱利安·马赫年轻时在一个杂志社做记者。第二次世界大战后的一天，他与一名从纳粹集中营逃出来的罗马尼亚小伙子共进午餐。小伙子靠在纽约大都会剧院门口以出售演出纪念品为生。五月的一

个星期二,天气晴朗,剧院里正上演著名指挥家索匀·赫罗克指挥的芭蕾舞剧,演出票早就销售一空,小伙子的纪念品也全卖了出去。过了一星期,又是星期二,天气依旧晴朗,剧院上演着同样的舞剧,演出票又销售一空,而小伙子的演出纪念品却一份也没卖出去。

小伙子问马赫为什么同样是星期二,结果却大不相同。马赫的回答十分简单:"因为这是另一个星期二。"

因此,每当你要做新的决策时,千万不能墨守成规,不要以为你以前失败过现在还会失败,也不要以为,你以前成功过现在还会成功。

(2)及时改变错误的决策

我们所提倡的是做决策中轻灵的舞者。决策并不是一成不变的,人们经常会随着时间的推移改变自己的决策。

世界体育商业巨人麦考梅克曾说:"几年来,只要有人向我提建议,我肯定有回应。如果有人建议我在某个领域投资,我会坚决地反对,对此,我自然有充分的理由:也许时机未到,也许我不喜欢那个领域……但几年以后,我可能会改变主意,理由仍然很充分。每次我改变主意都不会有人跟我计较我过去的态度,大家都在为我的思想转变而高兴。你也许认为他们会想:头儿终于承认自己错了。可他们实际想的是:头儿终于认为我是对的了。这两种想法看起来一样,意义却相去甚远。这说明遇到这样的情况,人们只会从自己的角度考虑问题,而不会从他人的角度出发。"

决策的灵活性和坚定性是丝毫不相悖的。灵活性和坚定性作为决策的原则,体现的是一种辩证的思维方式。一方面,做决策时在看清经营大方向的前提下,应容忍不完善的决策,因为几乎所有的决策都不可能是十全十美的,这是决策者必须明确面对的现实;另一方面,如果在决策的执行过程中,确实出现了决策时未曾考虑到或即使考虑到但估计不足的重大问题,则极有可能造成决策的失败,此时决策者要有敢于承认错误的勇气,放弃或改变当初的决策。其实,这种敢于放弃或改变决策的灵活性,又何尝不是坚定性的另一种表现呢?一个人不可能永远正确,即使你犯了错误,但只要及时更正就不会使错误继续发展下去,就不会造成不可挽回的损失。无论什么时候,只要你发现自己的决定错了,就要立刻下决心停止,重新修改,以减少不必要的损失。当你拒绝承认自己的错误时,通常只会把事情弄得更糟。

承认你错了并不等于承认你愚蠢,可是,当你明知自己错了而又不想改变主意，顽固地坚持自己的错误，这就是愚蠢的表现了。

一个公司的老板在关于公司的经营策略问题上和助手发生了激烈的争论，他坚决反对助手提出的投资宠物业的建议。最后，这位老板对助手下了"最后通牒"，要么放弃这个想法，要么离开公司。没想到，那位助手真的离开了。事后，这位老板后悔自己的失误，他说："所有的人都说我不该让他走。现在我觉得是我不对，我应该留住他，而且应该接受他的想法，那的确是个好主意。"

很奇怪，许多管理者都觉得改变自己的主意是种无能的表现。实际上恰恰相反，及时改变错误的主意是一个管理者明智的举动。这非但不会遭人耻笑，还能赢得人们的尊重。

（3）改变决策的艺术

如何圆满地改变自己的决策，其中也大有"艺术"可言。改变决策最好是选择最佳时期，如果情况变化很突然，那么你在一分钟内改变想法也无可厚非。

一般来说，做出决策与改变决策之间的时间越长，这种变化就越容易被人们所接受。因为，时间会使环境发生变化，环境又能让人发生变化，而且时间久了，人们会渐渐淡忘你以前所持的态度。

设想在一次会议开始时你赞成某事，而会议结束时你又持否定意见，那么在别人眼里你会是个反复无常的怪物。但如果是因为会议期间，情况发生了新变化，那么在别人看来，你的这种改变实在是明智之举。

同样在以上情况下，把宣布改变决策的工作放到会后，效果会更理想。在会议上，经过别人的一番阐述，你改变了自己的想法，但是不要急于在会议结束时就立即表态。会后，再与同此事毫无利害关系的同事们反复推敲、讨论，直到一两个星期后再宣布改变想法则较为合适。在改变想法之前，经历的时间越长，你的新决策就越显成熟，看起来像是经过了深思熟虑。而且时间一长，人们会觉得那是你做出的一个新决策，而不是什么改变主意的结果。

改变决策应有充分理由。罗列出你之所以改变决策的理由，别人就不会认为你朝令夕改。理由越多，大家就越相信这不是个草率的决策。这个道理再明显不过了，可是许多管理者只凭直觉妄下断言，当手下问起为什么改变想法的时候，得到的只是诸如"因为我想这么做"或"我愿意"那样生硬的

回答。从这些回答里,人们只能看到一个跋扈的管理者的形象。

所以,当你自己都说不清楚为什么要改变决策的时候,最好不要急于改变自己的想法。

3. 切忌"纸上谈兵"妄做决策

市场不是"谈"出来的,而是"闯"出来的。

"纸上谈兵"在企业决策中有三个含义:一是决策只停留在口头上,没有实际行动;二是迷信教条,无法运用于实践;三是凭空决策,毫无根据。不管是哪方面,纸上谈兵都是一件贻笑大方的事。凡是纸上谈兵的决策,都不可能取得成功。因此,不要在"纸上"谈市场,不要不经过全面的调查研究就妄做决策!

军事学家克劳塞维茨说过:"理论给人们带来的好处应该是人们在探索各种基本概念时得到启发。理论不能给人们提供解决问题的公式,不能通过死板的原则为人们指出狭窄的必然之路。"可见,古今中外,奢谈理论,不切实际,都是兵家的大忌。

兵家的论述完全适用于商家。一方面,领导者必须掌握决策学理论知识,熟知一般原理、原则;另一方面,也不可生搬硬套,墨守成规,否则就会故步自封,画地为牢,为竞争对手所打败。

(1)究竟需要什么颜色

纸上谈兵是决策的大忌,同时也是某些领导的癖好。纸上谈兵最大的缺陷就是理论不与实际结合,只凭领导者的主观意志想当然地妄做决策。这样的决策在书面上完美无缺,放到现实中却错误百出,不堪一用!

某电视机厂就吃过"纸上谈兵"的亏。该厂准备向泰国出口家用电视机,起初,该厂根据本国人民的传统喜好,在专供出口的家用电视机上使用红色,以增加喜庆气氛,从而有助于销售。谁知这款产品在泰国销路不畅,迟迟找不到大客户。因为当地居民认为只有救火车才用红色,因为红色给人以警惕感。在烈日炎炎的夏天,电视机摆在家里就像一团熊熊火焰,更使人觉得酷热而烦躁,而且泰国人认为,红色象征着血,红色电视机给人血淋淋的感觉,令人望而生畏。

后来,该厂改用银灰色,可还是打不开市场。因为泰国人崇尚佛教，死人时常焚烧锡箔以超度亡灵。他们认为银灰色像锡箔纸，这种颜色的电视机放在家中会招来灾难和鬼魂，不吉利。

那么，究竟什么颜色适合泰国人的需要呢？同行的另一家电视机厂的做法则要高明得多。他们一方面组织美术设计人员去泰国逛公园，想从大自然中寻找答案；另一方面派人与泰国的一家咨询公司联系，组织人员搞民俗调查，结果发现泰国人喜爱蓝色。于是，该厂投其所好，经过不断摸索，将电视机颜色从最初的深蓝色改为孔雀蓝，最终赢得泰国人的喜爱，这种电视机在泰国十分畅销。

而第一家电视机厂积压了大量灰色、红色电视机，不得不运回国内销售，而国内电视机市场已进入白热化争夺状态，这个厂只有将那些落伍的、价格偏高的电视机低价处理，亏损了近百万元。

（2）事实充分吗

宽阔的大海是令人赏心悦目的，但是海阔必然浪高，这就有了风险。市场也是这样，市场上有利润，但是也有风险。有时候，出于种种原因，我们还没来得及全面地掌握市场上的情况，就凭直觉做出各种决策。在这种情况下由于缺乏对事情的足够了解往往会做出错误的决定。诚然，有的时候你不可能得到你所需要的全部事实，但你必须运用你以往的经验、良好的判断力和常识做出符合逻辑的决定。但是，若是只为省事而不去收集可资参考的各种事实，则是不能原谅的。

麦考梅克公司曾成功地在美国、欧洲、澳大利亚及日本主办过高尔夫球赛，取得了不小的经济效益。他们预测南美将掀起高尔夫球热。因此，他们决定在秘鲁、委内瑞拉和巴西也搞一系列类似的活动。他们初步估算：设置 5 万美元奖金吸引运动员参加比赛，另外再以 5 万美元作为比赛所需的各项费用，假如成功，将会有 12.5 万美元的收入，公司可以从中获利 2.5 万美元。从以往的经验来看，这不能不说是一个好策略。

然而，他们忽略了一个极为重要的事实。当时正值 20 世纪 60 年代初，南美各国的经济发展十分不稳定，那里有着不可思议的高通货膨胀率，前一天赚得的利润也许第二天便化为乌有。最终，公司非但没有赚得 2.5 万美元，还赔了 4 万美元。尽管他们有高尔夫球

方面的专家,却没有研究通货膨胀的经济学家,由于掌握的信息资料不全面,公司蒙受了经济损失。

旧时代里形成的旧法、旧规、旧制已不能解释和指导组织行为,大量老经验、老框框、老套套早已失去了价值。非常规性事件、偶发性事件层出不穷,新情况、新问题、新思想势如泉涌。在商战中,决策者只有正视环境,适应环境,具体问题具体分析,才能立于不败之地。因为竞争的本质是创新,是"物竞天择,适者生存"。

在成百上千条的原理、原则中,我们很难断定哪些是放之四海而皆准的。同样的原理在不同的产业部门,不同技术装备水平,不同的能力、知识、素质等变量的制约下,可能会产生截然相反的结果;因而,凡事只空谈理论,不注意因势、因时、因地灵活地做决策,必然做不出好的决策来。

用人有道

人才兴,事业兴。学会用人,是提高管理效率的不二法门。

1. 只要能发光的员工就要利用他

狮子要去参加一个百兽擂台赛。一头花驴一直对狮子很敬仰,这时它觉得为狮子效劳的时机到了,于是它毕恭毕敬地走到狮子面前,对狮子说:"亲爱的大王,我有洪亮的声音,在你打擂时,我会用我的嗓音,竭尽全力,为你呐喊助威的。"

狮子点点头,同意了花驴的请求。狮子在花驴的陪伴下向树林走去。

一只乌鸦看见它们在一起,冲着狮子叫道:"好一个顶呱呱的伙伴呐!跟头蠢驴在一起,你不觉丢脸吗?"

狮子回答道:"无论是谁,只要能为我所用,我都非常乐意让它跟着我。"

大人物让普通人与他为伴,就是这么想的。

在企业管理中，作为企业的领导者，管理的真正任务就是充分开发人力资源，将公司全体员工的能量都释放出来，实现公司利润的几何倍增。

完善有效的人力资源的开发，就是对公司员工的充分利用，让合适的人在合适的位置上。

知人善用是一个公司求得发展最根本也是最重要的因素。

李嘉诚的用人之道在香港曾传为美谈。

香港某周刊在《李嘉诚的左右手》一文中，探讨李嘉诚的用人之道说：

"创业之初，忠心苦干的左右手，可以帮助富豪'起家'，但元老重臣并不能跟上形势。

"到了某一个阶段，倘若企业家要在事业上再往前跨进一步，他便难免要向外招揽人才。一方面以补元老们胸襟见识上的不足，另一方面是利用专业的人才，推动企业进一步发展。故此，一个富豪便往往需要任用不同的人才……

"李嘉诚的用人之道，非常卓越。如果长江实业的发展过分依赖那些元老重臣，就不会有现在的规模。长江实业在80年代得以急速扩展及壮大，股价由1984年的6（港）元，升到90（港）元（相当于旧价），这和李嘉诚不断提拔年轻得力的左右手实在大有关系。"

企业处于上升期，则需要勇于开拓。企业越来越大，就需要科学管理，就需要专业人才。元老重臣经验丰富，老成持重，但拙于开拓，缺乏闯劲。

如果说，创业之初需要忠心耿耿、同甘共苦，随着事业扩展，单凭这些便很不够了。这时候，十分需要青年人的闯劲，特别是有能耐的外国人。

这也是李嘉诚左右手们的一个显著特色，他们中有不少"洋大人"。

在20世纪70年代初，长江实业的工厂分布在北角、柴湾、元朗等多处，管理人员约200位，员工2000余人。李嘉诚为了从塑胶业彻底脱身投入地产业，聘请美国人埃利思任总经理，李嘉诚只参与重大决策。其后，长江实业再聘请一位美国人鲍耶思为副总经理。这两位美国人是掌握最现代化塑胶生产技术的专家，李嘉诚付给他们的薪金，远高于他们的华人前任，并赋予他们实权。

第十一章 提高管理效率的智慧

80年代中期，李嘉诚已经控有几家老牌英资企业，这些企业里有很多外籍的员工。李嘉诚从能力上肯定能够直接领导他们，但是最有效的办法，是用洋人管洋人，这样更利于相互间的沟通。还有更重要的一点是，这些老牌英资企业，与欧美澳有广泛的业务关系，长江集团日后必然要走跨国化道路，起用洋人做"大使"，更有利于开拓国际市场与进行海外投资——他们具有血统、语言、文化等方面的天然优势。

长实董事局副主席麦理思也是英国人，他毕业于著名的剑桥大学经济系。麦理思曾任新加坡虎豹公司总裁，因业务关系与李嘉诚认识。1979年，麦理思正式加盟长实，与本港洋行和境外财团打交道，多由麦理思出面。李嘉诚很器重他，不仅看重他的英国血统、名校文凭，更重要的是因为他是个优秀的经济管理专家。他对于李嘉诚来说，是再好不过的帮手了。

李嘉诚入主和黄洋行，韦理卸职后，李嘉诚提升麦理思为行政总裁，自己任董事局主席。到1983年，麦理思与李嘉诚在投资方向上"不咬弦"，麦理思离职，李嘉诚又雇用另一位英国人——初时名不见经传，后来名声显赫的马世民。

1984年，马世民是长实集团除老板李嘉诚外，另一个有权有势、炙手可热的人物。李嘉诚表示："我一个人没有那么多时间做那么多家公司的主席。"另外，青州英泥行政总裁布鲁嘉，也是英国人。

在和黄、港灯两大老牌英资集团旗下留任的各分公司"洋"董事长、"洋"行政总裁达数十人之多。

马世民把李嘉诚左右手称为"内阁"。评论家说："这个内阁，既结合了老、中、青的优点，又兼备中西方的色彩，是一个行之有效的合作模式。"

李嘉诚少年时，曾听父亲讲战国时孟尝君的故事，孟尝君能成大事，是"客卿"之助也。李嘉诚能成宏业，"客卿"之功不可没。而他所谓的"客卿"当然少不了作为老外的"洋大人"们。

所以，管理者应多几个得力的"客卿"。

2. 敢于起用才能超过自己的人才

奥美广告公司的创始人、著名广告权威戴维·奥吉尔说过这样的话："如果你总是聘用比你水平低的人，我们就会变成侏儒公司；相反，如果你总是聘用水平比你高的人，我们就会成为一个巨人公司。"

若想使公司充满生机活力，必须选贤任能，雇请一流人才，而不能武大郎开店，害怕对方超过自己。用一流的人才才能造就一流的公司。其实，敢用比自己强的能人不仅是一个肚量问题，也是一个信心与能力的问题。如果都能像汉高祖刘邦那样虽不善领兵，却善统帅，则即使不是一流人才，只要能知人善任，企业就不愁发展壮大了。

华尔街的大富豪摩根是一位敢于聘用强过自己的人作为左膀右臂的典范。

比摩根小10岁的萨缪尔·斯宾塞是个土生土长的南方人，十分精明强干。生于佐治亚州的他，在南北战争时是南军的骑兵之一。战后，斯宾塞在佐治亚大学攻读工程学。毕业后，斯宾塞进入巴尔的摩-俄亥俄铁路。由于他非凡的才能，立即担任了总裁室的特别助理，此后平步青云，不久，被提升为副总裁。恰巧此时，这条铁路由于赤字濒临破产，斯宾塞"受命于危难之际"，负责使这条铁路起死回生，他的卓越管理才能在这一过程中得到了最充分的发挥。

很快，作为公司财产主要接管人的摩根就发现了斯宾塞在经营与管理方面的过人之处，他觉得斯宾塞在某些方面甚至超过了自己。对于求才若渴的摩根来说，最大爱好就是发现人才、任用人才，因此他绝不会放过任何一个人才。由于很欣赏斯宾塞的才华，摩根擢升他为总裁，而斯宾塞也没有辜负摩根的一番美意，顺利地负责偿还了800万美元的债务。因此，更加博得摩根的青睐，斯宾塞最终成为了摩根的左膀右臂之一。

摩根的另一位亲信参谋——查理斯·柯士达年纪更轻，甚至比斯宾塞还小5岁。独立战争前，柯士达的祖先就以纽约为生意据点，经营西印度群岛的砂糖、咖啡及兰姆酒的贸易行业。柯士达的血液里继承着祖先的一切优良传统。

柯士达是个兢兢业业的人，属于典型的勤勉型。每天早晨6点左右就出门上班，一直工作到深夜，甚至还要将文件带回家看。柯

士达还具有花较少的钱、赚回最大利润的过人本领。他为摩根所赏识和重用,在华普利与摩根共组辛迪加投资银行的时候被摩根用挖墙脚的方式挖了过来。

之后,对于这位股肱参谋,摩根是器重有加,这使得铁路的"摩根化"彻底成功。当柯士达接到摩根发出的"铁路摩根化"的命令时,就立即花一个月的时间,去调查这条铁路。为了全面彻底地进行调查,柯士达简直是披肝沥胆,呕心沥血。他不仅乘火车观察,甚至走下月台,静坐在飞驰而来的列车旁,彻底查看枕木与铁轨的状态。甚至,他还会开动火车头试上一试。

3. 充分挖掘和利用员工的潜能

每个人的潜能都像是掩藏在水面下的冰山,只有懂得充分挖掘和利用,才能更好地发挥其最大的作用。因此管理者永远都不能以为员工的才能就是他做好目前工作的才能。如果管理者能够很好地挖掘出员工的潜能,那么员工的能力也会获得突飞猛进的发展。

日本来岛集团共有180家公司,全以"少数精锐"、"多元化"为经营理念,将这两个理念合二为一,即"一人三用"。也就是说,一个人最少要负责三项工作。当然,要负责二三十项工作的人也比比皆是。除了特殊职种,在来岛船坞的2万人中,大部分员工都能轻松愉快地担负着三项以上的任务。

例如,片上久志名片上写的是"来岛船坞业务部",载明的职责是负责总务、人事、给付和福利,通常他也告诉别人"我负责员工全部职责"。如果照他名片上写的,他就只是来岛集团的一名普通员工而已,但实际上,他的名片所载明的职责却非其本行。

片上久志在今治市止滨某餐厅工作,担任的是经理职务。在这里,经理的工作并非只是偶尔到店里露露面、查查账,而是必须负责这里的一切,比如土地购买、取得政府许可、与建筑商接洽、一切用品的采购、拟订菜单、购买材料、选录人员、价格设定、广告宣传以及其他各种手续。可见,虽然片上久志工作本身不涉及资金,但他所扮演的角色却与一般餐厅中的老板无异。

片上久志虽然只有三十出头,但却有极丰富的工作经验。数年前,他单独前往广岛县丰田郡芸津町与町长议事，并负担太平工业再建的重任。对于这件事，片上原来的上司冲守弘评论说："太平工业只是一个造船工厂，还称不上是公司。因为该处只有造船者，没有间接部门。由于当时我们刚接收了这个工厂，需要外交人员，于是选了片上。他虽没有任何头衔，事实上却具有左右组织的力量，相当于业务部长的权限。虽然在太平工业中也有厂长、部长，但他们从未因片上年轻而倚老卖老。他们有的只是较高的职称，监督责任权则在片上。

"片上一人独掌众务，如薪资、劳工协商、采购、包工管理、银行交涉、官方交涉、船主接洽等。因此他的能力强迫被提高，两年后再回来时，其提高程度已经相当惊人，但这并不表示片上具有特殊才能。继片上之后，每2～3年间都会有两个人去接替相同的工作。也就是说，片上只是我们之中极普通的一名员工。"

冲守弘说："一个人一直待在同一部门，所学终究有限，因此在一定期间后必然要做机动性调动。但调动的目的不在于排除某些人，而在于使人人都有新的经验。等他再调回来时，就可以担任比原来更高级的工作。"

在来岛集团，社长司机兼任接待这也是正常的，同样充分体现了一人多用的用人原则。坪内寿夫没有专职的司机，开车的司机所属太洋计程车行，这个司机是社长三个司机中的一个，当坪内叫车时，三人则轮流替他驾驶。开干部会议时，一般社长专用座车会待命到下午5点会议结束，但坪内的司机则不然，他利用这段时间协助装配500份便餐，下午3时左右在酒吧柜台负责接待。"我一有空就到这里帮忙，因为我也会泡咖啡。再说5点以前社长都不会离开会场，我待在那儿也是闲等。"司机这样解释道。

一般情况下，计程车司机、社长专用车司机、吧台接待都是分别独立的工作，应由专人负责。但因为是来岛集团的一分子，所以兼任三职。对此，坪内寿夫说："我们集团需要的不是专家，我们要的是视野宽广、能屈能伸的人。让一个造船者经营餐厅，就是要他开阔视野，在关于如何提供客人物美价廉的服务上，造船与餐饮是具有异曲同工之处的。"

第十一章 提高管理效率的智慧

4. 因事设人才能行之有效

一个臃肿的企业，是没有效率可言的。闲散人员多了，形成"粥少僧多"的局面，一人可承担的工作让许多人去干，其结果不会理想。人员互相扯皮，互相攀比，谁也不肯多干，人多事也多，彼此拉后腿。这种工作是没有效率可言的，这样的用人就是浪费。

但也并非企业大，机构多，人多就办不好事。只要人有事干，不互相扯皮，仍可创造出高效率。运作良好的企业，不在于机构多寡，而在于职工是否能满负荷工作。

每个人都有自己的特长和弱项，然而一个办公室或一个企业里的职务就是那么多。如果根据取长弃短的原则给每个人安排一个职务，显然是不可能的；如果硬要安排，只能是形同虚设，毫无意义。

所以，高明的领导善于因事设人，而不会因人设事。他会尽量坚持取长补短的原则，给每个下属安排一个最适合的职务，在职务的限制下让他们自己发挥，这就是因事设人。

"因人设事"之所以与"因事设人"相对立，是因为它们体现了两种不同的用人态度和方法。企业领导不应该漠视公司的实际需要而安置"多余人"。安置"多余人"只能使企业人浮于事。而以"因事设人"为行之有效的用人原则，就要求根据工作岗位的要求来挑选合适的人选，把人才聘用到合适的职位上工作，提高企业工作效率。

5. 注意人事上的编组和调配

每个领导者在用人的时候，都应该考虑人事调配的问题。所谓的"人事调配"，就是使大家步调一致，同心协力地把工作做好。

当然，人事调配并不是简单的事。由于每个人都重视自己的意见和观点，相互排斥的现象时时都会发生。人际关系如果无法密切配合，公司的政策就很难贯彻了。这点，在人事调配的时候，应该首先列入考虑的要素中，万一彼此有了摩擦，也才会互相容忍，相互协调。

怎样达成人事协调呢？首先，不一定每个职位都要选择精明能干的人来担任。或许这个观点很难理解，可是，我们可以想象，如果把十个自认一流的优秀人才集中在一起做事，每个人都有他自己坚定的主张，那么十个人就有十种主张，根本无法决断，计划也就无法实施。可是，如果十个人中只有一两个特别杰出,其余的才识平凡,这些人就会心悦诚服地遵从那一两位有才智的领导,事情反而可以顺利进行。

现在很多公司都拥有一流大学的毕业生,应该是得天独厚,但业绩并不如想象中的好,反而是只有几个平凡员工的公司干得有声有色。其中原因当然很多,但人事协调的问题是最主要的因素。

一加一等于二,这是人人都知道的算术,可是用在人与人的组合调配上,如果编组恰当,一加一可能会等于三、等于四,甚至等于五;万一调配不当,一加一可能等于零,更可能是个负数。

所以,领导者用人,不仅要考虑他的才智和能力,更要注意人事上的编组和调配。

适当授权

1. 管理就是让他人做事的艺术

一个人去买鹦鹉,看到一只鹦鹉前标道:此鹦鹉会两门语言,售价二百元。另一只鹦鹉前则标道:此鹦鹉会四门语言,售价四百元。该买哪只呢?两只都毛色光鲜,非常灵活可爱。这人转啊转,拿不定主意。结果突然发现一只老掉了牙的鹦鹉,毛色暗淡散乱,标价八百元。这人赶紧将老板叫来:这只鹦鹉是不是会说八门语言?店主说:不。这人奇怪了:那为什么又老又丑,又没有能力,会值这个数呢?店主回答:因为另外两只叫这只鹦鹉老板。

这故事告诉我们,真正的领导人,不一定自己能力有多强,只要懂信任,懂放权,懂珍惜,就能团结比自己更强的力量,从而提升自己的管理效率。相反许多能力非常强的人却因为过于完美主义,事必躬亲,觉得什么人都不如自己,最后只能做最好的公关人员、销售代表,成不了优秀的领导人。

2. 对下属的授权应当分工明确

管理者的下属往往不止一个人。在对他们进行授权时,每个人的分工都应当是十分明确的,不能有重叠的部分,这样才能增强他们的责任感。授权,

首先应当选择一个最有能力完成任务的人，然后确定他是否有时间和动力来完成这项工作。如果你有了一个合适的人选，那么下一步工作是明确地告诉他你授予他怎样的权力，你希望得到什么样的结果，以及你在时间上的要求。

一位年轻的炮兵军官上任后，到下属部队视察操练情况，发现有几个部队操练时有一个共同的情况：在操练中，总有一个士兵自始至终站在大炮的炮筒下，纹丝不动。经过询问，得到的答案是：操练条例就是这样规定的。原来，条例因循的是用马拉大炮时代的规则，当时站在炮筒下的士兵的任务是拉住马的缰绳，防止大炮发射后因后坐力产生的距离偏差，减少再次瞄准的时间。现在大炮不再需要这一角色了。但条例没有及时调整，导致出现了不拉马的士兵。这位军官的发现使他受到了国防部的表彰。

管理的首要工作就是科学分工。只有每个员工都明确自己的岗位职责，才不会产生推诿、扯皮等不良现象。如果说公司像一个庞大的机器，那么每个员工就是一个个零件，只有他们爱岗敬业，公司的机器才能得以良性运转。公司是发展的，管理者应当根据实际动态情况对人员数量和分工及时做出相应调整。否则，队伍中就会出现"不拉马的士兵"。如果队伍中有人滥竽充数，给企业带来的不仅仅是工资的损失，而且会导致其他人员的心理不平衡，最终导致公司工作效率整体下降。

美国有两位才华横溢的卡通画家，他们的作品同时深受全球孩子的欢迎。一位是建立迪士尼乐园而闻名于世的沃尔特·迪士尼先生，另一位则是创造"史努比"卡通人物而备受瞩目的舒尔茨先生。他们两人在卡通世界各领风骚数十年，并各自开创一片天空。

迪士尼虽然已去世多年，但是他所创造出来的迪士尼乐园，依旧是蒸蒸日上无与伦比。相对地，舒尔茨的漫画事业虽然也颇具成功，但与迪士尼王国相比，无论是在企业的规模或对顾客的影响力上，还是略逊一筹。

有一个漫画评论家，曾对两人所从事过的工作与事业拿来做比较，获得了一个结论：迪士尼虽然死得早，可是事业却能持续壮大，原因就在于他很早就不再画卡通了，而舒尔茨之所以略逊一筹，是因为他坚持亲自画漫画，而且一直画到去世那一刻为止。

换句话说他们的经营理念迥异，工作哲学不同，也因此创造出不一样的人生格局。

那么，迪士尼很早就没有画画，他到底在做什么？这倒可从他与一位孩子的对话中窥见奥秘。

曾经有一个孩子，在一次见到迪士尼的时候，以非常兴奋的口气问他："迪士尼乐园的卡通都是您画的吗？"迪士尼回答说："小朋友，我已经很久没有亲自画卡通了！"小孩子感到很疑惑地继续问："那么乐园内有很多游乐设施是你设计的吗？""不！这些游乐设施都是公司同人设计的。"迪士尼含笑回答。

孩子十分纳闷："迪士尼先生，你既不画卡通，也不设计游戏机，那你到底在做什么工作呢？"

迪士尼回答说："我现在的工作就是在扮演蜜蜂的角色，主要任务是到处寻花采蜜，授花粉。"简而言之，迪士尼的工作，已经从早期画卡通到现在的找寻人才、发掘商机、创造品牌及开拓市场。

迪士尼生涯的最大特点在于，他在人生的各个阶段中，随着事业规模、工作的发展与任务需求的不同，随时调整自己的角色，让自己能够扮演更积极与重要的角色。

曾经有一个报道：科学家对蜜蜂为何有源源不绝的花可以采而称奇。他们做过深入的观察后发现，原来蜜蜂有一个非常严密的组织系统与分工系统，在整个蜂族中，有85%的蜜蜂在做采花酿蜜的工作，另外有15%的蜜蜂则从事探寻花朵的任务。正因为有如此巧妙的分工，才有源源不绝的成果。

迪士尼的辉煌成就，即在于他能够充分效法蜜蜂的精神。为了确保源源不绝的成果，他必须随时观察环境的变化、时时掌握企业发展的商机、不断地整合经营的资源、持续地开发新的市场，以及永无止境地满足顾客的需求。

因此，从早期的亲手绘画到晚期的策略经营，迪士尼这种与时俱进，不断自我转型与突破的精神，就是迪士尼王国经久不衰、发展壮大的最重要的原因。

3. 能用他人智慧去完成自己工作的人是伟大的

有些企业家和管理者，之所以不愿过多地授权，甚至是不授权，是因为

他们认为只有自己是最优秀的,授权给下属,下属会把事情搞糟,而且他始终自信自己能把事情做好。诚然,在企业初创时期,规模小,人员少,管理者事必躬亲,还有可能应付得过来。但随着规模不断扩大,自然也就力不能及,这时再不授权,整天忙个不停,也会顾此失彼;而且就是铁打的人身体也吃不消。

聪明的管理者即使自己很优秀,他也知道还有比自己更优秀的人,他的职责就是寻找并发挥这些人的智慧,来完成自己的工作。这正如管理专家旦恩·皮阿特所说:"能用他人智慧去完成自己工作的人是伟大的。"

许多著名企业家留下的名言,也验证了这句话。"钢铁大王"安德鲁·卡内基说过:"如果把我的厂房设备、材料全部烧毁,但只要保住我的全班人马,几年以后,我仍将是一个钢铁大王。"

洛克菲勒则这样说:"如果把我剥得一文不名丢在沙漠的中央,只要一行驼队经过——要不了多久,我就可以重建一个王朝。"

他们的这些豪言壮语,无不显示了他们卓越的能力,同时也揭示了他们成功的秘诀,那就是运用他人的智慧。

还有一个传奇人物,他绝顶聪明,但更聪明的是他善于使用人才,这个人就是比尔·盖茨。

地球将毁灭。上帝对比尔·盖茨说:"因为你是世界首富,所以我允许你离开地球到另一个星球去生活,但你只能带走一样东西。你想带走你的财富还是别的什么呢?"

比尔·盖茨回答:"不,我将带走我公司里最优秀的20个人!"

这个故事无疑是杜撰的,但人们都知道它并非空穴来风,因为比尔·盖茨在1992年说过这样一句话:"如果把我们顶尖的20个人才挖走,那么,我告诉你,微软就会变成一家无足轻重的公司。"

从创业开始起,比尔·盖茨就没停止过寻找优秀的人才为自己工作。据说无论在何处,只要他发现是需要的人才,便不惜任何代价,必欲得之而后快。

比尔·盖茨在1991年决定发展微软研究院时,第一件事情就是煞费苦心地说服里克·雷斯特到微软公司主持这个项目。在6个月的时间里,计算机一些最有名的人物接二连三来到宾州,替微软公司做说客。这些人全是比尔·盖茨请来的。其中有DEC公司的戈登·贝尔，还有微软公司的首席技术官奈森·梅尔沃德。其情景很像中国古代刘备三顾茅庐请诸葛亮。里克·雷斯特终于答应加入微软。他对比尔·盖茨说："我准备寻找 50 个比我更优秀的人到研究院来。"比尔·盖茨开心地大笑道："难道这世界上真有那么多比你还优秀的人吗？统统请来！"最后，里克·雷斯特请来的计算机专家不是 50 个，而是 500 个。

请来优秀的人才，就要授权让他们承担重要的工作，如果只是把人才摆在那儿好看，那对企业和人才都是一种巨大的浪费。人才得不到授权，无法施展才能，自然会离去。

  福特汽车公司创始人亨利·福特很早就提出"要使汽车大众化"的宏伟目标，但是，这个目标不是他一个人提出来的。他从 1889 年开始，曾两次创办汽车公司，结果均遭失败。

  1903 年，他第三次创办公司，聘请了一位叫詹姆斯·库兹涅茨的管理专家出任经理。正是这位詹姆斯·库兹涅茨，通过深入细致的市场调查，帮助亨利·福特做出了"要使汽车大众化"的决策；也正是这位詹姆斯·库兹涅茨，为福特公司组织设计了第一条汽车装配流水线，把劳动生产率提高了 80 多倍。

  然而，当亨利·福特被冠以"汽车大王"的称号后，他却被胜利冲昏了头脑。他变得狂妄自大、刚愎自用、独断专行，尤其听不得不同意见。于是，公司人才纷纷离去，最后连詹姆斯·库兹涅茨也不得不另觅新枝，而公司之外的人才对福特公司更是望而却步。

  福特公司失去了往日的生机和凝聚力，丧失了开拓进取的能力。在 19 年的时间里，它只向市场提供了一个车型——亨利·福特本人钟爱的黑色 T 形车。

  结果，到了 1945 年福特二世接班时，福特公司每月亏损已达 900 多万美元。

  福特二世接管公司后，不惜高价，聘请了著名的"神童小组"（以桑顿为首的 10 名卓有才华的年轻军官，其中包括后来出任肯尼迪政府国防部长的麦克纳马拉），又挖来了通用汽车副总裁欧内斯特·布里奇负责福特公司的工作。布里奇又带来了通用汽车公司的几名高

第十一章 提高管理效率的智慧

级管理人员威廉·戈塞特、路易斯·克鲁索、哈德和哈罗德·扬格伦。这些人对公司进行了一系列改革,使公司重新焕发了生机。公司利润连年上升,并推出了一种外形美观、价格合理、操作方便的"野马"轿车,创下了福特新车首年销售量的最高纪录,把"福特王国"又一次推向了事业的高峰。

在"野马"车的开发、销售过程中,新星李·艾柯卡表现出了杰出的才能,他后来担任公司总经理。

然而,后来福特二世也走上了他父亲的老路,他不仅专权拒谏,甚至嫉贤妒能。布里奇、麦克纳马拉等人被迫离开了福特公司。他又以突然袭击的手段连连解雇了艾柯卡等3位经理,最终整个公司人心浮动,人才外流,福特公司再次陷入困境。

面对难以挽回的败局,福特二世不得不辞去公司董事长职务,结束了福特家族77年的统治。

正所谓"成也用人,败也用人"。尊重人才,授权给人才,让人才发挥智慧为自己工作,是聪明管理者的用人之道。

4.授权的四个注意事项

(1)政策制定要集权,执行可授权

基辛格不论在当美国总统尼克松的国家安全事务特别助理还是在任国务卿时,在国际上都是受人瞩目的风云人物。他往来各国,纵横捭阖地进行其秘密外交、穿梭外交,真是举足轻重,出尽风头。一些不明内情的人,总认为基辛格掌握了美国的外交政策。事实不然,说穿了,基辛格只不过是尼克松外交政策的献计人或执行人而已。当时美国外交政策的决定权完全在尼克松手中。我们可以说,基辛格对美国外交政策的制定,有很大的影响,但绝不能说由他来制定美国的外交政策。美国总统的外交权是绝对不能旁落的,因为外交成败的责任在于总统而非国务卿或特别助理。基辛格的权限,仅止于战术或细节的变化运用,原则与战略的决定则始终操在总统手中。

同样,企业成败的责任,无论如何都是属于经营者。因此政策的制定、决定权属于经营者。这是经营者不可放弃,也不可分割的权力。至于政策的执行,才可分别授予各部门。

（2）旧业务可授权，新业务不可授权

公司的成长发展，均有赖旧业务的支持与新业务的开拓。何以说旧业务可授权，新业务不可授权呢？

任何公司的发展均有其一定的限度。旧业务的营运若不达到稳定或有利可图的地步，大都不可能有一定的轨道可循，公司当然更没有余力来发展新的业务。反之，一项业务的发展在市场上有了稳定的地位，也有其一定的利润时，这项业务必定循一定的轨迹或公司的制度，配合商品寿命循环的原则，或成长或衰退。经营者将这种业务授权予部属后，自己才有余力去构思新业务的开拓。而一项新业务的投资，无论如何在市场上都有其风险性，在成败未定，命运未卜的情况下，骤然授权，部属必将不安，也缺乏信心。因为新业务的决定权在经营者，所以初期应由经营者亲自掌舵，等到该业务进入良好状况时，才能授权。如此生生不息，良性循环的结果，不仅公司充满了朝气与活力，经营者亦永远不必担心大权旁落或陷于孤立。

（3）人事权不可轻授

因为，能控制人，才能控制公司。若让升迁的人，觉得其升迁并非由于经营者的赏识或提拔，则已是大权旁落的征兆，不可不多加注意。

（4）授权之后，仍应监督

监督与管理的分别，有时不大容易区分。管理是一种行政上的直接参与和干涉，监督则是一种制衡的作用，含有指导与辅导的功能。为避免属下对权力的滥用而造成腐化的恶果，经营者应对授权的业务，随时进行查核的工作。当然查核的工作亦可委托高阶层的幕僚从事，但查核结果应随时向经营者报告。

协调到位

1. 管理的根本就是协调

企业是由一个个的人组成的集体，不仅其中的每个个体都有自己的行为规律，企业本身也有其行为的规律。当然，这个规律也是由个体表现出来的，所以我们把握了个体行为的规律也就在一定程度上掌握了群体行为的规律。

既然组织是一个由众多个人组成的集体，那么，管理也就是对集体中的人进行管理。

在中国南部有举办民间龙舟赛会的习俗,龙舟赛的场面甚是壮观,每个身临其境的人都会留下深刻的印象。只听"当"的一声锣响,十来条披红挂彩的龙舟在江岸边数万名观众的呐喊中箭一般地冲出去,那龙舟上的十几名划船人,在号令员的指挥下,动作是那么的协调一致!似乎有一条无形的绳索将他们联系在一起,而绳索的一端紧紧握在号令员的手中,随着号令员的指挥,他们强壮的手臂同时举起来,又同时挥下去,那种高度一致的行动令人赞叹。行动最协调一致的船肯定会最先到达终点。胜利的荣誉不是属于某个人的,而是属于划龙舟的整个集体。如果管理者总是坐在办公室里苦苦思索企业里的人为什么总像一盘散沙,那么,他应该看看龙舟赛,他会大受启发,茅塞顿开的。

由此看来,管理的根本就是协调。协调指的是把所有个人的努力拧成一股绳并指导他们去实现一项共同目标的活动。

所以,我们说善于协调各方面的关系,是领导艺术的一个重要方面,也是管理者的一个重要任务。

协调有其重要的意义,主要有四点:

① 协调是实现目标的重要条件,协调的目的在于谋求组织和全体人员思想的统一和行动的一致,以实现组织目标;

② 协调是组织和人员团结统一的需要,通过协调使组织内的各部门、各要素之间密切配合、互相支持开展工作;

③ 协调是提高效率、减少浪费的重要手段,协调可免除工作中的扯皮和重复现象,减少摩擦、冲突和内耗;

④ 协调是调动员工积极性的重要方面。

2. 处理好员工的顶撞

遭遇员工的顶撞是多数领导者经常会遇到的难题,处理不好会给领导者本人和员工带来深深的伤害。

(1)晓之以理,动之以情

如果顶撞者的意见有可取之处,被顶撞后领导者应当主动接受他的意见,切不可明知自己不对,还盛气凌人。如果顶撞者的意见是错误的,被顶撞的领导者要针对该员工错误的地方,晓之以理,动之以情,耐心地说明和解释,让员工心服口服。

（2）保持冷静

有些员工顶撞上司时，往往会心情激动，甚至失去理智，不能自制，因而声音较大，言辞过激。有些领导者不是克制自己的情绪，而是针锋相对，毫不相让，最后是激烈的争吵，造成了恶劣的影响。冷静在这种情况下显得尤为重要。

（3）回击闹事者

在员工的顶撞中，有些人为了达到个人目的，存心制造争端，刁难领导者，明知自己不对，还要强词夺理，无理取闹，瞎顶乱撞。当然，对这种人领导者者绝不能让步，而应该义正词严，对他进行严厉的批评。

3. 给员工宣泄的机会

当员工感受到心头憋闷时，领导者应创造条件使他们得到宣泄。只有这样，才能使员工摆脱挫折感的困扰，激发工作的热情。

一个总经理每隔一个月就要请自己手下的22名员工吃饭。就餐时先用一个小时让员工们彼此随意发发牢骚，也可以就管理问题提出自己的看法。他们先发泄牢骚，可能是"你上次从我那借的东西没还"，或者是"你一遇到点儿事就慌乱"等。随后，员工们再用一个小时发表积极的见解，并就新出现的问题提出改进的建议。

企业的领导者普遍都认为自己能够听取员工们提出的意见和建议，但是这种承诺能否兑现，是很难说的。有位领导就能认认真真地把它落到实处。他在餐厅里设了一个意见箱，以便员工们投入发泄不满的信件。该信箱的钥匙只掌握在他一个人手里。

他这么做并不是想以此取代员工们与各部门负责人之间的沟通。他解释说："对于那些受到威胁或感到受轻视的员工们来说，这是一个安全阀。这样做只是要表明，本公司的员工都有阐述自己想法的权利。"

4. 消除对方的敌意

要避免树敌，你首先得养成这么一个习惯，那就是绝不要去指责别人。指责是对别人自尊心的一种伤害，它只能促使对方起来维护他的荣誉，为自己辩解，即使当时不能，他也会记下你这一箭之仇，日后寻机报复。

指责不仅会使你得罪对方，而且他也可能会在一定的时候指责你，从而弄得大家都不开心。即使是对员工的失职，指责也是徒劳无益的。如果你只是想要发泄自己的不满，那么你得想想，这种发泄不仅不会为对方所接受，而且就此树了一个敌人；如果你是为了纠正对方的错误，那为什么不去诚恳地帮助他分析原因呢？许多成功者的秘密就在于他们从不指责别人，从不说别人的坏话以显出自己的高明。微笑、眼色、语调、手势都能表达你的意见，唯独不要直接说"你说得不对""其实是这样的"等，因为这等于在告诉对方并要求对方承认"我比你高明，我一说你就能改变你的观点"，而这实际上是一种挑衅。只有商量的口吻、轻松的幽默、会意的眼神，才会使对方心悦诚服地改变自己的失误，与此同时，你也不会树敌。

假如由于你的过失而伤害了别人，你得及时向人道歉，这样的举动可以化敌为友，彻底消除对方的敌意，说不定你们今后会相处得更好。

"不打不相识"，既然得罪了别人，当时你一定得到了某种"发泄"，与其等待别人的"回泄"不如主动上前道歉，以便尽释前嫌。

5. 善待别人的尴尬

在生活中，每个人都有过面红耳赤、非常难堪的时候，这时，不妨设身处地地想想，当员工尴尬时，那我们该怎么办呢？

（1）切莫发笑嘲弄，尽量见惯不惊

在员工出洋相的时候发出笑声是极不礼貌的举动，也可以说是对别人的侮辱。尽管你的笑并不存什么恶意的讥讽，但对方会认为是对自己出丑的嘲弄，而感觉受到侮辱。

（2）不要冷眼旁观，尽量帮忙解围

让人尴尬的事总是突如其来，不管你与他是素不相识，还是相知好友，在员工突然陷入尴尬境地的时候，你都该尽可能地伸出援助之手，帮他解围。

（3）如果不能帮忙，那就视而不见

在有些场合，员工在尴尬时，你不一定能帮上忙，那么视而不见是面对他出丑时最妥当、最容易让人接受的一种态度。

（4）事后不要传播，莫让尴尬加剧

把员工的尴尬事情当作故事、笑话四处张扬，这是不道德的。人人都看重面子，自己的难堪事越少被人知道越好。如果你在这方面不注意的话，就很会招致员工的反感。不管有无取笑的因素，都不要随意传播他曾经出的丑，这是对员工应该有的尊重。

6. 对事不对人

正确的批评应该是对事不对人。虽然被批评的是人，但绝不能搞人身攻击、情绪发泄。因为要解决的是问题，是为了今后把事情办好。只要错误得到了改正，问题得到解决，批评就是成功的。

因此，领导者必须弄清事情的来龙去脉，据此同下级一起分析问题的成败得失，做到以理服人。由于对事不对人，下级便会积极主动地协助领导解决问题。否则，不分青红皂白，撇下问题而教训人，就容易感情用事，使员工误以为领导在蓄意整人而结起思想疙瘩，一时难解。

其实，人和事本是统一的，因为"事在人为"，具体的事都是具体的人做出来的，所以纠正了问题也就等于批评了当事者，而这样做却容易被人接受。因为这种方式对事情是直接的，但对人却是间接的，它形成了"上级（批评者）——问题（要解决的事）——下级（被批评者）"这样一个含有具体中介物的结构。抽掉中介，直接对人，当事人就可能吃不消。

当然，澄清了事实也并不等于解决了下级思想上的问题。接下去的工作应是凭事实摆道理，只要是正确的，不会令人不服。既办了事，又团结了人，真正达到了工作目的。说到底，就是对被批评者在感情上是委婉的，在问题上则是直接、本质的。

7. 化解争执有妙招

在公司里，上下级之间对于解决问题的意见不同或自我意识太强，都可能会引发争执，严重的话会影响到人际关系。如果能不争吵，那是再好不过了。但是事实往往不能如愿。如果发生争吵时，要如何看待与处理呢？从以下问题入手，思考解决的办法。

① 为什么会变成这样——找出对立的原因。
② 为什么自己要那么坚持——试想这是不是值得钻牛角尖的小事呢？
③ 对方为何要如此坚持——努力找出原因。
④ 自己的主张是真正正确的吗——员工如此坚持自己的意见，是因为领导者的主张有缺陷呢，还是自己坚持错误呢？
⑤ 有必要固执己见吗——即使自己的意见是正确的，但是有必要如此固

执己见而造成与员工争吵的结果吗？如果能退让一步对双方不是都很好吗？

⑥ 自己的表达方式是不是有问题——如果表达方式有了问题，就会伤了员工的自尊心，所以彼此的相互沟通就显得很重要了。

⑦ 要怎么做才能平息争吵呢——可以试着改变说话方式，承认员工的立场也有好的一面，并且将这个想法传达给对方。慎重地考虑一些容易让员工接受的做法。

⑧ 先向对方道歉的话是不是比较好呢——想办法让对方知道自己想退一步的话，往往会产生好结果。

赢得下属的心

1. 讲究表达方式

表达是人最重要的工作形式之一，把表达艺术发挥得恰到好处，是展现个人才华和风采，树立自身形象的重要手段。

说话不光是一个人口才的表现，也是一个人思想、个性和智慧的表露。管理者与人交流时，在真情毕露的基础上，也必须有才华的张扬，个性的显露。没有才华的谈话是浅薄的、庸俗的；没有个性的谈话是枯燥的、乏味的。

才华的获得是一个人长期修养的结果，因此领导者除了需要懂得管理和经营之道外，还必须读万卷书、行万里路，以获得足够的知识营养。深邃、哲理、幽默和逻辑性强是对管理者表达的要求。能做到这一点，语言的魅力将伴随你一生，会为你的工作带来意想不到的好处。

优秀的领导者往往是一个语言艺术家，出色的表达技巧可以帮助你更好地解决管理问题。

《世界管理者文摘》上曾刊登了这么一个例子。

在一次工作会议结束后，一些员工一边收拾东西，一边闲聊。你不经意地听到他们的对话。

其中一个员工说："你是斗不过人事部的，他们总会找些理由让你的医疗费报不了。"另一个说："是吗？我不知道这回事，我还没有报过医疗费呢。"

你很遗憾听到公司的老员工把一种消极的态度传递给了新员工。根据你的经验，报销医疗费本身是件很复杂的事，人事部并没有故意找茬使事情难办。事实上，通常是员工自己没能提供足够的信息，或者没有及时交上报销单据才使事情变得麻烦的，员工却把自己的错误归咎到人事部头上。那么，你该怎么做呢？

员工的消极对话会影响士气和工作态度，一旦这种消极的情绪传播开来，将使你激发员工积极性的努力功亏一篑，所以每个管理者都应该认真对待这个问题。

在上述例子中那个发牢骚的员工觉得自己是"受害者"，并把这种"受害"情绪传递给他人。你不希望如此，因为这样会让别的员工泄气。

为了对付消极谈话的潜在危险，识别四种有关的"带情绪的谈话"是有益的。如果你能认清这些消极方式，并把它转化成积极方式，就会鼓起你的员工的工作干劲。

（1）变消极为积极

这种消极谈话会使我们下意识地受到限制和约束，要解决这个问题就要想法绕开约束或者干脆摆脱它们。

当你碰到障碍时，是想办法绕过去，还是放弃？解决的关键在于你对这个障碍是怎么想和怎么表述的，比如说：你要求员工将一份长篇报告复印许多份，明天一早送到相关人员手里。这时只剩半个小时取邮包的就要来了，偏偏复印机又坏了，办公大楼内其他复印机也不能正常工作，那该怎么办呢？

你不想让员工和其他人消极地对待困难，应该说："把这个报告送出去有点困难，我想知道有什么方法可以克服这个困难？"

为了确保员工能积极回应，你所说的每句话都应该朝积极的方向努力。当你听到有人说"干不了"，你应该把他们向"能做到"的积极方向引导。比如，你可以建议扫描后把报告打印出来，或者通过电子邮件把报告发给收件人。也就是说，积极地寻找替代方案的关键在于积极思考，而积极地思考往往能产生新点子，这样就不会引导员工放弃，而是让他们在现有条件下想办法。

（2）变狭隘为开放

狭隘指的是遇到困难时，你认为只有一种或少数几种方法解决。比如说："小张非常健忘，我想我不应该再把重要的工作交给他。"这就是一种狭隘的说法，它让你不想做点什么去改变小张的健忘。狭隘的表述，使你先入为主，

从而禁锢你的思想。

为了避免消极对话，你经常需要把对话转向积极的、创新的讨论。这样有助于员工开放思想，不钻牛角尖。

假如你听到一个经理在抱怨他的员工，不满意这个员工的工作表现。这位经理很沮丧，觉得这个员工自己不想努力，他说："我不知道该怎么做，我可以炒他鱿鱼或者听之任之，但我真的不愿意这样做。"

如果你让他只在前面两个方案中选择，这个经理就不能有效地解决这个问题。你可以说一些很简单的道理："既然你不想采用以上两种办法，那么你可以想想别的办法。比如说让他每天给你交一份工作汇报，或者给他配一个导师，带着他一起把工作做好。"你的建议也许并不合适，但提醒了这个经理他还有许多选择。

（3）变责备为理解

这种消极的谈话方式在企业里表现为"追究责任"。不管什么时候，你听到人们评价、责备自己或他人时，你应该立即把这种消极的对话转向积极的对话。你可以敦促人们更广泛地了解事情的来龙去脉以达到这个目的。

比如说，当一条产品线落后于正常进度的时候，经理可能会说："这是谁的责任？我想知道那些拖了我们后腿的生产车间工人的名字。"这就是一个"追究责任"的例子，这样做不可能改变目前的生产状况，也不能避免将来再次出现类似的情况。

正确的做法应该从另一个角度提问："为什么会发生这样的事情？我们生产工序中的哪个部分出了问题才导致了产量下降？我们应该做些什么来改进工序以避免同样的问题再次发生？"这样的提问将鼓励员工去积极思索、提出建议而不是为自己开脱。

当然，改变"追究责任"的方式带来的好处远不止在质量管理领域。当有人做了"错事"或"坏事"，如果你想从中吸取经验教训，你应该问为什么会发生这个事，而不是去追究责任。当你找到了那个"为什么"，而不是找到是"谁"干的，你就会了解事情的起因，做出调整，避免将来再犯错。

（4）变对抗为合作

对抗影响士气，让人们相互谴责，把精力耗费在扩大分歧上，而不是群策群力，共图大业。而且，感情上的伤害还会妨碍在工作中相互合作。

你应该怎么处理这种对抗性的消极谈话呢？对策就是，鼓励人们问一问别人为什么要这么做，而不是告诉他应该怎么做。

比如说，小刘向你抱怨小黄很懒惰，借喝咖啡休息很长时间；而小黄则抱怨几乎不可能和小刘共事，因为他很粗鲁又不体谅人。你该做些什么让他们重归于好呢？

首先，你需要弄清楚真相，为什么小刘会在意小黄喝咖啡时间的长短呢？为什么小黄会觉得小刘粗鲁又不体谅人呢？经过调查，你会发现：小刘的座位挨着小黄，如果小黄离开座位，小刘就要帮她接电话。小黄回忆说几天前她离开了相当长一段时间回来后，小刘就说她偷懒，这让她很伤心，所以就不再和小刘说话。

为了让他们重归于好，你应该运用理解力。只要理解了别人为什么那样做，你就不会做出愤怒的反应，而是建设性地沟通以化解矛盾。

2. 以共同话题拉近彼此的距离

与员工交谈的时候，不要以讨论异议作为开始，而要以强调而且不断强调双方所共识的事情作为开始。不断强调你们都是为相同的目标而努力；唯一的差异只在于方法而不是目的。

领导者要尽可能使对方在开始的时候说"是的，是的"，尽可能避免他说"不"。

一位知名教授曾在他的书中谈道："一个'否定'的反应是最不容易突破的障碍，当一个人说'不'时，他所有的人格尊严，都要求他坚持到底。也许事后他觉得自己的'不'说错了，然而，他必须考虑到宝贵的自尊！既然说出了口，他就得坚持下去。因此，一开始就使对方采取肯定的态度是最重要的。"

中国有句古语，"话不投机半句多"。如果你一开始就没有被对方接纳，你说得越多越起不到预期的效果，只能引起对方的反感乃至厌恶。

身为领导，如果你想同员工融洽地相处，就必须深谙此道。平时多留心观察其他人的兴趣、爱好，对每个人都有一个大致的了解。然后，可以用聊家常的方式就他感兴趣的问题进行探讨，这样，他一定会从一开始就接纳你。说不定，聊着聊着他还会对你有种相见恨晚的感觉，双方之间的距离一下子就拉近很多。有了融洽的人际关系，对你以后的工作来说简直是无价之宝。

3. 关注对方，学会有"爱"

（1）直呼其名

每位员工都希望自己受到重视。假如你见到下属叫不出其姓名，他会认为你不重视他，工作也就没有了信心，如果绝大多数员工都有这种感觉，将对企业造成很大损失。每一个下属都希望管理者重视自己，如果一两次接触，就能被管理者记住名字，那将令其高兴不已。因此，在和下属的交往过程中，如果管理者能记住下属的姓名和一些个人情况，即使是几句随便的攀谈，也会让人感到格外的亲切，会对下属产生精神激励的作用。

（2）"我尊重你"

管理者和下属只有级别之分，没有贵贱之分，管理者绝对不可以说出任何伤害员工自尊心的话，相反还要尽量做一些体现"爱心"的事。当下属犯错误时，千万不能说些伤害情感的话，如"你怎么这么没用""再犯这样的错误我开除你"等。话一出口，犹如覆水难收，再想恢复原有的相互对等的关系将十分困难，甚至会引起下属强烈的反感甚至辞职。

同下属谈话，口气非常重要。同一种意思，同一个出发点，表达得过于激烈就会伤害对方的自尊心。管理者如果经常有意无意地伤害到下属的自尊心，会产生许多负面影响，造成沟通的障碍，影响公司的业务发展，甚至影响管理者本人工作上的进展。伤害了下属的自尊之后，管理者不要不好意思说"对不起"，一定要把尊重的本意表达出来。找与这位下属关系比较好的同事，从中周旋，自己再做一点积极的表示，千万不可听之任之。尊重员工，维护他们的自尊是领导者和管理者最应该做的事。

尊重下属，就要时时处处维护他们的自尊，处理问题要给他们"留有余地"，一边赞扬他的长处，一边提出具体的建议，不下过于绝对的结论式的断言，给自己和对方都留有余地，从而达到相互尊重的目的。

尊重下属，不要轻易触及他们的弱点，个人弱点一旦被触及，便会产生逆反心理。应该在维护下属面子的基础上，帮助他提高自己，这是对他的最大尊重。

身为管理者，尊重了下属，便是尊重了自己，也为自己赢得了威信。

（3）切忌让下属不安

下属的内心一旦产生不安的感觉，就难以消除，但你可以想方设法令他忘掉不安，例如给他一些有挑战性的或有乐趣的工作让他去完成。

把私人不快乐的事带到办公室，对自己、对工作及对同事均有害无益。

不过，人毕竟是感情的动物，要完全忘掉不快是很难做到的。管理者应体谅下属的不安情绪，做出有限度的容忍，但必须视情况而定。例如，某下属近日神不守舍，在工作中连连出现失误，但每天仍然准时上下班，也没有称病告假，作为管理者，不应不分青红皂白地批评、罚款甚至开除他，而应该详细了解他家里是否发生了什么事？并积极帮他解决。不过，如果遇上经常发脾气，又称病不上班，或时常迟到，无心工作的下属，就必须加以引导，跟他谈些人生的问题，有助于了解他心中的不快，然后将话题转到责任问题上，让他的情绪容易适应。

管理者在适当时候为下属解决问题，不单只是公事，也包括私人的情绪。下属遇到挫折时情绪低落，工作效率和质量会受到影响，如果得不到上司的体谅，情况可能会更糟。以朋友的身份询问下属发生了什么事情，细心倾听，最重要的是绝对保密，永不将下属的私事转告任何人，才能得到对方的信任，并想办法使下属安心投入工作。

工作不顺心，人事异动，生病或为家人担心，这些情形都会促使下属的情绪低落，所以适时的慰藉、忠告、援助等，会比平常更容易抓住下属的心。因此，管理者平常要收集下属的个人资料，然后熟记于心，同时必须及早察觉下属的心理状态。如何让下属忘掉不安或不快，是管理者的一个日常课题，必须做好。

（4）爱江山，也爱"美人"

管人难，管女人更难。女人大多温柔细腻，情感丰富，往往容易受到伤害。而男人大多粗犷豪爽，喜怒易形于色，往往看到什么情况，不假思索地说出来，过后也许早就忘记了，可女人们会由管理者的话联想开来，甚至会把许多陈年旧账联系起来，很早以前的一句话，一个举动，一个眼神，都会成为她们的心理负担。

所以，要学会欣赏女性下属，运用适当的技巧管理她们，要求她们。男性管理者都有纵容女下属的倾向，如果对她们所采取的对策不适当的话，很难在她们身上施展领导权，甚至会引起男员工的不满，认为你不能一视同仁。对待女下属要多从正面做工作，欣赏她们的长处，激发她们的荣誉感和自信心。女人的天性是希望被赞美，所以要经常及时地指出她们的优点，来鼓舞她们。女性比男性更为敏感，而且奇怪的是，女下属一般只对私人事件感兴趣，却不能把精力全部用在公事上，这实在是非常可惜。领导者应该避免与她们谈私事，注重平时的正常工作，多做正面引导，使她们能全身心投入到本职工作中去。

作为职业女性,她们身上有许多优点,诸如努力工作,力求上佳表现,她们还善于发现一些容易忽略的小节。她们对外部环境的要求颇高,并且容易产生排斥新人的心理,过分关注小节的作风也容易使她们忽略重要环节,不能为大局着想。面对这种类型的女下属,应多正视她们的优点,引导她们把目光放长远一些,多关注一些涉及全局的大问题,不断提高工作效率和工作质量。

4. 学会倾听

(1) 耐心倾听比强暴压制有效得多

美国芝加哥郊外的霍桑工厂,是一个制造电话交换机的工厂。这个工厂具有较完善的娱乐设施、医疗制度和养老金制度等,但员工们仍愤愤不平,生产状况也很不理想。为探求原因,1924年11月,美国国家研究委员会组织了一个研究小组,在该工厂开展了一系列的试验研究。这一系列试验研究的中心课题是生产效率与工作物质条件之间的关系。其中有一个"谈话试验",即用两年多的时间,专家们找工人个别谈话两万余人次,并规定倾听者在谈话过程中,要耐心倾听工人们对厂方的各种意见和不满,同时做详细记录,对工人的不满意见不准反驳和训斥。

这一"谈话试验"收到了意想不到的结果:霍桑工厂的产量大幅度提高。这是由于工人长期以来对工厂的各种管理制度和方法有诸多不满,无处发泄,"谈话试验"使他们的这些不满都发泄出来,从而感到心情舒畅,干劲倍增。社会心理学家将这种奇妙的现象称为"霍桑效应"。

值得企业管理者注意的是,获取利润并不是企业经营的唯一目的,在企业发展壮大的同时让员工一起进步是管理者的责任,也是企业得以长期发展的关键。员工是企业各项生产经营活动的主体,他们会在日常工作和生活中产生数不清的意愿和情绪,但最终能实现能满足的却为数不多。对于员工们未能实现的意愿和未能满足的情绪,切莫压制下去,而要想方设法地让它宣泄出来,这对员工的身心和工作效率都非常有利。管理者应当清楚地认识到这一点：面对员工的不满和抱怨，耐心倾听要比强暴压制有效得多。

（2）最成功的管理者往往是最耐心的聆听者

有一个古老的哲学问题："森林中一棵树倒了下来，那儿不会有人听到，那么能说它发出声响了吗？"关于沟通，我们也可以问类似的问题：如果你说话时没人听，那么能说你进行沟通了吗？

一些企业管理者认为给下属和员工布置任务、下达命令、鼓励几句就是沟通，事实上并不是这样的。沟通必须是双向的，它不是一场独角戏，只有在沟通双方之前搭一座桥梁，彼此倾诉，相互聆听，才能达到沟通的目的。在沟通的过程中，通常聆听比倾诉更重要，而最成功的企业管理者往往也是最有耐心的聆听者。

化妆品界赫赫有名的女老板玫琳·凯是一位集智慧和美丽于一身的女士，她十分注重倾听的意义，关于倾听她曾对人们讲过这样一个故事。

> 我们公司的一位主管，我叫他比尔，有一段时间他的工作效率开始有点下降。他一向都能快速地提出报告，但一连好几周，他总是上班迟到，在干部会议时，也很少发言，这一切和他原来的个性大相径庭。有一天，他在我办公室向我解释报告为何延误时，我决定和他进行一次推心置腹的谈话，我从办公桌后走出来，为他倒了一杯咖啡。
>
> 我将他的咖啡放在沙发前的茶几上，然后坐下来，他主动地坐在我旁边。"比尔，"我说，"你是我们公司的重要骨干，你已经和我们一起工作了12年，我认为经过这么长的时间，我们已经成为好朋友了。"
>
> "我也觉得如此，玫琳·凯。"他温和地说。
>
> "我在担心你，比尔。你一向对自己的工作都很在意，我们已逐渐依赖你的贡献，但最近你变得不像你自己……"
>
> 他没有回答，所以我停下来，喝一口咖啡。他看起很紧张，我就问他还要不要再多来点咖啡。
>
> "不，已经够了。"他回答。
>
> "是家里出了什么事情吗？"我问。
>
> 他脸变红了，几分钟后，他才点头。
>
> "我能帮忙吗？"

第十一章 提高管理效率的智慧

他开始告诉我他很烦恼，因为医生发现他太太的背部有一个肿瘤——他想告诉我，因为他知道这件事已经影响到他的工作了。我明白必须让他从这种紧张的情绪中解脱出来，所以我们聊了一个多小时。在谈话结束时，他看起来好多了，后来他的工作有了长足的改进。尽管我并没有解决他个人的问题，但把话说出来对我们双方都有益处。

优秀的企业管理者应该知道如何去倾听，如果无视倾听，只专注于喋喋不休的说教，那么企业内部就无法形成畅通高效的沟通机制，企业的发展也会受到严重影响。

学会激励

1. 激励是管理艺术的核心

如果说管理是一种艺术的话，那么激励就是这门艺术的核心了。企业最终的竞争力来自员工，在"以人为本"的经营时代，只有不断开发出新的激励模式，才能够保证企业在经营中不断创新，并把这种创新转化成新的竞争力，在残酷的竞争中脱颖而出，从优秀走向卓越。

激励是高效管理者的必修课。不懂得激励，企业就无法高效运行，一时的红火也不过是昙花一现，根本经不住时间的考验。

> 小张是一家公司的业务人员，刚来公司的时候，对自己的这份工作很感兴趣，凭借认真和努力，工作业绩一步步提升。一年以后，小张对业务已经十分娴熟，各项工作得心应手。然而，小张却有了前所未有的疲倦感，这些工作对他已经没有了新鲜感和刺激。另外，在公司中还有很多比他更有资历的员工，小张觉得在公司中上升的空间很小。于是，小张想到了辞职。

小张的故事在每个公司中都可能发生。人事经理会对这种事情非常头疼。小张的离职虽然不会为公司造成致命的打击，但是重新招聘和培养新的业务人员会大幅度提高公司的人力资源成本。有些员工可能不会像小张那样去辞职，但工作的积极性却总是无法再提起来。

那么，如何改善这种状况呢？进行员工激励是最好的方法。

激励本来是一个心理学名词，所谓激励，就是激发人的动机的心理过程。将激励这个心理学的概念用于管理，目的是为了调动人的积极性和创造性，充分发挥人的主观能动作用。

在组织行为学中，激励主要是指激发人的动机，使人有一股内在的动力，朝着所期望的目标前进的心理活动过程。激励也可以说是调动积极性的过程。激励对于调动人们潜在的积极性，出色地实现既定目标，不断提高工作绩效，都具有十分重要的作用。

员工激励是管理中的一个重要组成部分，也是高效管理的核心，它是根据激励的原理，采取具体的激励方法，来提高员工工作效率和员工生活质量的一种员工管理方式。

员工的需要产生了员工的动机，动机驱动着员工去寻求目标。当员工产生了某种需要，而一时又不能得到满足，心理上就会产生一种不安和紧张状态，这就是激励状态。这种不安和紧张状态就会成为一种内在的驱动力（动机）。员工有了动机之后就要选择和寻找满足需要的目标，进而产生满足需要的行为。员工的需要得到满足之后，员工的紧张和不安就会消除，即激励状态解除。但随后会产生新的需要，从而导致新的行为。这个反复的过程就是激励过程。

在前例中，小张刚进公司时，有熟悉业务的需要，于是他积极努力地工作，来达到这个目标。在满足这个目标之后，该激励状态就消失了。于是小张感到了"疲倦感"。由于小张并没有在公司中找到新的激励目标（比如没有晋升的机会等），于是小张就有了辞职的想法（到其他公司去寻找激励目标）。

员工激励的任务就是去了解员工的需求，明确员工的激励目标，并帮助员工去实现目标，从而实现公司和员工的共同发展。

随着社会的进步和教育程度的不断提高，企业员工的素质发生了很大的变化。企业中"知识型员工"的比重越来越多，他们不再是为了生存而工作，他们渴望充分发挥自己的能力，并得到更大的利益。

企业的发展越来越依靠企业的知识积累，而员工是企业知识资本的所有者，这决定了企业中老板与员工的关系不再是雇佣与被雇佣的关系，更多地体现为合作者的关系。老板仅仅是物质资本的投资者，而员工则是知识资本的投资者，双方的共同"投资"促成了企业的发展。

"人是企业最宝贵的财富"、"人是企业的第一资源"已经被绝大多数企业

所认同。由于在现代企业中人的因素越来越重要,所以现代企业的人力资源管理也越来越重视员工激励问题。企业愿意将更多的精力和财力花费在员工激励上面。

著名学者凯兹在提出了企业必须满足的三项行为要求,它们是:

① 不仅要吸引员工加入组织,还要想办法把他们留在组织中;
② 员工必须完成他们的本职工作;
③ 员工在工作中要发挥创造性和革新精神。

这三项行为要求,无一例外地都与员工激励有着密不可分的关系。

所以说,激励是高效管理的核心,这是再恰当不过了。

2. 激励的方式

"士为知己者死,女为悦己者容"。领导者应以恰当的方式激发下属的热情,使之心甘情愿地为你效劳。

(1) 工资激励

所有员工,都希望自己能从工作中获得满足。工资待遇是满足其生存需要的重要手段。有了工资收入,不仅感到生活有保障,而且还是社会地位、角色扮演和个人成就的象征,具有重要的心理意义。

工资收入对员工的激励作用,还取决于动机层次的高低,尤其是取决于一个人的成就动机。一般来说,低成就动机的员工比较容易为工资等物质激励所激动,而高层次动机的员工更关心的是他的工作岗位、环境能否提供心理满足。在这个前提下会出现两种情况:一种是如果工作岗位、环境和其心理需求相一致,则较少的工资也会接受;一种是如果工作岗位、环境无助于自我实现,他就会要求更高的工资待遇,来抵偿失去平衡的心理。所以,如果工作安排能使高成就动机的人感到在工作岗位、环境方面更多的心理满足,他就会全力工作而不计较工资待遇;而对低成就动机的人而言,他们的工作积极性则随工资待遇的增加而增长,一旦因为某种原因取消或降低了工资待遇,工作积极性就会随着下降。

工资激励必须贯彻绩效挂钩、奖勤罚懒的原则。工资水平与劳动成果挂钩,使升了级的人满足,升不了级的人服气。当然,工资激励在激发员工积极性方面的作用,还取决于该员工的经济背景。如果他已经拥有相当可观的存款和相当齐备的家庭设施,或是出生在相当富裕的家里,一般来说,工资对他的激励作用不会很大。

（2）奖金激励

奖金一般是超额劳动的报酬，设立奖金是为了激励人们超额劳动的积极性。在发挥奖金激励作用的实际操作中，应注意以下三点：

①必须信守诺言，不能失信于员工。失信一次，会造成千百次重新激励的困难；

②不能搞平均主义。奖金激励一定要使工作表现最好的员工成为最满意的人，这样会使其他人明白奖金的实际意义；

③使奖金的增长与企业的发展紧密相连，让员工体会到，只有企业兴旺发达，才有自己奖金的不断提高，而员工的这种认识会收到同舟共济的效果。

（3）工作激励

工作激励主要指工作的丰富化。工作丰富化之所以能起到激励作用，是因为它可以使员工的潜能得到更大的发挥。工作丰富化的主要形式有以下几种。

①在工作中扩展个人成就，增加表彰机会，加入更多必须负责任和具有挑战性的活动，提供个人晋升或成长的机会。

②让员工执行更加有趣而困难的工作，这可让员工在做好日常工作的同时，学做更难做的工作。可以鼓励员工上夜校去提高自己的技能，从而能胜任更重要的工作。做更困难的工作，给了他展示本领的机会，这会增强他的才能，使他成为一个有价值的员工。

③给予真诚的表扬。当员工的工作完成得很出色时，要恰如其分地给予真诚的表扬，不要笼统地用"谢谢你做出了努力"这样的评语，而应具体、有针对性。"你管理你那帮人的方法真妙，我真不明白你怎么能让那帮人干得这么出色，接着好好干吧！"这将有助于满足员工受人尊重的需要，增加干好本职工作的自信心。

工作丰富化的目的，在于让人们对工作更感兴趣。最简单的做法是重新安排工作，使工作多样化。这可从两方面着手：一是垂直工作加重，二是水平工作加重。所谓垂直工作加重，主要指重新设计工作，给员工更多的自主权，更充实的责任感，更多的成就感。而水平工作加重，则是指将工作流程中的前后几个程序交给一个员工去完成，它可给员工更多的工作成绩回馈，更完整的工作整体感，充实的责任感，和对自我工作能力的肯定。

工作丰富化的激励，是为了满足员工高层次的需求。高层次需求的满足，会使员工充分发挥内在潜力，从而提高工作效率，使企业和个人都能得到满足。

工作丰富化满足的是员工高层次的需要，而员工的实际需要又不仅仅是高层次的，因而这种激励有明显的局限性，它不能解决企业中的全部问题。一般地说，只有在员工普遍感到现实的工作环境不能发挥自己的能力时，才可有效地运用这一激励措施。

（4）支持激励

在企业的日常管理中，人们可以明显地感觉到，对一个员工来说，"我指示你怎样做"与"我支持你怎样去做"，两者的效果是不同的。一个好的企业管理者，应善于启发员工自己出主意、想办法，善于支持员工的创造性建议，善于集中员工的智慧，把员工头脑中蕴藏的聪明才智挖掘出来，使人人开动脑筋，勇于创造。

①尊重下属。人人都有受人尊敬的需要。尊重下属，不仅表现在充分肯定其才能和待之以礼方面，关键在于尊重其意见，采纳其建议，使员工感到他们远远不止是机器上的一个齿轮，这有助于增强他们的自信心。

②爱护下属。要爱护下属的进取精神和独特见解，爱护他们的积极性和创造性。

③创造一种宽松的环境。比如信任员工，让他们参与管理。没有什么能比参与做出一项决定，更有助于满足人们对社交和受人尊重的需要。因此，出色的管理者，应让员工参与制定目标和标准，这样他们会更加努力工作，发挥出最大潜能。

（5）关怀激励

得到关心和爱护，是人的精神需要。它可沟通人们的心灵，增进人们的感情，激励人们奋发向上，挖掘人们的潜力。作为一个企业管理者，对全体员工应关怀备至，创造一个和睦、友爱、温馨的环境。雇员生活在团结友爱的集体里，相互关心、理解、尊重，会产生兴奋、愉快的感情，有利于开展工作。相反，如果员工生活在冷漠的环境里，就会产生孤独感和压抑感，情绪会低沉，积极性会受挫。

（6）竞争激励

人们总有一种在竞争中成为优胜者的心理。组织各种形式的竞争比赛，可以激发人们的热情。比如，各技术工种之间的操作表演赛，各种考察员工个人的技能、智能、专长的比赛，以及围绕员工的学习、工作等开展的各项竞争比赛。这些竞争比赛，对员工个体的发展有较大的激励作用，主要表现在两方面。

①能充分调动员工的积极性，克服依赖心理。由于竞争以个体为单位，胜负完全取决于自己的努力和聪明才智，没有产生依赖心理的条件，因此，能激励员工个人更加努力。

②能充分发挥员工的聪明才智，促使员工充分发展。员工在竞争过程中，要完成各种任务，克服各种困难，这就促使他们去努力学习、思考，千方百计地去提高和完善自己。

（7）强化激励

强化包括正强化和负强化两种方式。对于人们的某种行为给予肯定和奖赏，使这个行为得以巩固与保持，这叫正强化。对员工正确的行为，有成绩的工作，就应表扬和奖励，表扬与奖励就是正强化。相反，对一些行为给予否定和惩罚，使它减弱、消退，这叫负强化。

强化激励，可归纳为如下六十四字口诀：

奖罚有据，力戒平均；目标明确，小步渐进；标准合理，奖惩适度；投其所好，有的放矢；混合运用，奖励为主；趁热打铁，反馈及时；一视同仁，公允不偏；言而有信，诺比千金。

3. 激励不一定花大钱

一份来自企业的调查表明，员工需求排在第一位的是承认工作成就，排在第二位的是参与感，高薪只排在了第五位。这就印证了这样一个道理：激励不一定要花大钱。

其一，企业员工的工资越高，分摊在单位产品的成本就越大，从而在同类产品中的市场价格就越高。在如今价格竞争依然十分激烈的情况下，企业的产品市场销售势必由此受到影响。而一旦出现这种事实，就会反过来阻滞和延缓企业的正常资金流动，增大了人才的风险成本，即企业若无力或不按时兑现工资时，很容易出现人才的背叛。

其二，现代企业报酬已经超越了工业文明时期"出多少力，给多少钱"的计件工资式的分配内涵。因为对于人才而言，工作绩效主要取决于对企业的忠诚度，事实证明，再多的报酬并不一定买到人才的忠诚和对事业有所成就的渴求。相反，对人才以过多的报酬竞争将产生负面效果，就像某些职业体育给人们的警示：在一定时期内，给某些运动员成倍增加的薪水并不会提高竞技水平。这也符合边际收益递减法则。报酬提高到一定程度就失去了其作为激励因素的价值。

其三，心理学认为，低工资或适宜的工资水平有利于人们去继续争取更高的报酬和晋升，从而激发人的创造欲望，相反高薪容易形成享受者对企业的过分依赖和优越感，进而冲淡人才的创造本能。

4. 恰当使用激将法

常言说："请将不如激将。"在人才的管理中，如能够使用巧言激将法，将会收到意想不到的效果。

巧言激将，一定要注意区分对象，根据性格特征因人施法，这犹如对症下药，方能于病有益。否则，只会白费唇舌、枉费心机。巧言激将还要看准时机。出言过早，时机不熟，易使人泄气；出言过迟，又成了"马后炮"。除注意把握时机外，还要注意分寸，运用激将法，不痛不痒的语言犹如隔靴搔痒；但言语过于尖刻，也会使人反感。因而，语言激将要灵活运用。这里介绍几种用法。

其一，直激法：面对面直截了当地刺激对方，羞辱他、激怒他，以使他的自尊心激发起来。

某厂改革用人制度时，对中层干部的选拔实行毛遂自荐。能力技术俱佳的技术员小张乃众望所归。然而，不知何故小张迟疑难决。在厂领导的暗示下，一位老工人找到他，言辞激烈："小张，你不也是一所大学的高才生吗？大家都对你寄予厚望，没想到你这么没出息，连个车间主任的位子都不敢接，真是窝囊废！"

"我是窝囊废？"小张腾地站起来，说，"我的大学白上了！连个车间主任也当不了吗？"说完就激情满怀地走进厂领导的办公室。

其二，暗激法：有意识地褒扬第三者，暗中贬低对方，运用人们争强好胜的心理，激起他压倒别人、超过别人的强烈愿望。

三国时，诸葛亮为了抗曹来到江东，他深知孙权不甘居人之下，轻易不服人的脾性。孙权问："那我是战，还是不战？"诸葛亮乘机说："如果东吴人力、物力能与曹操对抗，那就战；如自觉不敢，那就投降！"

孙权不服，反问道："依你之言，刘豫州缘何不降呢？"

此话正在诸葛亮预料之中，于是进一步激他说："田横乃齐国一壮士，尚能坚守气节，何况刘豫州乃皇室之后，盖世英才，众望所归如百川入海，岂能屈膝投降、屈于他人旗下呢？"

孙权被激得勃然大怒，发誓要与曹军决一死战。

此中的巧妙之处，在于旁敲侧击，刺中对方不甘落后于他人的自尊心，使他萌发一种非要超过第三者，以胜利者的姿态昂然屹立的念头。

其三，导激法：面对不同的被激对象，有时简单的否定、贬低收效甚微，还需要"激中有导"，用明确的或诱导性的语言，把对方的热情激发起来。

某校有一差生爱打架。一次，他打了一位同学还自诩为英雄。老师批评他说："打架算什么英雄，学习超过别人，那才是真正的英雄。"那个学生从此发愤学习，在后来的期末考试中果然取得了可喜的成绩。

巧妙调动员工积极性

1. 让三个人做五个人的事

最合理的管理是：让三个人做五个人的事，领四个人的薪水。这是一道最简单的数学题，连小学生都能告诉你正确答案。但实际并不简单：什么样的三个人才能做五个人的事？什么样的五个人做的事三个人就能完成？这三个人领的又是什么样的四个人的薪水？其中大有学问在。

一般的企业总是五个人做五个人的事，大家的工作量不是很重，领的薪水也合乎所求，员工做起事来也没什么精神；而管理差一点的企业，五个人做三个人的事，领的却是四个人的薪水，一方面造成公司资源的损失，另一方面员工也会因为同样是上8小时的班，领的薪水少而不开心。

所以，如能仔细地规划，将工作分类，职责细分，让三个人能够做五个人的事，那么公司即使发四个人的薪水也划算得多，员工领的薪水越多，激励作用越大。

2. 六分表扬四分批评

要切实履行一个领导者应有的职责，工作成绩好就表扬，不好就批评。

要做到该表扬的就大胆当面表扬,该批评的明确给予批评,因为它表明了一个领导对下属行为的评价尺度。假若下属干得出色,而领导无动于衷,干得不好领导也毫无反应,那么,这种麻木不仁的领导是无法带领下属奔向成功之路的。只有领导对下属的所作所为做出明确反应,一个单位才能够有一个蓬勃向上的局面。

至于表扬与批评的比例问题,似乎表扬稍多点为好。如果批评比重过多,很可能导致消极空气蔓延;而一味表扬,下属则会产生骄气,有时甚至会产生误解,认为领导在给他戴高帽。用吹捧的方法来满足大家的虚荣心,久而久之也会引起反感。

一般认为六分表扬、四分批评效果会更好些。当然,这还要看一个单位问题的多少,员工的成熟度如何。但是表扬多于批评不失为一条较理想的原则。

3. "告一段落"之时,与下属共同庆贺成功

当工作告一段落时,如何充分利用新的工作开始之前的时间激励士气,是做好领导者的一门学问。

每当完成一项计划或工作时,一定要召开总结会,交流成功的经验,提出应该注意的问题。与下属共庆成功,相互激励,这是不可忽视的。这样做不仅是为了下属把下次工作搞得更加出色,而且通过相互交流,可以进一步强化同甘共苦的一体感,将成功的喜悦转化成新工作的积极性。

领导不但应在单位的工作告一段落时辅以激励,对个人的工作也是同样。例如当委托一名下属去做某项工作时,或在他向未曾尝试过的工作挑战告一段落时,作为领导,应和下属单独谈一次,该表扬的表扬,以增强其迎接下一个挑战的信心。

要使下属充满信心,充分利用好一项工作刚刚结束,人们正要喘口气时这个时机。因为只有这时,才能使一个领导者同下属共同分享成功的喜悦,产生完成一项工作的满足感,从而可以进一步加强自己同下属之间的信赖关系。

4. 舍得花时间指导下属

对很多老板来说,放弃通过亲自做工作而获得满足感是很困难的事。但是一个好老板不应该是自己会做什么,而应该是让众多下属都会做。一些老板往往借口教下属做不如自己亲手做来得快而放弃对下属的培养,这样做只

会把你降低到普通员工的地位,而使你不能承担更大更多的责任。这是得不偿失的,一定要注意克服。

5. 让下属参与决策可以激发他们的积极性

一个经常发牢骚的人,在他刚加入组织时,不仅不会发牢骚,反而突然振作起来,很热心地照计划去做。但如果计划是别人制订的,只是让他来实施的话,就很容易使他产生脱离组织的意识。如果不仅让其去实施,而且还让其参与计划的制订,就能激发其热情,提高生产效率。

一些专家的实验证明,参与计划的一方比不参与的一方,其生产效益和工作满足感更高。如果自己一个人制订计划,而把下属视为工具来使唤,虽然乍看效果不错,事实上却并非如此。至少,在计划的完成阶段,使下属参与计划比较好。因为人是比较喜欢加入伙伴而不喜欢脱离伙伴的。

6. 成为"台风眼",掀起一种气势

台风的中心通常称为"台风眼",台风以台风眼为中心疾速旋转向前,席卷着一切。这是一种巨大的综合能量在发生作用。

调动员工干劲,加强动机诱导,建立充满活力的环境,实际上就是一种气势。要造成这种气势,领导者得先使自己成为全速运转的核心,以此带动大家,形成巨大的能量。这种方法并不难掌握,即使新担任领导工作的人也能做到。

首先,早晨上班比其他人早到一点为好。当看到有人来了,要大声问候"早上好"。工作时要精神饱满,干脆利落。在努力做好一项工作的同时,也要考虑下段时间要做的工作,从而使工作不间断地进行;时间空余时,主动同下属打声招呼,问问"怎么样",听听他们的意见,并到其他部门走走、转转。就要这样分秒不停地全速运转,这是岁月赋予每个年轻人的特权,等到上了年纪就会感到心有余而力不足了。人在年轻时,精力充沛,如果说其他经验还不具备的话,那么,应该具备这种"能",而且要充分利用自己的这种财产。

把公司的每个人都拉来战斗

作为一个企业家或管理者，应该清醒地认识到团队对于企业发展的重大作用，摆正自己的位置，无论自己多么卓越，都离不开团队建设，依靠团队的力量发展企业。

杰克·韦尔奇被誉为"全球第一CEO（首席执行官）"，因为对通用电气公司的杰出贡献而受到人们的敬仰。他这样谈论自己的成功："我的成功，百分之十是靠我个人旺盛无比的进取心，而百分之九十，全仗着我拥有的那支强有力的团队。"

管理大师威廉·戴尔在《建立团队》一书中一针见血地指出："过去被视为传奇英雄、并能一手改写组织或部门的强硬管理者，在现今日趋复杂的组织下，已被另一种新型管理者取代。这种新型管理者能将不同背景和经验的人，组织成一个有效率的工作团队。"

而《逆领导思考》一书的作者罗伯特·凯利则这样说："说到追随与领导，大多数组织的成功，管理者的贡献平均不超过两成，任何组织和企业的成功，都是靠团队而不是靠个人。"

阿姆科公司的老板吉姆·威尔对团队的认识深有感触。阿姆科公司是一家钢铁企业，在钢铁业逐渐成为"夕阳工业"以后，它的日子逐渐不好过，尤其是进入20世纪90年代以后，公司的资金不断流失。在这种情形下威尔走马上任，开始进行根本性的改革，以挽救公司。

有一次他把心理学家请进公司，派他们到业绩最好的工厂去，请他们找出工厂里实现成功的真正带头人，弄清成绩应归功于谁。结果令他惊奇的是，心理学家们回来竟说："工厂里没有带头人。"

威尔不信："什么？在我们这个最赚钱的为顾客服务最出色的工厂里竟然没有带头人？"

心理学家们说："对，工厂里有我们前所未见的最佳团队。所有的人都在互相合作，每一个人都把功劳归于别人，没有整个团队什么也干不成。"

从此，威尔对用人有了新的看法，他发现以前一旦发现杰出人才就马上提拔到总公司，使他离开主流大众的做法并不好，他决定建立一套训练制度以鼓励团队行为。于是，阿姆科公司设法造就一种新型的领导者，这种领导者与以往的"人杰"不太一样，他不是在那里想方设法最大限度地展示个人的才能，而是尽可能地发挥团队的力量。他总是把成绩归功于他的部下，他能了解谁最需要帮助，对需要帮助的人说"让我来帮助你得到你所需要的帮助"，他会不断同雇员交流"他是如何做的"。

威尔还提出了他的口号："非把每个人都拉来战斗不可。"正如他自己所说的："从全世界的角度来看，这是一场全面的战斗。每个人都在力图把我们的公司抢走。我们努力把公司赢回来，使之成为一个非常成功的公司。我必须使公司里的每一个人，不分男女老少都同我一起投入这场战斗。"

正是由于他果断地改变了过去的做法，靠团队而不是靠个人，他终于成功地把公司的每个人都拉进了与他并肩作战的行列中，而在他发现自己已做到这一点后，他又有了另一个令人惊喜的发现——公司亏损的局面得到了扭转。

依靠团队，发挥每一个人的聪明才智，是管理的需要，也是形势发展的需要。随着专业分工的日益细化以及技术和管理的日益复杂，个人的力量往往显得苍白无力，即使一个人是天才，是卓越的专家，也需要别人的帮助，微软中国研发中心总经理张湘辉博士为此说过："如果一个人是天才，但其团队精神比较差，这样的人我们不要。中国 IT 业有很多年轻聪明的天才，但团队精神不够，所以每个简单的程序都能编得很好，但编大型程序就不行了。美国微软开发 Windows XP 时有 500 名工程师奋斗了 2 年，有 5000 万行编码。微软开发需要协调不同类型、不同性格的人员共同奋斗，缺乏领军型人才、缺乏合作精神是难以成功的。"比尔·盖茨也认为："在社会上做事情，如果只是单枪匹马地战斗，不靠集体或团队的力量，是不可能获得真正成功的。这毕竟是一个凝聚的时代，如果我们懂得用大家的能力和知识的汇合来面对任何一项工作，我们将无往不胜。"

猛虎敌不过群狼，一个人再优秀也不能替代一个团队。建立团队，培育团队精神，已成为管理者首要的任务。

通用电话电子公司董事长查尔斯·李这样说过："最好的 CEO 是通过构

建他们的团队来达成梦想，即便是迈克尔·乔丹也需要队友一起打比赛。"

管理者们，去建立团队，把公司的每个人都拉来战斗吧，那样才会克服困难，保持企业持续健康地向前发展，实现个人和企业的成功！

大公司，小团队

一个公司随着规模的不断扩大和人员的不断增加，管理上的难度也会相应增大，甚至会让管理者产生无从下手的困惑。

微软公司的"小团队"建设也许是一个解决的好办法。拥有近10万名员工的微软，在沉闷僵化的体制和过于松散的混乱状态之间选择自己的路。比尔·盖茨这样说："即使我们是大公司，也不能像大公司那样思考问题，否则的话我们就完了。"因此，微软公司不断地将下属组织分解成不超过200人的团队。这也意味着管理更加细化，管理者不仅需要保证信息在成百个小团队之间顺畅流通，还必须做好每个团队的规划，使得它们能够在新的机会面前大步前进。

由此可见，公司团队建设要从小团队建设开始，公司越大，越要抓好小团队建设。

20世纪60年代中期，日本经济迅速发展，成为世界经济大国，竞争力跃居世界前列。为探求日本经济迅速提升的秘密，以美国为首的西方国家对日本企业展开了深入的研究。研究发现，如果以日本最优秀的员工与欧美最优秀的员工进行一比一的对抗赛，日本的员工多半不能取胜，但如果以班组和部门为单位进行比赛，日本总是会占上风。原因在于，欧美的企业是由少数人来主导的，工作由上级以命令的形式发布。在个人主义盛行、鼓励个人奋斗的欧美社会，组织内经常会发生内耗，形成不了合力。而在日本企业中，员工有着强烈的归属感，故而工作勤奋认真，将全身心都投入到企业中，而企业则能充分发挥全体员工的智慧，注意调动每一位员工的能动性，培养协作精神，组成坚强的团队，从而产生了强大的凝聚力。这一结果表明，团队能够使公司生产水平提高和利润增加，使公共部门的任务完成得更彻底、更有效率。这也就是团队盛行的原因所在。

团队可以以班组的形式存在，也可以针对一项任务，由几个人组成一个团队。团队建设的核心内容是培养团队成员优势互补、彼此协作的团队精神，在创建团队的时候，管理者不仅要考虑成员之间的友情，最重要的是考虑成员之间的知识、资源、能力或技术上的互补性，充分发挥个人的知识和经验优势。当然，还要赋予团队相应的权力，让团队成员充分放开手脚，大胆做事。否则，团队就会形同虚设，发挥不出应有的作用。

甲、乙、丙三人被公司同时选定实施一个项目，并指定甲为工作协调人的角色，主要负责将任务提交，每周将具体工作进度和相关情况向公司领导汇报，而没有权力监督执行的结果。由于乙、丙对现场环境缺乏认识，而且又是第一次进入现场项目组，以前在工作中养成的散漫习性逐渐暴露出来，使项目仅进行了两周，就出现了严重的延迟现象。甲出于工作目的向乙、丙提意见，但乙、丙以甲无权干涉为由不予理睬。最终甲因无法忍受客户的投诉，向公司提出建议，进一步明确项目成员的责任，尤其是增加自己协调人的管理职能。公司针对现场情况，授权甲管理和协调现场的人员。于是甲用了一周时间将现场工作和开发的注意事项灌输给乙和丙，发生疑问必须立即在团队内部交流。又过了一周，项目的进展情况终于得以改观。

从以上案例可以看出，团队成员缺乏协作，是由于责任不清，而这又是因为授权人没有下放相应的权力。这也是管理者团队建设经常忽视的问题。

1993年，松下电器出现超常规的发展势头，员工增加到14000多人，这在制造业中算中等企业，在电器界可以说是屈指可数的大企业。

松下幸之助深知，任何企业在规模较小时，领导者能单枪匹马、有效地驾驭整个企业的大小事务，然而随着企业的扩大、员工的增多，领导者就会逐步感到力不从心，造成企业整体或局部失控状态。

松下电器的经营状况虽然良好，但也出现过短期的局部失控现象。虽然及时扭转了局面，但给松下的教训是极为深刻的。

松下幸之助曾把工厂的日常管理交给得力的人去负责，因工厂没有相对独立，管理者仍不敢大胆行使权力，事事还得向松下幸之助汇报，请求裁定决策。这让松下幸之助感到：一定得下放权力，一

定得相对独立。

第二年,松下幸之助采取惊人之举,大刀阔斧推行"事业部制度"。松下幸之助把收音机部门改为第一事业部,任命井植岁男为部长;把车灯和电池部门改为第二事业部,井植薰担任部长,把配线器具、合成树脂及电热器等部门合并成第三事业部,自己担任部长。

这样一来,每一个事业部就像一个小型企业,在生产、销售、财务、研发等方面都相对独立,拥有一定的自主权。部长负该部盈亏的全部责任。其实,每一个事业部,又是一个大的团队,这样发挥出了团队应有的作用,也就有效解决了管理上力不从心的问题,还强化了公司内部竞争机制。

大企业,小团队,是克服"大企业病"的有效途径。小团队建设会让企业在市场竞争中更加灵活主动,管理上更加从容。管理者们,要想从繁杂的管理中解脱出来,又能打造企业的竞争力,就从加强小团队建设开始吧!

让每次会议都富有实效

1. 什么样的会议才算富有实效

严格说来,符合以下三种要求的会议才算富有实效。

其一,目标能被实现。会议是一种用以发挥特定功能,或更确切地说,用以实现特定目标的手段,因此评测会议是否具实效,其首要的标准便是审视开会之前为会议所设定的目标有实现的价值。

其二,目标能在最短时间内被实现。这个要求本身颇具争论性。有些人认为开会过程中的讨论甚至争议,是一种必然的事情,因此对这些人来说,尽管是冗长的讨论或争辩,也不可能被视为违背"在最短时间内实现目标"的要求。但是另一些人则认为,会议中的讨论或争辩并无实质的意义可言,因此对这些人来说,就算短暂的讨论或争辩,也可能被认为浪费时间。但不管怎样,绝大多数人都同意:能在越短时间内实现会议目标越好。

其三,与会者对会议感到满意。所谓满意,并不意味与会者对会议的主题或决议感到高兴。例如当会议的主题在于探讨裁减,与会者对这样的会议一定不会感到高兴。但若能设法使与会者了解裁员的理由，并令他们有机会发表意见或提出实施办法，这种做法多少会使他们感到满意。所以想使与会者对会议感到满意，则应提供机会让他们尽量吐露心声，并参与讨论。

以上三个要求中，后两条在相当大的范围内是相互冲突的。这是因为若想使与会者感到满意，就不能不花时间讨论；但是若想在短时间内实现目标，就必须剥夺与会者自由讨论的机会。

总之，真正富于实效的会议所应具备的条件是：在与会者均感满意的情况下，以最短时间实现会议目标。当然，要使会议全部符合这些要求实在不容易，但这些要求至少应成为会议主持人及与会者共同努力的方向。

富于实效的会议，可以帮助我们发挥"提供信息、收集信息、解决问题、宣传政策、培育训练"等功能。这显然是有益的，尽管其效益大小很难衡量。而不富实效的会议，将有三大危害：无法实现会议目标，损失可观的机会成本，与会者产生不满和消极情绪。

2．为什么会议没有实效

导致会议失效的因素极多，有的存在于开会之前，有的发生于会议进行中，有的则出现于开完会之后。现将诸因素罗列如下：

（1）会议前

① 欠缺目标；

② 目标不明确；

③ 欠缺议程；

④ 与会人选不当（与会者太多或与会者太少）；

⑤ 会议时间不当；

⑥ 开会通知时间不当（太早通知开会或太晚通知开会）；

⑦ 开会通知内容欠周详；

⑧ 会议地点不当；

⑨ 会议场地设备欠佳；

⑩ 与会者无准备而来；

⑪ 未明确会议终止时间或每一议案时间分配不当；

⑫ 会议不能准时开始；

⑬ 会议太多，致使与会者一听说要开会，无不感觉厌烦；

⑭ 向来很少开会，致使每次会议议案堆积过多。

（2）会议中

①从事交谊活动；

②外界干扰；

③与会者发言离题；

④主席出难题；

⑤让没有必要留在会场的人员留在会场；

⑥犹豫不决；

⑦资料不充足，却贸然决策；

⑧少数人垄断会议；

⑨与会者之间交头接耳；

⑩与会者不表明真正感受或意见；

⑪与会者之间争论；

⑫与会者与主席争论；

⑬视听器材发生故障；

⑭与会者欠缺热心；

⑮会议超出预定时间；

⑯主席未能总结会议成果。

（3）会议后

①欠缺会议记录；

②不能对决议事项进行追踪；

③不能对会议成败得失进行检讨；

④不能及时解散已实现任务的临时性委员会或工作小组；

⑤与会者对会议感到不满。

以上诸种因素大都可根据实际情况加以控制。因此，作为一个管理者，务必具有控制和管理会议的能力。

制度是管理效率的保证

1. 制定管理制度

《汉书》卷一记载：刘邦刚当皇帝的时候，不晓礼仪，更谈不上什么宫廷制度。大臣们在朝拜时往往互相争功，饮酒狂呼，甚至拔剑相向，对此刘邦十分担忧。叔孙通见此，建议刘邦让他征召儒生，研究古代礼仪，商定当今朝会制度。刘邦半信半疑，就下令试试看。于是叔孙通奉命召集鲁地儒生、弟子和部分近臣，到野外演习礼仪。一月后刘邦认为可行，下令群臣练习。公元前200年，长乐宫建成，诸侯和大臣们进行十月朝拜岁首的礼节。在朝拜过程中，御史前去执行法令，凡不按仪式规定做的就给带走治罪。整个朝会过程都摆有酒，没有敢喧哗无礼的人。汉高祖刘邦极为高兴，于是说了一句名言："吾乃今日知为皇帝之贵也。"

俗话说：没有规矩不成方圆。如果一个企业没有制度，在某一段时间也许能混下去，甚至在某一阶段、某一件事情上还会显得很有效率，但是从长远和整体上来看这显然是不行的。因为一个没有制度没有纪律的团队事实上等于一个没有绩效没有生产力的队伍。所以一个顶尖的管理者应该如何营造建立一个好的制度管理模式是非常重要的。

同时，在企业管理、团队管理中对权力制约的制度问题一直是人类头疼的难题。请看下边的这个小故事。

有7个人组成了一个小团体共同生活、其中每个人都是平凡而平等的，没有什么凶险祸害之心，但不免自私自利。他们想用非暴力的方式，通过制定制度来解决每天的吃饭问题：分食一锅粥。但并没有称量用具和有刻度的容器。

大家试验了不同的方法，发挥了聪明才智，通过多次博弈形成了日益完善的制度。大体说来主要有以下几种：

方法一：拟定一个人负责分粥事宜。很快大家就发现，这个人为自己分的粥最多。于是又换了一个人，但总是主持分粥的人碗里的粥最多最好。由此我们可以看到：权力导致腐败，绝对的权力绝对腐败。

方法二：大家轮流主持分粥，每人一天。这样等于承认了个人有为自己多分粥的权力，同时给予了每个人为自己多分的机会。虽然看起来平等了，但是每个人在一周中只有一天吃得饱而且有剩余，其余6天都饥饿难挨。于是我们又可得到结论：绝对权力导致了资源浪费。

第十一章 提高管理效率的智慧

方法三：大家选举一个信得过的人主持分粥。开始这品德尚属上乘的人还能基本公平，但不久他就开始为自己和溜须拍马的人多分。不能放任其堕落和风气败坏，还得寻找新思路。

方法四：选举一个分粥委员会和一个监督委员会，形成监督和制约。公平基本上做到了，可是由于监督委员会常提出多种议案，分粥委员会又据理力争，等分粥完毕时，粥早就凉了。

方法五：每个人轮流值日分粥，但是分粥的那个人要最后一个领粥。令人惊奇的是，在这个制度下，7只碗里的粥每次都是一样多，就像用科学仪器量过一样。因为每个主持分粥的人都认识到，如果7只碗里的粥不相同，他确定无疑将享有那份最少的。

同样是七个人，不同的分配制度，就会有不同的风气。所以一个单位如果有不好的工作习气，一定是机制问题，一定是没完全公平、公正、公开，没有严格的奖勤罚懒。如何制定这样一个制度，是每个领导需要考虑的问题。

什么制度是企业最好的制度？适合的就是最好的。海尔的制度好不好？联想的制度好不好？对于你的企业而言，难说。关键是适用。是从你的企业土壤里生长出来的，而不是从专家学者的专著中生搬硬套而来。制度是生物，不是产品。

2. 没有一劳永逸的制度

时代的不同使得优秀的管理者在企业中起着呼风唤雨的作用。于是总有人试图像学习手艺或教科书那样学习管理，希望掌握管理中的一条条"定律"，一劳永逸地理解管理的精髓。然而，这注定是要失败的。

管理学从来不相信什么"金科玉律"，不相信一成不变的公理。僵化的思维注定不能成为优秀的管理者。制度的僵化性已不被人们所认可。

变革的时代需要推陈出新，这就使"权变管理"思想浮现到人们面前。权变理论的全部根基在于，在环境的多样性以及管理主体的多样性条件下，不可能寻找到一种管理模式是永远有效的，不存在所谓"最佳的"管理模式，只有特定管理环境之下的最适用的管理方式。

管理者的任务就在于根据具体的管理环境，选择具体的管理方式，对已有的管理方式及其制度进行改造、调整，并加以运用。

在中国文化中，《周易》中的"变"无疑是处于精髓核心的地位。中国人讲究权变，相信世上没有一成不变的事物，当无法看清楚事情发展的真实方向时，中国人宁肯处在"中庸"的位置上，其好处在于根据具体情形灵活调整。

对于制度，它一经制定就不可更改的特性已经在退化。虽然这种特性有一定的积极意义，但已经远离了真正的管理思想。制度即使已经制定，仍然受到管理的主体、对象、目标及环境的影响。

（1）管理的主体

管理者的个性特征影响管理手段的选择，因为无论管理手段或管理方式最终是怎样的，都无一例外要通过管理者才可表现出来，再高明的管理手段只有被管理者接受和认同才能得到很好的运用。在整个过程中，主管本人的特征、爱好、兴趣、经历等无疑会起到重要的作用，但高明的管理者恰恰是能根据其他的影响因素来调整自己的选择，在外界要求和自己的内心喜好之间达到最佳平衡。

（2）被管理者

管理者的工作对象的特征深刻地影响管理方式的选择。高级经理的管理与普通雇员的管理肯定是不同的。管理者必须确保下属对自己的管理策略能够而且愿意接受和理解，就如在战场上，指挥官的战术必须得到下属的认同，才有可能取得战争的胜利。因为，冲锋陷阵的并不是他，而是士兵。

（3）做什么

目标决定方向。目标既可以是大到公司组织的使命，又可以小到某一个阶段，管理者希望实现的阶段性目标。显然，一个基层钢铁生产厂和一个高新技术研究所的管理不可能是一样的。当公司希望在短时间内与强劲的竞争对手决一死战或公司希望调动员工的积极性进行成本节约运动时，采取的手段也异于平时。

（4）在何种环境下做

管理的环境对管理方法的选择具有举足轻重的作用。这里的环境有多种分类的方法，一种方法是按照内外可分成企业的内环境和企业的外环境。另一种方法是指企业的整体环境和主管的个人处境。这是一个环境变化迅速的时代，优秀的管理者必须对环境以及环境的变化有一种职业的敏感，并根据环境做出适时的调整。

根据以上分析，权变的含义就是在制度允许下，不损害公司利益而采取的一种变相的制度治理。

制度管理的主要表现形式是授权，以及对员工依靠制度而进行的一系列

奖惩措施。制度管理并不一定是"死管理"、"无情管理"。在当今飞速发展、变化多端的世界,企业没有"变"是不可行的。所以,也就有了权变管理。它虽然从表面上看不拘任何条条文文,随意性大。但究其实质,还是制度管理。

　　信息时代,如何善用制度来管理自己的企业,还是个不能"盖棺定论"的问题,只能是在实践中摸索了。